"2013当代中国哲学发展国际学术研讨会"论文专辑

U0683486

Research on China Social Sciences No·2 2013

中国社会科学研究论丛

2013卷 第2辑

主编 刘邦凡 万长松

中国出版集团

世界图书出版公司

广州·上海·西安·北京

图书在版编目（CIP）数据

中国社会科学研究论丛 . 2013 卷 . 第 2 辑 / 刘邦凡，万长松
主编 . —广州：世界图书出版广东有限公司，2014.1
　ISBN　978-7-5100-5574-4

　Ⅰ . ①中… 　Ⅱ . ①刘… ②万… 　Ⅲ . ①社会科学—中国—
文集 　Ⅳ . ① C53

　中国版本图书馆 CIP 数据核字（2014）第 004866 号

中国社会科学研究论丛 2013 卷　 第 2 辑

策　　划　武汉中图图书出版有限公司
责任编辑　孔令钢
出版发行　世界图书出版广东有限公司
地　　址　广州市新港西路大江冲 25 号
http:// www.gdst.com.cn
印　　刷　虎彩印艺股份有限公司
规　　格　889mm×1194mm　1/16
印　　张　12.75
字　　数　382 千
版　　次　2014 年 1 月第 1 版　2014 年 10 月第 2 次印刷
ISBN　978-7-5100-5574-4/C·0034
定　　价　46.00 元

《中国社会科学研究论丛》编辑部

地址：河北省秦皇岛市燕山大学人文馆 101 室

邮编：066004

投稿邮箱：ysdxwenfa@163.com

电话：0335-8070994　　传真：0335-8047122

目 录

哲学与文化研究

◎ 从《哲学研究》看当代中国哲学研究及学术影响力 　　　　　　　刘邦凡 / 001

◎ 对发展战略性新兴产业的哲学思考 　　　　　　　　　　　　　万长松 / 005

◎ 人与自然关系演化过程的哲学思考 　　　　　　　　　　　　　李玉杰 / 012

◎ 意识形态的方向性与科学性问题 　　　　　　　　　　　　　　潘志新 / 018

◎ 信息伦理学浅析 　　　　　　　　　　　　　　　　　　　　　刘巍 / 022

◎ 女性自我观的伦理探究 　　　　　　　　　　　　　　　　　　单蕊 / 025

◎ 论职业道德对提升职业伦理境界的功能 　　　　　　　　　　　李宁 / 029

◎ 为"功利主义"正名 　　　　　　　　　　　　　　　　　　　刘晓旭 / 033

◎ 康德哲学视域下的市场经济与道德教育批判 　　　　卢文忠　钟文苑 / 038

◎ 两岸经济合作机制的外溢效应 　　　　　　　　　　　　　　　韩星梅 / 045

◎ 会计哲学理论框架的构建 　　　　　　　　　　　　唐守朋　赖耀才 / 048

◎ 汉语动词研究的逻辑思考 　　　　　　　　　　　　　　　　　高迎泽 / 053

◎ 古典诗歌的生命力 　　　　　　　　　　　　　　　　　　　　熊世伟 / 059

◎ Knowledge Disseminative Capabilities and the Transfer Effect——From the Perspective of

　　New Product Development 　　　　　　　　　　Li Baoku　Leng Xiaoming / 063

◎ "信息复杂全息人"视阈中的哲学概念分析 　　　　　　张天波　李秋红 / 070

◎ 浅谈海德格尔对伽达默尔解释学的影响 　　　　　　　　　　　惠帅 / 078

◎ 从列维纳斯的"形而上学"视域看西方哲学的危机 　　　李金见　项溢煦 / 081

◎ 基于哲学认知的因果陈述逻辑研究 　　　　　　　　　　　　　王磊 / 086

◎ 现代佛学研究背景下的汉地因明研究 　　　　　　　　　　　　张瑾 / 092

◎ 论西方非理性主义的兴起及其价值取向 　　　　　　　　　　　王晓萍 / 099

◎ "主体"概念的演进历程——从阿那克萨戈拉到齐泽克 　　　　　徐俊 / 104

◎ 评斯洛特"纯粹"的美德伦理学 　　　　　　　　　　　　　　赵永刚 / 110

◎ 论哲学思想如何渗透在中国作曲家的音乐作品中 　　　　　　　陈润萱 / 114

◎ 孔子哲学思想对中国钢琴发展的影响 　　　　　　　　　　　　白夜 / 116

◎ 同一与差异——章太炎《齐物论释》探微 　　　　　　　　　　丁海虎 / 119

◎ 呈现之美：无为而治——先秦道家的政治美学与理想的人类生活 　李旭阳 / 124

◎ "从万物一体之仁"到"三代之治"——王阳明理想政治模型及其现实和理论基础分析 　王中原 / 128

◎ 浅谈言语行为理论：溯源·诞生·发展 　　　　　　　　　　　史悦 / 132

◎ 后期维特根斯坦的哲学思想——浅析《哲学研究》 　　　　　　张满 / 136

◎ 关系的区别——浅谈伊德的人—机关系现象学 　　　　　　　　张璐 / 141

◎ Explaining Capgras Delusion in the Two-factor Framework 　　　Zhang Peipei / 144

◎ 以《伦理学》教学改革引导学生树立社会主义核心价值观 　　郭金鸿　蔡晓红 / 147

◎ 2013 当代中国哲学发展国际学术研讨会综述 　　　　　刘邦凡　王磊　高颖 / 152

政治学研究

◎"两个务必"的历史背景分析　　　　　　　　　　　　　　　丁　玲／154

◎大学生政治冷漠及其影响性分析　　　　　　　　　　　　　韩星梅／157

◎中国共产党执政合法性基础概述　　　　　　　　　　　　　谢　波／160

◎冷战后东盟的软均势战略　　　　　　　　　　　　　　　　李广振／163

◎协商民主和中国政党制度的契合性分析　　　　　　　　　　刘红明／166

◎加强中国共产党执政合法性的途径　　　　　　　　　　　　谢　波／169

◎中国政党制度框架内的协商民主要素构成　　　　　　　　　刘红明／172

◎冷战后东盟软均势战略原因分析　　　　　　　　　　　　　李广振／175

社会学研究

◎基于罗尔斯正义理论的当代中国社会公正问题探究　　　　　张　磊／178

◎道德资本作为慈善推动力的分析　　　　　　　　　　　　　梁玉菡／184

◎幸福的根源：人类社会与劳动实践　　　　　　　　　　　　孙　柳／187

◎共青团微博的身份建构及认同困境　　　　　　　刘星君　韩　伟／191

◎社会实践视域下的大学生价值观教育研究　　　　耿巍娜　张　磊／194

从《哲学研究》看当代中国哲学研究及学术影响力

刘邦凡 [①]

摘要： 截止到 2012 年，在《哲学研究》发文最多的作者主要有刘奔、黄克剑、夏甄陶、王路、郭贵春、王锐生、方立天、张一兵、赵汀阳、郁建兴、陈鼓、俞吾金、江怡、叶险明、朱德生、李景源、陈晓平、林剑、叶秀山、何祚麻、孙伟平、杨国荣、何中华、蒙培元、柴文华、孙正聿、张奎良、吴元梁、张华夏、郭齐勇、李宗桂、周昌忠、陈少明、丰子义、张汝伦、甘绍平、李鹏程、章建刚、陶玉泉、汪信砚、衣俊卿等；发文被引用最多的论文作者主要有张奎良、孙伟平、盛晓明、王锐生、孔明安、王一多、曹南燕、张汝伦、魏小萍、孙正聿、汪信砚、衣俊卿、孟建伟、何中华、叶平、赵汀阳、李德顺、万俊人、吴彤、贺来、唐凯麟、冯平、丰子义等。以上这些作者，同时也是我国当代哲学界的积极活动者。

关键词： 《哲学研究》 哲学 学术影响力 作者

《哲学研究》无疑是我国哲学论文发表最具影响力的期刊，通过分析《哲学研究》的发文情况，能够大致了解到中国当代哲学研究的一些基本情况：重要的哲学研究者，重要的哲学研究论文，重要的哲学思想与哲学方法，重要的哲学研究团队，等等。从学术影响力角度看，《哲学研究》是当代中国哲学界最具影响力的期刊之一。在当今信息时代和全球一体化时代，一个民族或一个地区的哲学，必须走向世界，与世界哲学融合，在交流中才能充分体现价值。从这个角度看，哲学不仅是智慧，更是交流，《哲学研究》无疑应该充分发挥这样的作用。

一、发文最多的前 40 名作者

截止到 2012 年，查阅《哲学研究》，大致可以看到发文最多的前 40 位作者的情况，如表 1 所示。

表 1 《哲学研究》发文最多的前 40 位作者（截至 2012 年）

排 序	作 者	发文署名单位	发文篇数
1	刘 奔	中国社会科学院哲学研究所	27
1	黄克剑	中国人民大学	27
3	夏甄陶	中国人民大学	26
3	王 路	清华大学	26
5	郭贵春	山西大学	24

---

① 作者简介：刘邦凡（1967— ），男，汉族，重庆市涪陵区人，博士，燕山大学文法学院教授，东北大学博士生导师，主要从事公共管理、哲学、政治学等研究。

续表1

排序	作者	发文署名单位	发文篇数
6	王锐生	首都师范大学	23
7	方立天	中国人民大学	22
8	张一兵	南京大学	21
9	赵汀阳	中国社会科学院哲学研究所	20
10	郁建兴	浙江大学	16
10	陈鼓应	北京大学	16
10	俞吾金	复旦大学	16
10	江 怡	中国社会科学院哲学研究所	16
10	叶险明	首都师范大学	16
15	朱德生	北京大学	15
15	李景源	中国社会科学院哲学研究所	15
15	陈晓平	华南师范大学	15
17	林 剑	华中师范大学	14
17	叶秀山	中国社会科学院哲学研究所	14
17	何祚庥	中国社会科学院理论物理研究所	14
17	孙伟平	中国社会科学院哲学研究所	14
21	杨国荣	华东师范大学	13
21	何中华	山东大学	13
23	蒙培元	中国社会科学院哲学研究所	12
23	柴文华	黑龙江大学	12
23	孙正聿	吉林大学	12
23	张奎良	黑龙江大学	12
23	吴元梁	中国社会科学院哲学研究所	12
23	张华夏	中山大学	12
23	郭齐勇	武汉大学	12
23	李宗桂	中山大学	12
31	周昌忠	上海社会科学院哲学研究所	11
31	陈少明	中山大学	11
31	丰子义	北京大学	11
31	张汝伦	复旦大学	11
35	甘绍平	中国社会科学院哲学研究所	10
35	李鹏程	中国社会科学院哲学研究所	10
37	章建刚	中国社会科学院哲学研究所	9
37	陶玉泉	南京政治学院	9
37	汪信砚	武汉大学	9
37	衣俊卿	黑龙江大学	9

二、发文被引用 100 次的文章

表 2　发文被引用 100 次的文章

排序	作者	题名	引用次数	发表时间
1		商务印书馆 2012 年计划出版的哲学译著	445	1959-03-02
2		中华书局 2012 年计划出版的中国哲学著作	298	1959-04-01
3	张奎良	《"以人为本"的哲学意义》	235	2004-05-25
4	孙伟平 贾旭东	《关于"网络社会"的道德思考》	202	1998-08-25
5	盛晓明	《地方性知识的构造》	177	2000-12-25
6	王锐生	《"以人为本"：马克思社会发展观的一个根本原则》	168	2004-02-25
7	孔明安	《从物的消费到符号消费——鲍德里亚的消费文化理论研究》	161	2002-11-25
8	王一多	《道德建设的基本途径——兼论经济生活、道德和政治法律的关系》	153	1997-01-25
9	曹南燕	《科学家和工程师的伦理责任》	150	2000-01-25
10	张汝伦	《经济全球化和文化认同》	141	2001-02-25
11	魏小萍	《"主体性"含义辨析》	139	1998-02-25
12	孙正聿	《历史的唯物主义与马克思主义的新世界观》	132	2007-03-25
13	汪信砚	《全球化中的价值认同与价值观冲突》	129	2002-11-25
14	衣俊卿	《日常交往与非日常交往》	123	1992-10-27
15	孟建伟	《科学与人文精神》	120	1996-08-25
16	何中华	《论作为哲学概念的价值》	115	1993-09-28
17	叶 平	《"人类中心主义"的生态伦理》	113	1995-01-25
18	赵汀阳	《知识，命运和幸福》	109	2001-08-25
19	李德顺	《从"人类中心"到"环境价值"——兼谈一种价值思维的角度和方法》	109	1998-02-25
20	万俊人	《普世伦理及其方法问题》	105	1998-10-25
21	吴 彤	《复杂网络研究及其意义》	103	2004-08-25
22	贺 来	《"道德共识"与现代社会的命运》	101	2001-05-25
23	唐凯麟 曹 刚	《论道德的法律支持及其限度》	100	2000-04-25
24	冯 平	《重建价值哲学》	100	2002-05-25
25	丰子义	《全球化与民族文化的发展》	100	2001-03-25

三、分　析

发表论文的目的何在？关于这一问题的回答，没有唯一答案。不同人从不同角度，可以有很多答案。对于这个问题，也已经引起联合国的重视。联合国的回答是：发表论文就是为了提高学术影响力。

什么是学术影响力？目前，还没有一个明确的共识。一篇论文的学术影响力，与论文的转载和被引用有关系。当然，论文的学术影响力与转引率有关系，但不仅仅等于转载和被引用。一个期刊的学术影响力与影响因子有关系，影响因子指某期刊前两年发表的论文在统计当年的被引用总次数除以该期刊在前两年内发表的论文总数。

为了推动世界范围内的学术影响力，2010年11月18日联合国在纽约总部正式启动了"学术影响力"项目，目的是在联合国和学术界之间建立起伙伴关系，共同倡导和平与发展的理念。联合国秘书长潘基文在发起仪式上指出："如今世界面临的许多难题都是相互关联的。通过分享与合作，人们的思想可以跨越边界和不同的学科领域，从而找到解决这些问题的方法……一个想法可以带来突破，挽救数百万生命。一项新技术也可以让整个人类免受苦难。甚至一种理论也可以促进人们为和平采取行动……学术界为联合国履行使命做出了重要的贡献，通过这一新项目，双方将会建立更加密切的关系。"作为一项全球性倡议，"学术影响力"项目旨在通过联合国与世界各地高等教育和研究机构的合作，宣传和推广源自《联合国宪章》的十项原则，范围涉及人权、文化、可持续性发展和解决争端等领域。

在此之前，由联合国和中国教育部共同主办的"学术影响力国际研讨会"也于2010年11月1日在上海市开幕。联合国秘书长潘基文、中国教育部副部长郝平、上海市副市长沈晓明等出席开幕式并致辞，200多名中外学者与会。

一些研究表明，中国的学术影响力正在快速增强。英国皇家学会指出：在1999—2008年的十年间，中国的学术影响力正在快速增强。2004—2008年，中国的全球引用频率为3.7%，远远高于1999—2003年的1.3%。而美国和英国等引文"大国"的影响力相对下降，2004—2008年，美国和英国的全球引用量分别为30.4%和8.1%，比1999—2003年的36.8%与8.6%有所下降。但是，他们依然是最具学术影响力的两个国家，两国在十年间依然占据全球引用量的41.95%。

从上文中我们看到，数十年来，在《哲学研究》中发表的论文被引用超过100次文章，只有25篇，占文章总数7 196篇的0.34%。而且有2 377篇文章1次都没有被引用，占文章总数的33.03%。从2007—2011年的统计看，《哲学研究》CNKI期刊影响因子只有1.326，而同期国内其他学术期刊的影响因子最高是《经济研究》，达到8.609。这说明《哲学研究》发表的文章产生的学术影响力还需要大力推进，这不仅指国际上，而且也包括国内。

参考文献：

[1] 张宓，张安民."复印报刊资料"哲学系列期刊学术影响力分析[J].河北学刊，2009（5）：59-65.

[2] 姜春林，唐悦，周磊.辽宁省哲学社会科学期刊学术影响力评价研究[J].科技管理研究，2009（9）：126-129.

[3] 张积玉.学术期刊影响力及其评价指标体系的构建[J].陕西师范大学学报（哲学社会科学版），2010（5）：70-76.

[4] 汪继南.高校哲学社会科学名刊学术影响力测度[J].情报资料工作，2008（4）：89-93.

[5] 徐维凡.客观判断期刊的学术影响力 推动哲学社会科学研究成果走向国际[N].中国新闻出版报，2012-12-31（14）.

[6] 戴维民.中国学术期刊国际影响力分析[J].复旦学报（社会科学版），2004（1）：111-118.

对发展战略性新兴产业的哲学思考①

万长松②

摘要： 从产业哲学的角度对战略性新兴产业的基本内涵、主要特征及其发展规律进行哲学思考是十分必要的。战略性新兴产业是通过新兴产业和战略产业优化组合实现的产业创新，主要特征表现为核心技术创新驱动、进口替代市场导向和长期稳定的产业政策扶持。在后危机时代，要抓住产业结构调整优化的契机，以科技创新带动产业创新，正确选择、培育和发展符合国情的战略性新兴产业，使之成为引导未来经济社会发展的重要力量。

关键词： 战略产业　新兴产业　产业创新　产业哲学

"战略性新兴产业"（Strategic emerging industries）的概念是在国际金融危机日益深化的背景下提出的。为了摆脱危机，抢占新一轮国际经济发展的制高点，美国、欧盟和日本纷纷提出了发展"新兴产业"的计划。为了积极应对国际金融危机的挑战，加快经济结构战略性调整，提升核心竞争力，《国务院关于加快培育和发展战略性新兴产业的决定》把节能环保、新一代信息技术、生物、高端装备制造、新能源、新材料和新能源汽车七个产业作为我国重点培育和加快发展的战略性新兴产业。从这一概念提出的时代背景和历史使命来看，"战略性新兴产业"应该具有推进产业结构升级、转变经济发展方式、提升自主发展能力和国际竞争力、加快科技创新与产业化、促进经济社会可持续发展的深刻产业内涵，是一个国家抢占未来科技和经济竞争制高点的重要产业或产业集群。此概念一经提出，就引发了学术界特别是经济学界的热议，相比之下哲学界的反响不强。本文试图从产业哲学的角度对战略性新兴产业的基本内涵、主要特征及其发展规律做出若干哲学思考。

一、战略性新兴产业的基本内涵

从逻辑层面看，在物种关系方面是产业或者一般生产最终把人从其他的动物中提升出来，因此，正是在改造客观世界的过程中，人才真正证明自己是类存在物，而产业本身也就是人的能动的类生活。正如马克思所说："一当人开始生产自己的生活资料的时候，这一步是由他们的肉体组织所决定的，人本身就开始把自己和动物区别开来。人们生产自己的生活资料，同时间接地生产着自己的物质生活本身。"[1]

从历史层面看，人猿相揖别，天然自然向人化自然转变，人工自然的不断扩大直至发展到社会自然，最终得以在世界的各个角落打上人的智慧烙印，是通过劳动工具和生活资料的制造及其社会性的生产和扩散来实现的。"通过'常规性'生产即产业化过程，个别的、偶然的和不自觉的人工物转变成为普遍的、必然的和自觉的人工物即社会化的人工物。"[2] 因此，"产业的本质就是生产的社会化，产业化就是人工

① 基金项目：教育部人文社会科学研究一般项目《苏联技术哲学与其工业化道路的关系及其当代价值研究》（09YJA720030）的阶段性成果。

② 作者简介：万长松（1969— ），黑龙江省呼玛县人，哲学博士，燕山大学文法学院教授，研究方向为产业哲学与产业经济学。

自然的社会化即社会自然的形成过程"[3]。人类社会发展史同时也是新兴产业取代传统产业的产业发展史。

质言之，产业的本质与人的类本质具有同一性。在实践上，人把整个自然界——首先作为人的直接生活资料（天然的自然），其次作为人的生命活动的材料和工具（社会的、人工的自然）——变成了人的无机的身体。通过实践创造对象世界，改造无机界，发展社会自然，人证明自己是有意识的类存在物。与动物那种只是在直接的肉体需要支配下的片面生产不同，人的生产是不受肉体需要支配的全面生产，而且只有不受这种需要的影响才是真正的生产。换言之，动物只生产自身，而人却能够再生产整个自然界。"这种生产是人的能动的类生活。通过这种生产，自然界才表现为他的作品和他的现实。"[4] 因此，一部人类产业发展史，就是人类肉体和精神不断对象化、外化和进化的历史。与人本身的内部进化不同，产业的发展是一种不断展现人的本质力量的外部进化，但这一过程同样表现出受动性与能动性、自然属性与社会属性、合规律性与合目的性的对立统一。

产业发展既要受到自然规律的制约，又可以能动地利用自然规律，因此，高科技及其产业化在促进产业升级方面起到决定性作用，资本有机构成取决于技术构成；在社会自然的生成过程中产生了不以主观意志为转移的社会规律，可以利用这些规律制定和实施倾斜的产业政策，从而加快产业结构调整。可见，优化升级产业结构，转变经济发展方式，既存在历史的路径依赖，又要有现实的创新跨越，把合规律性与合目的性统一起来；既需要全面统筹、平衡发展，又需要重点突破、以点带面，把两点论与重点论统一起来；既要强化科技创新，提升产业核心竞争力，还要考虑资源禀赋、组织协调、市场环境以及产业政策、财税金融政策、人力资本等多种多样的因素，把产业的自然属性和社会属性统一起来。规律是历史性的、受动的，必须进行能动的社会建构，也就是进行生产要素的重新组合，在技术创新和制度创新的基础上实施产业创新。

发展战略性新兴产业无疑是重大的产业创新。与强调独创性的原始创新（Originality innovation）不同，集成创新（Integration innovation）是根据新的时代要求将生产要素组织集成，通过优化组合而创新，从而达到"1＋1＞2"的集成效应。具体来说，战略性新兴产业就是通过战略产业和新兴产业的优化组合实现集成创新。因此，战略性和新兴性就成为描述战略性新兴产业的两个基本维度。肖兴志等[5]认为可以从创新性、需求性、盈利性和成长性四个方面理解新兴性，从全局性、长远性、导向性和动态性四个方面理解战略性。为了进一步理解战略性新兴产业的内涵，特别是与相邻、相近概念进行比较研究，笔者移植了D·E·斯托克斯的科学研究象限模型[6]，用平面直角坐标系的X轴表示是否具有新兴性，用Y轴表示是否具有战略性，那么就会产生四种象限或产业类型——第Ⅰ象限（代表战略性非新兴产业）、第Ⅱ象限（代表战略性新兴产业）、第Ⅲ象限（代表非战略性新兴产业）和第Ⅳ象限（代表非战略性非新兴产业）（见图1）。其中第Ⅱ象限，即战略性新兴产业恰好对应着所谓"巴斯德象限"[a]。

图1　产业集成创新象限模型

① 斯托克斯用平面直角坐标系的两坐标轴分别表示研究的动机（好奇心驱动型还是应用驱动型）和知识的性质（是否具有基础性和原理性），提出了新的科学研究的象限模型。结果除了玻尔象限（第一象限，代表好奇心驱动型纯基础研究）和爱迪生象限（第三象限，代表为了实践目的应用研究）之外，会出现一种新的类型——巴斯德象限（第二象限，代表由解决应用问题产生的基础研究）。之所以称为"巴斯德象限"，是因为巴斯德在生物学上许多前沿性基础工作的动力是为了解决治病救人的实际难题。

战略性非新兴产业是一个国家的物质基础、经济命脉、安全保证和财富来源，是涉及国计民生和国家安全的重要支柱产业。在古代，"战"是指战争，"略"是指谋略。在现代，"战略"一词从军事引申至政治和经济领域，泛指统领性的、全局性的、长远性的谋略、方案和规划。战略性的含义首先就是安全性，"对一个产业判断是否具有战略性应该以国家安全为主，而不应该以经济发展为主"[7]。这样一来，保障粮食安全的农业，保障原材料和能源安全的采掘业、钢铁业和重化工业，保障经济安全的装备制造业，保障国防安全的军事工业等到任何时候都是战略性产业，尽管它们都是非新兴的传统产业。其次，战略性应该体现在支撑性上面。目前，大多数支柱产业在国民经济体系中都占有重要战略地位，产业规模在国民经济中占有较大份额，起着支撑经济发展的作用。支柱产业既是创造 GDP 的主要承担者，也是国家和地方财政收入的主要源泉。总之，那些主要分布于第一、第二产业领域的成熟的、传统的支柱产业在使用价值和价值两个方面保障了国家安全。

非战略性新兴产业是指虽是新兴但并不具备上述战略含义的产业。新兴产业是相对传统产业而言的，它是指随着科技的发展和产业结构升级而出现的新的产业。目前，新兴产业主要是指电子、信息、生物、新材料、新能源、海洋、空间等伴随新技术革命而产生和发展起来的高技术产业；还包括随着产业结构升级、分化而出现的房地产业（含物业管理）、旅游业、会展业、体育产业、娱乐业（如电玩、动漫产业）等一系列新型服务业。尽管近些年我国房地产业高速增长，甚至成为某些地方财政的支柱；尽管自申办北京奥运会和上海世博会以来，我国体育产业和会展业、旅游业实现了跨越式发展，但是在产业创新、结构优化和提高可持续发展能力问题上，这些新兴产业还不足以体现国家的战略目标。因此，这些主要分布于第三产业领域的新型服务业虽因技术和市场创新属于新兴产业，但并不具有重要的战略地位。

"一个产业之所以能被称为战略性新兴产业，首先应该是新兴产业，且同时具备战略性产业和新兴产业的共同特质。"[8] 可见，战略性新兴产业只是指那些已经具有和潜在具有战略地位，能够保障国家战略物资和经济安全并且可以转化为支柱产业的新兴产业。首先，战略性新兴产业必须符合新兴产业的自身特征，也就是说，它是随着新的科学原理的发现和技术手段的发明而出现的，一开始产业的成熟度不高、经济支撑力不强、市场需求量不大；其次，战略性新兴产业是新兴产业中能够成长为先导产业和支柱产业的那一部分，也就是说，经过一段时间的政策扶持和自我发展，能够在未来创造较高的价值，引领产业发展方向，进而升级为国民经济的战略性支柱产业。总之，战略性新兴产业是以科学技术的重大突破为前提，以新兴产业和战略产业的深度融合为基础，能够创造和满足社会新需求，带动产业结构调整，促进经济发展方式转变，并能在一段时期内成长为对经济社会全局和长远发展具有重大影响力的支柱产业的行业和部门。

需要指出的是，非战略性非新兴产业并非无意义或退化的产业；相反，以餐饮业、服装业、零售业、家政业等为代表的传统服务行业，在满足人民群众日常生活需要、创造大量就业岗位、活跃市场经济、平衡收入分配等方面发挥了重要作用。而且，在战略性新兴产业的直接或间接带动下也可以进行产业创新，在传统产品和工艺中融入新的技术因素和创意，从而扩大市场需求、增加产品附加值。

二、战略性新兴产业的主要特征

整体性是社会自然系统最突出、最基本的特征。系统之所以成为系统，就是由于构成系统的各要素之间存在着非加和性关系。这种非加和性表征着新属性的出现，表征着系统与其组分之间的质的差异，即"整体大于部分之和"。一般系统论的创始人贝塔朗菲说："'整体大于部分之和'，这句话多少有点神秘，其实它的含义不过是组合性特征不能用孤立部分的特征来解释。因此，复合体的特征与其要素相比似乎是'新加的'或'突现的'。"[9] 战略性新兴产业是社会自然系统，其基本特征是组合性的，具有新加的和突现的性质。这些新的属性不是新兴产业和战略产业特征的简单叠加，而是彼此之间相互约束、选择、协同、放大的结果。温家宝指出："战略性新兴产业必须掌握关键核心技术，具有市场需求前景，具备资源能耗低、带动系数大、就业机会多、综合效益好的特征。"[10]基于系统论的分析和温总理的论述，笔者认为战略性新兴产业应具备以下主要特征。

（一）核心技术创新驱动

战略性新兴产业是以关键核心技术的重大突破为驱动力的，同时也是核心技术创新的深度应用和产业化平台。"理论上，战略性新兴产业应该处于高新技术产业的顶端或前沿，知识密集、技术密集和资本密集，生产核心技术上有革命性的突破。"[8]核心技术（Core technology）是指在科学理论基础上确定了技术路线之后能够支撑产品实现的关键技术和工艺。核心技术是企业产品平台的基础，也是终端产品价值的主要承担者；而产品平台是众多核心技术的集成，通过产品平台实现了核心技术的最终价值。目前，芯片和软件已经渗透到各个产业领域，能否实现这一核心技术自主创新，将影响到电子信息、生物医疗、高端装备制造、新能源汽车等战略性新兴产业的发展。而在芯片与软件方面，我国的技术和产品与国外先进水平相比还存在很大差距，为此，《国家中长期科学和技术发展规划纲要（2006—2020年）》把发展"核高基"①确定为16个重大专项中的第一个是十分必要的。由于开发投入大、周期长、风险高，产品价值大、带动性强，不可能通过购买或模仿得到核心技术。历史上，我国"两弹一星"、载人航天、杂交水稻等重大项目获得成功，都是核心技术自主创新的结果。因此，不掌握关键核心技术，不建立自己的产业技术体系，发展战略性新兴产业就是一句空话。从战略性的高度看，如果核心技术长期受制于人，没有形成自己的技术优势，国家安全也将难以保障。

（二）进口替代市场导向

历史上，出口导向发展战略是伴随着改革开放的进程而逐渐构建起来的；理论上，这一战略有利于发挥我国的比较优势，通过引进外资、赚取外汇以进口急需的技术和设备。实践证明，出口导向战略在过去是行之有效的，为中国经济保持长期稳定的增长做出了巨大贡献。时过境迁，我国资金已经比较充裕，特别是外汇储备居世界第一，而人口红利几近枯竭，环境承受力已达极限，表明外向型经济无论是从历史还是逻辑的角度看都失去了合理性。更为严重的是，在"市场换技术"的指导方针下，我们以极为稀缺的国内市场资源换来的只是国外二三流的技术，而并非真正的先进技术、关键技术与核心技术。加上我们没有做好消化、吸收和再创新的功课，导致我国对国外关键核心技术的长期依赖，处于国际分工体系的低端。研究表明，引进外资不会自动地促进经济增长和技术进步，相反，一些成功的经济体在封闭市场下，通过保护民族产业而实现了经济振兴。因此，争取市场、扩大内需，才是企业追求技术进步的源动力。发展战略性新兴产业必须回到进口替代的市场导向上去。但是，在经济全球化和贸易自由化的今天，关税壁垒等贸易保护措施容易受到诟病，因此，对国外拥有核心技术的最终产品实行非关税壁垒（如技术性贸易壁垒、外汇管制等），对国内战略性新兴产业在融资、税收、出口等方面实施优惠政策，对购买和接受拥有自主知识产权产品和服务的用户提供补贴等，都是从出口导向到进口替代发展战略转变的必要手段。

（三）稳定的产业政策扶持

长期以来，我国已经形成了对出口导向型经济的"路径依赖"，但国际金融危机再次表明：凡是出口依存度比较高的国家，经济增长率的波动幅度也比较高。因此，不能完全依赖于通过扩大出口带动我国经济的稳定增长。尽管战略性新兴产业最初难以和国外高技术企业争夺国内市场，更别说占领国际市

---

① "核高基"是"核心电子器件、高端通用芯片及基础软件产品"国家科技重大专项的简称，又被称为"两件一芯"，即器件、软件和芯片，它们是发展战略性新兴产业核心技术中的技术核心。

场；但是战略性新兴产业一旦获得成功，它给企业和社会带来的收益往往是一般出口加工型企业的成千上万倍。所以，政府应制定和实施稳定的产业扶持政策，采取直接补贴和税收减免等措施扶持弱小，确保市场提供正确的信号和激励。发展战略性新兴产业关键是要加快落实人才强国战略，加大高技能人才队伍建设力度，创造条件吸引全球优秀人才来华创新创业。在后危机时代，各国都打响了优秀人才争夺战，就连世界科技领跑者的美国也不例外。2010年美国总统经济报告提出，2011财政年度继续大幅度增加联邦财政对科研的资助，其中国家科学基金会等3个主要科研代理机构的科研预算比上一财年增加1倍。[11]在2011年美国国情咨文中，奥巴马又提出在未来十年内将培养10万名STEM（科学、技术、工程、数学）学科教师，并且呼吁把在美国大学取得理工科博士学位的外国学生全部留在美国。所以，没有长期稳定的产业政策扶持、没有有效的研发（R&D）投入以及研发强度（R&D/GDP），特别是没有具有较高技术水平和相对稳定的研发队伍，战略性新兴产业只能是后危机时代一道美丽的光环。

三、战略性新兴产业的发展规律

战略性新兴产业的发展是一个自然历史过程，科学技术革命和社会生产需求为其提供了强大推动力。由于资源禀赋、科技水平、工业化程度和经济结构的差异，不同国家、不同地区对战略性新兴产业的选择会有所不同。但是，研究不同时期、不同地区战略性新兴产业的发展，可以找到其内在规律性，这对于我国现阶段制定正确的产业政策具有重要的指导意义。

（一）科技革命是发展战略性新兴产业的根本动力

纵观科学技术史，每一次科技革命都会带来生产方式的重大创新即产业革命，继而促生一个或一批新兴产业。由于采用新技术使生产效率和市场占有率不断提高，新兴产业逐渐演变为主导产业并通过关联效应将新技术扩散到整个产业系统，进而引起产业技术体系的改变和产业结构的升级。因此，科技革命不仅是思想的解放，而且是生产力的解放；产业革命诞生的不仅是新兴产业，而且引发了战略产业或主导产业的更新换代。

世界主要国家在每个发展阶段都会有相应的战略性新兴产业。18世纪中后期，蒸汽机、纺织机的发明引发了第一次技术革命，在极短时间内蒸汽机被广泛应用到采煤、冶金、交通运输等产业部门，这是人类历史上的第一次产业革命。蒸汽机就是这个阶段的战略性新兴产业。19世纪中后期，电机和内燃机的发明引发了第二次技术革命，电力技术很快被应用于交通、钢铁、石化、汽车和城市照明，这是第二次产业革命。电力生产、传输和使用就是这一时期的战略性新兴产业。20世纪六七十年代以来，随着集成电路和微处理器的应用，电子计算机和互联网技术引发了第三次技术革命，其应用领域从计算科学拓展到文字、声音和影像处理、机器设备控制和远程通讯等社会生活各个领域，这也是第三次产业革命。电子计算机就是这一阶段的战略性新兴产业。英国引领了第一次技术革命成为当时的世界强国，德国引领了第二次技术革命迅速成为世界强国，美国引领了第三次技术革命成为当今最强的国家，日本和芬兰也抓住此次机遇，升级为发达国家。相反，苏联忽视了第三次技术革命，使生产力的发展受到阻碍，破坏了工业化和现代化进程。历史证明，哪个国家抓住了科技革命的机遇，找准并扶持、引导代表新技术的战略性新兴产业，勇于担当科技革命和产业革命的"领头羊"，哪个国家就有可能跃升为新的世界强国。种种迹象表明，当今世界正处于新科技革命的前夜，新技术革命和产业革命初现端倪，围绕新材料、新能源和新一代信息技术会诞生一批战略性新兴产业，中国的科技工作者和企业家不仅要抢占科技革命的先机，而且要以此为动力建构和培植符合国情的战略性新兴产业。

（二）经济危机是发展战略性新兴产业的重要契机

根据马克思的经济危机理论，资本主义古典危机与当代危机都是生产过剩的危机，并无本质区别。只不过前者的"过剩"直接表现为有效需求不足，最终引发金融动荡股市崩盘；后者则表现为有效需求旺盛甚至过度，然而"透支消费"只不过把这种"过剩"从供给方转嫁到需求方，把资本主义基本矛盾爆发从当下推到未来。马克思指出："劳动资料大部分都因产业进步而不断更新。迫使企业设备提前按照更大的社会规模实行更新的主要是灾祸，危机……就整个社会考察，危机又或多或少的是下一个周转周期的新的物质基础。"[12] 因此，尽管科技进步总能带来固定资本的持续更新，但经济危机总是大规模新投资的起点，而固定资本的社会规模的再生产离不开科学技术创新和战略性新兴产业的兴起。历史上，全球性经济危机往往成为科技革命和产业创新的重要契机。比如，1857 年的世界经济危机引发了以电气革命为标志的第二次技术革命和产业革命；1929 年的世界经济危机引发了战后以电子计算机、航空航天和核能等技术创新为标志的第三次技术革命和产业革命。

无独有偶，德国经济学家格哈德·门施（G. Mensch）利用现代统计方法，通过对 112 项重要的技术创新考察也发现，重大基础性创新的高峰均接近于经济萧条期，技术创新的周期与经济繁荣周期成"逆相关"，因而认为经济萧条是激励创新高潮的重要推动力，技术创新又将是经济发展新高潮的基础。[13] 可以说，此次国际金融危机是超前消费、过度投机、监管缺失等导致虚拟经济泡沫破裂的结果。因此，必须重新反思"去工业化"的发展模式，重新回到实体经济，以高新技术为依托，大力发展先进制造业，必须把寻求新的战略性新兴产业作为反危机的重要手段，以期实现"再工业化"（Re-industrialization）的发展战略。比如，金融危机爆发以后，美国政府不断加强对新兴产业的支持力度，高度重视发展清洁能源和低碳技术，主张依靠科学技术开辟能源独立的新路径，力争在 18 年内把能源经济标准提高 1 倍，在 2030 年之前将石油消费降低 35%。[14]

（三）正确选择是发展战略性新兴产业的有效保障

目前，在如何选择和评价战略性新兴产业问题上，既有产业经济学方面的思考[15]，又有技术经济学视角的考量。[16] 与上述进路不同，产业哲学主要是从共时性与历时性的辩证统一出发，分别从静态与动态、横向与纵向的维度考察战略性新兴产业的选择标准。既要以特定阶段产业结构系统以及系统要素间的相互关系为基础把握战略性；又要以产业结构进化过程以及过程中的矛盾发展规律为基础把握新兴性，以新兴产业为生长点和动力，以新的战略产业为落脚点和归宿，战略性新兴产业完成了一个生命周期。

众所周知，出于"冷战"思维和经济安全的考虑，战后苏联仍然把军事工业和传统重化工业作为产业发展的重点。核工业、电子工业、仪表工业、宇航工业、大型飞机制造业成为当时苏联的新兴产业，一些传统产业如钢铁工业、石油工业、化学工业、汽车制造业、船舶制造业等更是成为战略产业重点发展。因而，战后苏联迅速形成了强大而完整的工业体系，其经济增长速度超过当时多数西方国家。20 世纪 70 年代"石油危机"之后，西方国家都开始了新一轮科技革命和产业创新，围绕着电子计算机、新材料、新能源等高新技术快速崛起了一批战略性新兴产业。然而，苏联依旧坚持"优先发展军事工业"和"以机器制造业为主导"的产业政策，不仅错过了本轮新技术革命和产业结构调整的机遇，而且使机器制造、石油煤炭、黑色金属等传统重化工业长期停滞不前，主要经济效率指标未能达到，人民生活水平长时间低水平徘徊，到了 20 世纪 80 年代后期苏联经济已经处于崩溃的边缘。究其原因，很重要的一点就是苏联没有根据时代发展和科技进步适时调整产业政策，没有正确选择和培育发展本国的战略性新兴产业，结果不仅没有形成一批新的先导产业和支柱产业，就连传统产业也因缺乏关键核心技术和持续创新的动力而丧失其支撑性。相反，作为产业政策的发源地，战后日本就采取了产业合理化、"IT"立国、知识产权立国等一系列产业政策，有效地促进了经济的全面复苏和起飞。

上述产业发展规律表明，新兴产业多产生于技术断裂、经济衰退之际，而后金融危机时代为我国提供了难得的升级产业结构、转变发展方式的重大机遇。苏联的教训和日本的经验表明，战略性新兴产业的发展虽然可以通过科技革命的推动来完成，但是，由于新兴产业在发展之初大多是没有竞争优势的弱势产业和高风险产业，正确选择新兴产业并且进行必要的培育和政策扶持，是促使其快速成长为战略性产业的重要保障。

参考文献：

[1][德]马克思，恩格斯.德意志意识形态[M]//马克思恩格斯选集（第1卷）.北京：人民出版社，1995：67.

[2]曾国屏.唯物史观视野中的产业哲学[J].哲学研究，2006（8）：3.

[3]万长松.产业哲学引论[M].沈阳：东北大学出版社，2008：3.

[4][德]马克思.1844年经济学哲学手稿[M]//马克思恩格斯选集（第1卷）.北京：人民出版社，1995：47.

[5]肖兴志，等.中国战略性新兴产业发展战略研究[J].经济研究参考，2011（7）：47-48.

[6][美]D·E·斯托克斯.基础科学与技术创新——巴斯德象限[M].周春彦，等译.北京：科学出版社，1999：62-64.

[7]王德禄.浅析新兴产业哲学与方法论[EB/OL].http://www.chinaacc.com/new/287_294_/2010_1_22_xu2233252913122101025675.shtml.

[8]李金华.中国战略性新兴产业发展的若干思辨[J].财经问题研究，2011（5）：4.

[9][美]冯·贝塔朗菲.一般系统论[M].林康义，等译.北京：清华大学出版社，1987：51.

[10]温家宝.让科技引领中国可持续发展[EB/OL].http://www.gov.cn/ldhd/2009-11/23/content_1471208.htm.

[11]Economic Report of the President 2010[M].Washington: U.S.Government Printing Office, 2010: 268.

[12][德]马克思.资本论（第2卷）[M].北京：人民出版社，1975：191，207.

[13]Mensch G. Stalemate in Technology: Innovations Overcome the Depression[M].Cambridge, Mass: Ballinger Pub. Co., 1979: 148.

[14]彭金荣，等.国外战略性新兴产业的发展态势及启示[J].改革与战略，2011（2）：167.

[15]肖兴志，等.发展战略、产业升级与战略性新兴产业选择[J].财经问题研究，2010（8）：40-47.

[16]贺正楚，等.战略性新兴产业的评价与选择[J].科学学研究，2011（5）：678-683.

人与自然关系演化过程的哲学思考

李玉杰①

摘要：人与自然的关系是人类文明的核心。渔猎文明时期人与自然关系是协调的，农业文明时期人与自然的关系开始分化，工业文明时期人与自然的关系处于对立状态。随着生态文明的起步，人类开始注重调适自己与自然的关系，以期达到和谐相处。历史地考察人与自然关系的演化历程，从中汲取有益的经验教训，对我们今天建设生态文明、构建社会主义和谐社会有着重要的理论价值和现实意义。

关键词：人 自然 冲突 调适 和谐

人类源于自然，归属于自然。自然界孕育了人类，人类依托于自然而创造了辉煌的文明。结束渔猎时代以来，人类先后经历了农业文明和工业文明两大基本文明形态，目前正在从工业文明向生态文明迈进。回顾人类文明发展的历史，我们可以得出一个基本的结论：人类与自然关系问题是人类文明史的核心问题，人与自然关系的性质和状态是人类文明程度的重要标志。将人与自然的关系置于文明史的视野内加以审视，清晰地呈现出不同的历史时期，由于生产力水平的渐进性和人类社会生活的阶段性，导致了人类对大自然的开发、利用乃至改造与破坏程度的时代差异性，也因此表现出人类文明的不同水平。如何正确处理人类社会和自然界之间的关系将成为人类检讨过去、面对现实、筹划未来的焦点，等待我们从各个角度给予应答。因此，我们必须深入研究人类文明发展史中人与自然关系的发展变化过程，从人类文明不断演进的轨迹中探索人与自然关系发展变化的规律，从而找到解决人与自然冲突的有效途径和方法，加速人类向更高文明形态前进的步伐。

一、历史与逻辑：农业文明——人与自然关系的分化

文明是人类改造世界实践活动的成果，包括物质文明和精神文明两个方面。原始的蒙昧时代就有了人类的原始文明，是人类文明的低级形态。那时，人与自然的界线非常模糊，人类主要是利用而不是改造自然界。自然界主宰人类的命运，表现为人对自然的依赖、敬畏和崇拜，人类只能被动地顺应自然环境以求生存。因此，原始文明中人与自然的关系是协调的。"自然界，就它自身不是人的身体而言，是人的无机的身体，人靠自然界生活。"[1]人与自然的关系也就此展开，并随着人类社会的发展而不断演变。在原始社会，"自然界起初是作为一种完全异己的、有无限威力的和不可制服的力量与人们对立的，人们同它的关系一样，人们就像畜牲一样服从它的权力，因而这是对自然界的一种纯粹动物式的意识（自然宗教）"[2]。与其他生物物种类似，作为自然生态系统中极为普通的一员，人类的生存和发展也完全受制于自然法则。在强大的自然力面前，人是自然界的奴隶，处于服从与被支配的地位。这一时期的人类使用极为简陋的石块和木棍等工具，进行采集渔猎活动以获取食物，其生存资源也仅限于自然产品，

① 作者简介：李玉杰(1959—)，女，汉族，黑龙江省齐齐哈尔市人，燕山大学文法学院教授、硕士研究生导师，研究方向为文化与生态。

对这些生存资源的生产过程不加任何"人工"干预。人类是宇宙长期演化的产物，也是自然选择的结果。早期人类对自然现象诸如日月星辰的运行和风雨雷电的发生不能从思维能力的角度做出正确理解，更不能从自然本身予以合理解释，而是借助一种超自然的、人格化的方式"来同化自然力，正是这种人格化的欲望，到处创造了许多神"[3]，在精神上形成对天地日月、风云雷电、动物植物、山川河海等自然物神的崇拜，集中表现为图腾崇拜。

图腾崇拜是人类神秘自然、好奇事物时的境遇，当人类开始对自然进行思索，对自身进行认识、对事物进行选择之后，人与自然之间凝结的眷恋之情所展现的图景就会出现新的内容与调整。与此同时，具有"宗教化特征"的图腾崇拜便会向"更高文化形态"的祖先崇拜或神灵崇拜演进。从甲骨卜辞看，早在殷商武丁时期，中国古代就出现了对"帝"的信仰，从"有巢氏"、"燧人氏"、"伏羲氏"到"神农氏"，氏族的首领大都被看作是伟大的发明家。黄帝行医、仓颉造字、唐尧制定立法等的故事也不失为是远古时期人类祖先崇拜有力的例证，表明了古人对其列祖列宗的崇拜。"在希腊神话中，我们可以看到被崇拜的对象已经不再是雷电、大海、太阳这些自然对象本身，而是掌管这些物象的宙斯、波塞冬、阿波罗等人格的神。"[4]图腾崇拜以及后来所演化出的祖先崇拜或神灵崇拜，不仅是作为原始人一种朴素信仰的文化现象而存在，也是古人与自然关系问题的最初表征，体现了当时人与自然关系的和谐以及生态环境较为稳定的状况。

伴随原始社会的发展和解体，人类社会逐渐从采集狩猎的原始社会过渡到了以自然经济为基础的农业时代，经历奴隶社会和封建社会而形成漫长的农业文明史。农业文明时代，社会生产力有所发展，人类改造自然的深度和广度有所增加，人与自然的关系开始分化，人类社会与自然环境开始有了明确的界线。火的使用、文字的发明以及劳动工具的改进，大大增强了人类从自然中获取生产生活资料的能力，促进了生产力的发展，人类开始"通过自己的活动按照对自己有用的方式来改变自然物质的形态"[5]。在农业社会中，青铜器和铁器的相继应用极大地提高了农业生产技术，提升了人类对自然的认识水平，使自然界的人化过程进一步扩大和加深，大量有关植物生长规律的知识被掌握并且积累，农业生产取得了前所未有的发展。农业的发展促进了人口数量的增加，解决新增人口的生存问题反过来又促进了农业生产的进一步发展。人类为了满足自身日益增长的食物需要，就需要通过不断地扩大农业规模来增加食物产量，于是他们开始靠砍伐森林、焚毁草原来种植庄稼，虽然农业生产得到了提高，食物需求得到了满足，但是水土流失、荒漠化、耕地退化等一些不和谐现象也随之出现。考古学研究也表明：美索不达米亚文明的衰落与当地大面积的森林消失和耕地生长能力的退化有关；曾是罗马帝国粮仓地的北非，土壤风化使那里的农田变成了沙漠；南美玛雅文明的瓦解也与当地自然的恶化有密切的联系。

总体来看，在以自然经济为基础的农业社会，人们改造自然的能力仍然有限，自然对人类仍居支配地位。人类还没有能力对自然生态系统施加强有力的影响，人的欲望及其满足也仅局限于人的最基本的生存需要的范围之内。农业时代的技术还没有从根本上危及自然生态系统的自我修复能力，正如海德格尔在分析古代技术特点时所说"风车的翼子的确在风中转动，它们直接地听任风的吹拂。但风车并没有为了储藏能量而开发出气流的能量"[6]。在农业生产中，人类通过创造适当的条件，使自己所需要的植物和动物得到生长和繁衍，并且改变其某些属性和习性。农民与土地、大自然保持着直接的接触，人类尊重和敬畏自然规律，以期通过人与自然和谐相处换得生存的稳定。这就表明这一时期，人与自然的关系基本上是和谐的、较为稳定的，在人与自然的关系中，人还未占据主导地位。在强大的自然力的制约下，人力还不能超越自然力的约束，人类与自然的关系处在一个相对平衡的状态。

二、发展与代价：工业文明——人与自然关系的冲突

蒸汽机的发明和使用把人类推进到工业文明时代，人类凭借手中的科学技术在人与自然的关系中逐

渐占据了主导地位。从此，人类开始耀武扬威，与天斗、与地斗，征服自然、改造自然，成了人们处理与自然界关系的炫耀性的口号，人与自然的关系开始出现巨大的矛盾和尖锐的冲突。

人的存在是一种超越性的存在，即人是宇宙中唯一能够打破他所属的那个物种赋予他的生物学限制的物种，超越自然本能的限制，支配自己的生命活动，充任自己生命的主人。近代，以高扬"人文主义"为旗帜的文艺复兴运动和宗教改革运动，动摇了封建教会和宗教神学的统治地位，破除了人们对上帝的迷信，肯定了人的作用，确立了人的中心地位。以理论和实验为主要形态的科学也在这时彻底与生产分离，并独立存在和发展。随之欧洲发生了声势浩大的"把自然力和自然科学并入生产过程"[7]的工业革命，科学技术和工业共同强化了人类开发利用资源的能力，成为人类获取财富与资本的魔法师，成为资本主义经济增长的"助产婆"，大量的社会财富被积累起来，资本成为社会财富的主要形式。工业经济有可能是人类社会最短暂、最浪费的经济形态，人类以高于收益多倍的代价换取了自身的"飞速发展"，创造了畸形且昂贵的工业文明。工业文明的兴起，把人类带入了工业化的时代。依靠工业技术和社会化的大生产，人类"在工业化突飞猛进的两百年中，幸运地找到了自然界早已准备好的能源和资源贮备，从而使工业结构中的能源结构和资源结构得到满足和维持"[8]。大量的工业资源（主要是不可再生的矿产资源）被源源不断地拉进了工厂，转化为满足人类消费所需求的商品。人类在加快对自然索取的同时，也慢慢产生了主宰、奴役和支配自然的行为，人类逐渐成为自然的最高统治者，人与自然的关系出现了尖锐的矛盾。

进入工业社会，原有的农业社会就已经出现的环境问题不仅没有得到解决反而迅速扩张和恶化。尤其是20世纪以来，工业化释放出的活力虽然成就了社会财富的增长，但财富的增长却未全面顾及人与自然关系的和谐，与之相伴的却是一系列的环境问题，集中表现为大气污染、噪声污染、水污染、城市生活垃圾污染以及固体废弃物的污染等。由于世界人口数量的快速增长和对自然资源的过度开采，自然资源呈现出日益锐减的状况，并危及到人类正常的生活和生产，粮食的短缺和稀有物种的灭绝，使本来日趋恶化的环境问题更加严重。这些问题的出现，表明了人类与自然正行进在一条冲突的航线上，人类活动已对环境和临界资源构成了严重而且是无法弥补的破坏。人类的种种不合理的行为，已经违背了自然界的生态法则，导致了人与自然关系的不和谐，激化了人与自然之间的矛盾，破坏了人类赖以生存的环境，进而引发了全球性的生态危机。据有关权威部门统计，每年有600万公顷农田变成沙漠，1100多万公顷的森林遭到破坏。在欧洲，酸雨破坏了森林、湖泊以及各国的艺术和建筑遗产，使大片土壤酸化以致达到不可恢复的地步。矿产的燃烧将二氧化碳排入大气中，造成了全球气候逐渐变暖，这种温室效应到21世纪初可能将全球平均气温提高到足以改变农业生产区域、提高海平面使沿海城市被淹以及损害公民经济的程度，其他工业气体有耗竭地球臭氧保护层的危险。

在我国，自然灾害的频发和生态环境的恶化除了与不可抗拒的自然因素（主要指地理位置、地质地貌、气候等）有关之外，还与诸如毁林开荒、围湖造田、乱采滥挖、过度放牧、过量开采等一系列不合理的行为有关。原来地理课本上常说的我国"幅员辽阔，地大物博"已经不再是现实，取而代之的是"人多地少，资源短缺"，许多重要资源人均占有量远远低于世界平均水平。在资源短缺的同时，资源破坏和浪费又非常突出。滥采、滥垦、滥伐屡禁不止，资源的产出率、回收率和综合利用率低，生产、流通和生活方面消费惊人，排放总量多年居高不下，城市空气污染普遍较重，酸雨面积已占全国面积的1/3。水土流失面积已达到3.6亿公顷，约占国土面积的38%，并且仍在继续增加。土地荒漠化、草原沙化面积仍在快速扩散。全国沙漠化土地面积达1.7亿公顷，占国土面积的18.2%，受沙漠化影响的人口达4亿。目前我国日排污水总量1.3亿吨左右，七大水系近一半河段严重污染。江河流经的15个主要大城市河段中，有13个河段的水源污染严重，占86.67%。近岸海域水质恶化，赤潮频繁发生。物种濒危现象十分严重，我们目前约有4600种高等植物和400种野生动物已经处于濒危或者临界状态。[9]

工业文明时代，"单纯追求经济增长"的思想促使人们为了眼前的经济利益而忽视了生态环境承载力的有限性，从而导致环境的破坏和发展的不持续性，给人类的前景蒙上一层挥之不去的阴霾。20世纪

70 年代舒马赫的著作《小的是美好的》，成为声讨现代工业文明弊病的经典著作。舒马赫认为，资源密集型的大型化生产导致经济效益降低，贫国与富国的差距拉大，资源枯竭和环境污染，应当超越对"大"的盲目追求，提倡小型机构、适当规模、中间技术等等。其中，提到了恩格斯在《自然辩证法》中所表达的思想：我们不要过分陶醉于我们对自然界的胜利。对于每一次这样的胜利，自然界都报复了我们。每一次胜利，在第一步确实都取得了我们预期的结果，但是在第二步和第三步却有了完全不同的、出乎意料的影响，常常把第一个结果又取消了。被人类作为认识、改造自然手段的科学技术"却通过工业日益在实践上进入人的生活，改造人的生活……工业支配和征服自然的一种外来力量。他甚至谈到要向自然开战，忘却了：设若他赢得了这场战争，他自己也将处于战败一方"[10]。人类违背了自然界的客观规律，大自然开始向人类报复：气温的升高、紫外线的辐射、酸雨的蔓延直至厄尔尼诺和拉尼娜全球性的光顾等等，严峻的现实不得不引起我们深刻的反思。这就要求我们必须认识到在人类社会及其环境之间建立一种新型关系的重要性，努力寻求一条人口、经济、社会、资源、环境相互协调发展的正确道路。

三、理想与复归：生态文明——人与自然关系的调适

近年来，随着工业文明的升级，人们在享受现代工业所提供的种种优待的同时，逐渐感受到"文明"掩盖下的深层危机，被视为至高无上的现代科技在人与自然的冲突面前苍白无力，而人自身对科学技术的"双刃剑"效应也显得无能为力。于是，一向要"征服自然"、"主宰世界"的冲动慢慢冷静下来，"返璞归真"、"回归大自然"似乎成了现代人生活的特别追求和至高境界。工业文明带来的自然界的报复向人类提出了警示：人的生存与发展，绝不能脱离唯一的生存环境——地球，污染环境、破坏环境等于自毁家园。在理念上，人们慢慢地注意到环境恶化的严重性，并力求从以牺牲环境为代价来发展经济的错误途径中逐步挣脱出来。也正是在由错误向正确途径转变的过程中，客观上也促进了现代环境科学与生态科学的发展，促进了人们运用生态学理论和观点对工业文明的危机进行深层次的反思。在实践中，人们逐渐把追求人与自然的和谐作为自己的行为准则，并且将其推上当今社会发展主旋律的位置，进而成为一种全球性的时代潮流。"人类只有与大自然和谐相处，才能与大自然共生和持续发展，构建和谐社会才有可能；否则，人类就会受到大自然的惩罚，自身的持续生存和发展将会受到各种自然灾害的威胁，构建和谐社会就无从谈起。"[11] "黑色"工业文明的衰败之时，正是新的"绿色"文明形态——生态文明的萌芽、生长之际，它的出现昭示着人类进入了一个崭新的历史时代。生态文明具有独特的基础和区别于其他文明形态的特征：以日益严重的环境问题与资源的枯竭为现实起点，以"人是自然的一员"为哲学基础，以自然生态系统与社会发展的协调作为着力点，以人与自然的"可持续发展"为核心思想和实践归宿。因此，生态文明是一种更先进、更高级、更有生命力的"全球性"的真正的文明。

早在 20 世纪中期，人们就开始了对人与自然关系的探讨。哈里森·布朗在美国出版的《人类前途的挑战》一书就提出了由于人类自身的不稳固以及不节制的资源开发，世界终将随着工业文明的衰亡而大受创伤，唯一可能解决的办法是通过有权威的政府严格限制个人的自由，通过认真地计划而制约工业文明的成长，从而建立起新的社会整合机制的观点。蕾切尔·卡逊的《寂静的春天》真正揭开了全球对人与自然共同生存问题大思考的序幕。在人类认识和处理与自然关系历史演变的过程中，可持续发展概念及其理论的提出无疑向着"人的实现了的自然主义和自然界的实现了的人道主义"[12]迈进了一大步。"可持续发展"概念，首次出现在1980 年世界自然保护联盟起草的《世界自然保护战略》中。1987 年，在联合国通过的纲领性文件《我们的共同未来》一书中，可持续发展被定义为：既要满足当代人的需要，又不损害后代人满足其需要的能力的发展。

人与自然和谐相处、协调发展的问题早就引起了我国党和政府的高度重视。在 1994 年，中国政府制定了国家级的实施可持续发展战略的纲领——《中国 21 世纪议程》白皮书。时隔一年，江泽民同志

又发表了《正确处理社会主义现代化建设中的若干重大关系》一文，把"经济建设和人口、资源、环境的关系"列为十二大关系中的第三大关系。党的十六大确立了全面建设小康社会的目标之一，就是走生态环境得到改善，资源利用效率显著提高，促进人与自然的和谐，推动整个社会走上生产发展、生活富裕、生态良好的文明发展道路。随后，十六届三中、四中全会又相继提出了全面、协调、可持续的发展观、"五个统筹"的发展要求和建设社会主义和谐社会的战略举措。这些无疑都是建立在人与自然和谐关系的认识基础上。最近，胡锦涛同志在省部级主要领导干部提高构建社会主义和谐社会能力专题研讨班上指出：社会主义和谐社会应该是人与自然和谐相处的社会。和谐社会不仅要做到人与人、人与社会的和谐，而且要做到人与自然的和谐。人与自然和谐相处，是构建社会主义和谐社会的重要内容和主要目标。

就现实而言，生态文明还不是事实，而是人类的共同理想和发展目标，需要全人类共同不懈地为之努力。走人与自然和谐相处、可持续发展的生态文明道路，不是单纯的主观臆断，而是历史发展的必然趋势，不仅是我国，而且也是全人类理性的选择。因此，调适人与自然的冲突，重新规范人类自身的行为，彻底消除工业文明带来的不文明现象，加快生态文明建设，已经成为我们迫在眉睫的历史使命。首先，必须树立正确发展观，善待自然。人源于自然，人依赖于自然而生存，物质资料的生产和再生产以及人自身的生产和再生产都离不开自然，自然界是人类产生、存在和发展的前提。在新的历史条件下，尊重自然、善待自然观念的树立及其在实践中的应用，不仅利于自然系统的稳定，也利于实现社会的可持续发展。人类生存于自然之中，时刻享受着自然的恩泽，我们必须从尊重自然、善待自然做起，自觉维护自然生态的平衡。其次，转变经济增长方式，大力发展循环经济。今天的问题是由发展而来，也应该通过发展的途径来解决，从发展模式中寻找出路。经济增长方式转变，已经不是传统意义上的仅仅由粗放型向集约型的转变，而是更有利于经济社会的全面、协调、可持续发展。吸取人类从敬畏自然到征服自然、再受到自然的惩罚的历史教训，树立生态发展观，走生产发展、生活富裕、环境良好的文明发展之路。循环经济是将人类经济活动组织成为"资源→生产→消费→再生资源"这样的循环式流程，以最大限度地利用进入生产和消费系统的物质和能量、提高经济运行的质量和效益、实现经济发展与节约资源、保护环境相协调并且符合可持续发展战略为目标的经济模式。按照科学发展观的要求组织社会生产和社会生活，加快节约型社会的建设。最后，加强污染治理，重视生态建设。环境污染日趋严重的趋势要求我们必须以科学的发展观为指导，重视生态环境建设，加大对环境污染治理的力度。经济建设要与环境、生态、资源建设相协调，它们是相互联系、相互制约、相互作用的有机统一体。加强污染治理，净化生产和生活的废物，可以持续地为经济发展提供自然资源，有利于人类繁衍生息和社会进步，从而促进经济建设与生态建设的良性循环。只有这样才能实现由高投入、高消费的发展模式向资源节约型的发展模式的转变，实现在人口、经济、社会、资源和环境相互协调过程中推动经济建设的发展，解决前进中诸如人口、资源和环境的问题，重新确立人与自然和谐相处的关系，推动社会向生态文明的方向发展。

历史发展到今天，人类在经历了盲目征服自然和片面追求经济增长率的狂热之后，终于明白：既坚持以人为本，又要树立全面、协调、可持续的科学发展观，实现人与自然关系的和谐，才能真正建成生态文明社会。21世纪是人类文明和社会高度发达的世纪，也应该是人与自然关系不断走向和谐的世纪。我们应该正确认识人与自然的相对位置，利用人在自然生态系统中的地位优势，处理人与自然关系的问题，不断达成新的、更高层次的和谐与繁荣。

参考文献：

[1][2] 马克思恩格斯选集（第1卷）[M].北京：人民出版社，1997：45，35.

[3] 马克思恩格斯全集（第20卷）[M].北京：人民出版社，1971：672.

[4] 陈炎.多维视野中的儒家文化 [M].北京：中国人民大学出版社，1997：21.

[5][7] 马克思恩格斯全集（第23卷）[M].北京：人民出版社，1972：87，424.

[6][德] 海德格尔著，孙周兴选编.海德格尔选集（下卷）[M].上海：上海三联书店，1996：933.

[8]黄鼎成，等．人与自然关系导论[M].武汉：湖北科学技术出版社，1996：254.

[9]何中华．人文与自然：从冲突到和谐[J].山东科技大学学报（社会科学版），2000（4）：1-3，22.

[10][英]E·F·舒马赫．小的是美好的[M].北京：商务印书馆，1985：1-2.

[11]崔晋生．山西人与自然和谐状况分析[J].太原大学学报，2006（3）：19-21.

[12]马克思恩格斯全集（第42卷）[M].北京：人民出版社，1979：122.

意识形态的方向性与科学性问题[①]

潘志新[②]

摘要：马克思主义作为意识形态一直存在着方向性、导向性特征与科学性之间的矛盾和对立。然而，现代西方逻辑实证主义的经验证实原则的失败、奎因对经验主义的两个教条的批判以及后来的历史主义的兴起，特别是库恩的范式论指出，任何科学的发展都是不同范式之间的转换，哥德尔不完备定理更证明了任何科学都不是完备的。这样近代理性主义的科学神话被打破，成为与意识形态没有什么区别的"权力"和"整个当代思想史中最大的丑闻"，人类不存在适合一切领域的普适理论和普世价值。这样马克思主义的方向性与科学性的矛盾就消解了。

关键词：方向性　意识形态　范式　经验证实原则　费耶阿笨德

马克思主义作为一种意识形态是无产阶级的世界观和方法论，因此，马克思主义在传播的过程中，一直体现着为无产阶级服务的方向性、导向性特征，这是意识形态的本质特征的体现，同时也构成了马克思主义传播过程中最大的难题：意识形态如何与科学相结合的问题。因为意识形态总是从一定阶级或集团的利益和立场出发的，这种从一定阶级或集团的利益出发的立场和观念能够获得普遍认可吗？或者说它是科学的吗？这就是马克思主义传播过程中的方向性与科学性矛盾和对立。而马克思主义经典教科书中一直将这两性的结合建立在实践的基础上，认为只要与实践相符合并在实践中得到成功的结果，就证明两者是统一的。但是实践的成功却包含着实用主义成分，用阿尔都塞的话说："吃布丁，就是对布丁的证明，这是多么绝妙的论据！而我们关心的却是机制，它在我们早餐想要吃布丁的时候，保证我们吃的是布丁而不是稀奇古怪的食物。用人类在几百或几千年（在这个长夜中，一切实践都是黑暗的）内的社会实践的重复来证明，这又是多么绝妙的证明！但是在几百或几千年内的这种'重复'却产生了这样一些'真理'，诸如基督的复活、圣母玛丽亚的圣洁、宗教的一切'真理'、人类的一切'盲目'偏见等等，也就是说，产生了一切最受意识形态尊崇和鄙视的既成的'毫无疑问的事实'，且不说唯心主义和实践主义在它们共同玩弄的受同一些规则支配的把戏中还要互设陷阱。"这里的科学性问题不是指马克思主义传播中呈现或灌输的途径、方法或手段的科学性或合理性问题，而是指呈现或灌输的内容本身是不是科学、是否具有合理性的问题。一旦马克思主义的科学性之源——实践遭到怀疑，马克思主义本身也就遭到怀疑。一些自然科学家和西方学者指责马克思主义的地方就是马克思主义是意识形态，不是科学，例如波普尔在《历史决定论的贫困》中就是这样。只有内容本身科学合理，才能使被教育对象信服、理解和接受。如果马克思主义的内容本身缺乏科学性，或者说虽然有科学性，但是不足以让人们信服，那么这样的内容就不可能让人们接受，只能是流于形式的空洞说教或宣传。这个问题不解决，宣传马克思主义的效果就会大打折扣，必然不可能达到理想的效果。

① 基金项目：陕西理工学院科研计划资助项目《阿尔都塞与中国特色社会主义理论自信》（项目编号 SLGQD13-31）的阶段性成果。

② 作者简介：潘志新（1966— ），男，江苏省泰州市人，博士，陕西理工学院副教授，主要研究方向为马克思主义哲学史等。

马克思主义的科学性起源于 19 世纪的自然科学和社会科学的成就。马克思通过总结 19 世纪的自然科学和社会科学的成就，形成以实践唯物主义为核心内容的世界观和方法论，并将其推广到历史领域，形成对当时资本主义社会进行批判的社会批判理论，并且这一科学性通过其世界观和方法论的遗传，传递给后来的毛泽东思想、邓小平理论和建设有中国特色的社会主义的理论体系，比如生产力、发展等概念就是沿用了马克思的概念。

但是，我们又必须认识到，随着马克思主义的发展和推广，其面临的对象和条件已经发生了变化，尤其是全球化的今天，诞生于资本主义初期的马克思在很多方面不可能预见我们今天这些新情况、新特点和新问题，因而他的一些论断和结论不可能与我们今天的现实完全相适应或一致。这就如同牛顿经典力学遇到了爱因斯坦相对论一样，不是牛顿力学不正确了，或者说它过时了，而是牛顿力学的适用范围就是地球表面宏观低速物体，超越这个范围就是不适用了。因此，作为发展了马克思主义的最新成果——建设有中国特色的社会主义理论体系，也面临的科学性问题就是它的适用性问题，也就是说它是否具有普遍性、能否适用于世界其他地方，也就是说"中国特色"是否具有科学性和世界性的问题。

一个命题或理论是否科学的问题，就是看它能否被经验证实或逻辑证实的问题，一旦能够被经验证实或逻辑证实，它就是科学命题。但是西方哲学发展的历史证明，任何理论都不可能完全被证实。自从逻辑实证主义提出命题的意义标准和证实原则之后，他们面临的难题就是这个标准的执行或意义的证实问题。完全归纳问题和蓝绿悖论彻底否定了逻辑实证主义的证实的可能性问题，奎因把这个难题归结为经验主义的两个教条，即相信经验真理和逻辑真理之间的绝对区分和还原论，并对着两个教条进行了彻底批判，提出整体主义原则，从而将科学上证实原则及其检验扩展到对整个理论体系证实和检验，而不是仅仅对一个理论体系中的个别命题或结论证实和检验。反过来说，个别的命题不适用或不正确，不能否定整个理论体系的正确性，因为整个理论体系可以通过修改与观测事实相违背的个别经验事实（即外围或辅助性假说的修改）而维持整个理论体系及其核心原则。随后的历史主义理论将这一思想进一步往前推进，如库恩提出了范式论、拉卡托斯提出了研究纲领理论、劳丹提出研究传统理论。库恩的范式论证明，科学的发展实质上是科学的不同范式之间的转换，而范式之间不存在绝对的标准和确定性。"范式之所以获得了它们的地位，是因为它们比它们的竞争对手能更成功地解决一些问题，而这些问题又为实践者团体认识到是最为重要的。不过，说它更成功既不是说它能完全成功地解决某一个单一的问题，也不是说它能明显成功地解决任何数目的问题。范式的成功——无论是亚里士多德对运动的分析、托勒密关于行星位置的计算、拉瓦锡有关天平的使用，还是麦克斯韦使电磁场数学化——在开始时很大程度上只是选取的、不完备的、有可能成功的预示。""科学家们都能同意牛顿、拉瓦锡、麦克斯韦或爱因斯坦已为一组突出的问题提供了看来是永恒的解答，而不会同意使那些解答成为永恒的特殊的抽象特征，尽管有时他们没有意识到这一点。这就是说，他们能够同意确认一个范式，但不会同意对范式的完整诠释或合理化，也不会去这样做。"而在费耶阿本德那里，科学成为最新的宗教，他提出了"与理性告别"、"怎么都行"的无政府主义科学方法论，他说："哥白尼学说、原子论、伏都教、中国医学等事例都证明最先进、最保险的理论也是不安全的。它能够被那些已经抛进历史垃圾堆中去的无知自负的观念所修正，甚至完全推翻。这就是今天的知识如何会变成明天的神话，而最可笑的神话如何会最终转变成为最稳定的科学。"

后来，大卫·莱昂在《后现代性》中总结说："战后，较早涉及科学哲学最著名的要数托马斯·库恩（Thomas Kuhn）了。库恩证明，科学革命不仅发生在无可辩驳的新证据发现之时，而且发生在假设改变之际。科学理论依赖于基本'范式（Parsdigms）'，借此理解世界。甚至，身穿白大褂的科学家在实验室里费神费力摆弄试管和数据，这种辛勤工作也不是不容置疑的。保罗·费耶阿本德（Paul Feyerabend）强调，数据本身是理论依赖的（Theory-dependent），正如数据是什么这个概念本身就是理论依赖的那样。因此之故，在利奥塔—福柯—德里达的攻击下，科学的命运最终变得捉摸不透。描述与现实之间的语言鸿沟，权力与话语的相互影响，意味着科学被怀疑。其原因非止一端：过分单纯化，要么纯粹是肤浅的，要么仅仅是权力。"

大卫·莱昂特别举了美国当代科学实在论与反实在论的一个案例作为证明，他说："'科学大战'最公开的冲突发生在1996年。当时，阿兰·索卡尔（Alan Sokal），纽约大学的一位物理学家，在文化研究杂志《社会文本》上发表了一篇'诈文'：《超越界线：走向量子引力的超形式的解释学》。"学界将这种不符逻辑、狗屁不通的"诈文"看成是高水平的科学论文，给那些专家教授开了大玩笑，因此，科学"充斥大量的自相矛盾、不确定性和争议。拉托把对'客观性'和'主观性'之间较量的审判，比作'两军之间较量'。争得相对优势的一方决定结果"。罗素的理发师难题证明逻辑并不是绝对可信的，"正如一些实证主义者指出的那样，逻辑工具是和经验主义不同的一个原则，但在这里逻辑工具本身不能援引为证明，逻辑原则是绝不能看作是不证自明的指导。正如杜威指出的那样，它们代表与皮尔士的'在连续的探究过程中确信是可以成功地实现自己目标的条件'一致，这些原则'来源于先前使用的方法的检查'，人们看不到哲学上能证明这一思想：那些逻辑原则是'可信赖的进一步研究的前提'，或者说来自观察的材料在什么程度上可用作是那些声称是真理的幻想的反驳"。葛梯尔问题证明，即使人们严格遵守逻辑和推论的所有前提和规则也不能推论出具有确定性的知识，所有知识都存在或然性或不确定性；歌德尔的不完备定理证明，任何知识体系都是不可能得到完全的证明或者说是不完备的。

经过这样一个哲学论战过程，结果人们发现，从近代西方兴起的科学精神，其实并不具备普遍性，只是不同视域或问题域中观察和推理的结果，一旦超越了各自的问题域，就都不能成立。所以，阿尔都塞将科学称为"整个当代思想史中最大的丑闻"，用福柯的话说"知识就是权力"。这样一来，近代理性主义的科学神话被打破，科学不再高高在上，是审判一切知识是否合理的唯一标准或女王。科学和意识形态之间就没有什么实质区别了，因为任何科学都不具备普遍性，都是各自的区域内的理论，换一种说法，任何科学都是某一领域或地区的"特色理论"，没有适用于一切"领域"科学理论。比如，在初等代数中，1加1等于2，但是在管理学中，1加1就不一定等于2，自由、民主、人权等概念就更是如此，完全是西方强权政治中的话语，根本不具备普适性，它们也都是西方世界的"特色理论"。

经过这样一个视角转换之后，我们就可以发现，马克思主义传播过程中的方向性与科学性问题根源于近代理性主义思维方式，实质上是西方思维方式和话语体系作用的结果，使中国人的头脑被潜移默化地洗脑而不知怎么回事。因此，我国目前正在推进的建设有中国特色的社会主义理论体系正是因为它具有"中国特色"，所以才是世界的，如同世界各个不同民族的文化一样。用亨廷顿的话说："西方文明与其他文明的不同之处，不在于发展方式的不同，而在于它的价值观和体制的独特性。这些特性包括最为显著的基督教、多元主义、个人主义和法制，它们使得西方能够创造现代性，在全球范围内扩张，并成为其他社会羡慕的目标。这些特性作为一个整体是西方所独有的。正如小阿瑟·施莱辛格所言，欧洲是'个人自由、政治民主、法制、人权和文化自由思想的发源地，是唯一的源泉'，'这些思想是欧洲的思想，而不是亚洲、非洲或者中东的思想，除非被它们所接受'。这些特性使得西方文明成为独一无二的文明。西方文明的价值不在于它是普遍的，而在于它是独特的。因此，西方领导人的主要责任，不是试图按照西方的形象重塑其他文明，这是西方正在衰弱的力量所不能及的，而是保存、维护和复兴西方文明独一无二的特性。"人类没有一种适合所有领域的普适理论和普世价值。这样马克思主义传播过程中方向性与科学性的矛盾就消解了。

参考文献：

[1][法]路易·阿尔都塞，艾蒂安·巴里巴尔.读《资本论》（Lire Le Capital）[M].李其庆，冯文光译.北京：中央编译出版社，2008：111.

[2][美]托马斯·库恩.科学革命的结构[M].金吾伦，胡新和译.北京：北京大学出版社，2003：11.

[3][美]保罗·法伊阿本德.反对方法[M].周昌忠译.上海：上海译文出版社，1992：34.

[4]刘放桐，等.新编现代西方哲学[M].北京：人民出版社，2000：41.

[5][加]大卫·莱昂.后现代性[M].郭为桂译.长春：吉林人民出版社，2002：12.

[6]Max Horkheimer: Eclipse of Reason[M]. The Continuum Publishing Company, Incorporated. London, New York, 2004.

[7][法]阿尔都塞.黑格尔的幽灵[M].唐正东，吴静译.南京：南京大学出版社，2005：2.

[8][美]亨廷顿.文明的冲突与世界秩序的重建[M].周琪，刘绯，等译.北京：新华出版社，1998：31.

信息伦理学浅析

刘　巍[①]

摘要： 本文以信息伦理学的提出为起始，逐步论述信息时代下的信息技术与伦理的关联、传统现象和正在凸显的问题、网络伦理、知识产权问题以及隐私问题。

关键词： 信息时代　伦理学　网络

一、信息伦理学的提出

信息伦理学的提出经历了两个阶段。第一阶段的发展与计算机伦理学密不可分。20世纪70年代，美国教授W·曼提出了应用伦理学的说法。应用伦理学按其构成包括钻研于基因技术、转基因食品等的生命伦理学、生态伦理学以及信息伦理学。信息伦理学的真正奠基人J·H·穆尔在《什么是计算机伦理学》中提出了新技术导致的政策真空问题。1986年，美国学者R·O·梅森提出了"P·A·P·A议题"，即信息隐私权（Privacy）、信息准确性（Accuracy）、信息产权（Property）、信息资源存取权（Accessibility）。"P·A·P·A议题"，集中归纳了信息伦理学的几个问题，即信息隐私权（Privacy）、信息产权（Property）、信息资源存取权（Accessibility）、信息准确性（Accuracy）。第二阶段的发展主要起始于20世纪90年代"信息伦理学"术语的出现。1996年，英国学者R·西蒙和美国学者W·B·特利尔出版了《信息伦理学：第二代》。

二、信息技术与伦理的关联

意大利科技哲学和伦理学方面最有影响的思想家之一弗洛里迪认为，信息伦理学建立在一个新型的形而上学基础上，即信息形而上学（信息哲学），其中，信息具有本体地位，因此，诸如销毁、隐匿信件等行为在道德上是错误的。

计算机技术导致人类行为方式的变化，如书写等。信息化无疑是以计算机技术和网络技术的发展为标志的，但是当这种技术以前所未有、不可估量的速度渗透到人类社会的所有领域和人的生存的一切层面时，它已经远远地超越了一般的技术和手段的地位，而形成了一种新的生存方式和社会运行方式，一种信息化、数字化、网络化的生存方式。因此，从人的生存的角度来看，信息化时代的最深刻的变化是生存方式，即文化的变化。实际上，信息化、数字化、网络化是最能展示文化的整合力量的方式。由于文化的新的整合方式和新的自觉，文化的力量体现在社会的各个领域之中，极大地改变了人的生存方式和社会运行机制。

---

① 作者简介：刘巍（1987—　　），女，内蒙古自治区通辽市人，燕山大学文法学院2011级马克思主义哲学专业硕士研究生。

三、传统的和正在凸显的问题

（一）计算机职业伦理

从人文价值角度评价控制，美计算机伦理协会制定了《计算机伦理十诫》：不应用计算机去伤害别人；不应干扰别人的计算机工作；不应窥探别人的文件；不应用计算机进行偷窃；不应用计算机作伪证；不应使用或拷贝你没有付钱的软件；不应未经许可而使用别人的计算机资源；不应盗用别人的智力成果；应该考虑你所编的程序的社会后果；应该以深思熟虑和慎重的方式来使用计算机。

正如爱因斯坦所言：科学是一种强有力的工具。怎样用它，究竟是给人类带来幸福还是带来灾难，全取决于人自己，而不取决于工具。

（二）网络伦理

网络空间中，如何使人们遵循公共伦理准则？朱利安·阿桑奇于2006年创立了维基解密网站。维基解密是一个大型文档泄露及分析网站，成立于2006年12月，目的为揭露政府及企业的腐败行为。该网站声称其数据源不可追查亦不被审查。2010年7月26日，"维基解密"在网上公开了多达9.2万份的驻阿美军秘密文件，引起轩然大波。这是一个互联网影响政治的事例。

数字民主。数字民主是指一个国家，或若干个国家之间，或者一个甚至多个国家联盟之间的军事、政治、经济、文化的交流，人民与人民之间的思想、行为记录的交流，在一个没有权力集团妨碍的网络空间中进行。

其秩序的管理，从开始的国与国之间共管，到联盟之间的共同合作，此过程中的管理行为将是多样化行为艺术的展示。生产力不断提高，很多未知将被获知。其发展的高速度由数字化的信息交流为指导基础。因为网络中执行权力者信息的基本公开化使得社会高度民主，法制的完善使得人民高度自由。

互联网主权。互联网和全球网络空间的兴起发展，使传统绝对化的主权观念受到冲击，网络主权是国家主权在网络环境下的国家主权的自然延伸。互联网的自由化、无边界性与国家独立性、固定边界有着鲜明的不同，国家之间的相互依赖性大大增强，面临的复杂法律问题仅凭一国的力量也很难解决，加之国际组织的权力强化和地位提升，国家不得不让渡部分主权或自我限制主权以促成国家之间的协调合作。同时，国家安全问题也受到前所未有的挑战，信息安全成为国家安全的重要方面，树立新的安全观，提高信息保障能力成为信息时代维护国家安全的必然选择。

"帝国不建立地域权力中心，也不依赖固定的边界和障碍。"在互联网时代，国际政治已经从地域空间、外太空扩展到网络空间，国家主权也从领土、领空扩展到"信息边疆"。网络已成为新的国际政治角力场之一，网络主权也成为国家主权的重要组成部分。在计算机信息网络中，网络行为主体的具体行为具有独特的"虚拟性"。即在网络技术的帮助下，每个人都可使其身份、行为方式、行为目标等得到充分隐匿或篡改。虚拟的环境产生虚拟的情感，进而有虚拟的伦理道德。

（三）知识产权问题

网络知识产权就是由数字网络发展引起的或与其相关的各种知识产权。著作权包括版权和邻接权，工业产权包括专利、发明、实用新型，外观设计、商标、商号等。而网络知识产权除了传统知识产权的内涵外，又包括数据库、计算机软件、多媒体、网络域名、数字化作品以及电子版权等。因此，网络环境下的知识产权概念的外延已经扩大了很多。我们在网络上经常接触的电子邮件公共利益，在电子布告栏和新闻论坛上看到的信件，网上新闻资料库，资料传输站上的电脑软件、照片、图片、音乐、动画等，都可能作为作品受到著作权的保护。

　　网络信息资源的这些特征决定了网络知识产权具有与传统知识产权完全不同的特点，如知识产权具有专有性，而网络知识产权的保护则是公开、公共的信息；知识产权具有地域性，而网络知识产权则是无国界的。

（四）隐私问题

　　1890年，哈佛大学法学院的路易斯·D·布兰迪斯和塞缪尔·D·沃伦在《哈佛法学评论》第4期上发表了《隐私权》一文，首次提出隐私权的概念及系统理论。至此之后，经过百余年的发展，隐私权已经成为现代法治社会中的一项重要的权利，一些国家是制定专门的成文法对隐私权加以保护，一些国家则通过判例加以保护。

　　在全球化的信息浪潮中，我国必须对信息伦理学进行深入研究，充分吸取西方发达国家的成功经验。而要顺利完成我国信息化的任务，要构建一个有序的信息社会，除了加快信息技术的发展、信息资源的开发之外，构建适合我国国情的信息伦理体系也势必成为当务之急。中国是一个有着悠久历史的文明古国，本土文化资源极为丰富且影响深远，在这样的背景下，更需要正确地把握和处理文化传统与新型的信息伦理之间的关系。

参考文献：

[1] 韩兆柱，王磊. 网络环境下政策制定与公民参与分析及对策 [J]. 人大研究，2006（1）：13-26.

[2] 刘立霞，王颖. 网络游戏虚拟财产侵权诉讼中的证明责任 [J]. 河南科技大学学报（社会科学版），2006（6）.

[3] 闫顺利，孙帅. 价值多元化的危机及其出路 [J]. 苏州科技学院学报（社会科学版），2008（2）.

[4] 王磊，杨文娟. 网络环境下的公民政治参与问题 [J]. 南京人口管理干部学院学报，2005（3）.

[5] 韩兆柱，王磊. 论网络环境下的公民参政 [J]. 重庆科技学院学报，2005（3）.

[6] 盛婉玉，陈秀娟. 网络虚拟社区思想政治教育的 SWOT 分析及对策研究 [J]. 科学社会主义，2010（2）：99-101.

[7] 盛婉玉，李辽. 网络虚拟社区中大学生人格异化问题研究 [J]. 河北大学学报（哲学社会科学版），2010（1）.

女性自我观的伦理探究

单　蕊①

摘要：女性自我观的建构不仅仅形成于个人理性或意象，它突出人与人之间的实践关系，对个人主义的自主性提出挑战，它强调一种互为主体的自主；同时，作为社会成员的显现自我是在社会历史文化中形成的，通过性别分析的视角探察女性自我观的建构，有助于厘清女性自我觉醒的历程，倾听争取女性权利、地位、尊严而主张性别公正的呼声，折射出女性自我观建构的基本伦理进路。

关键词：自我观　女性　女性主义

一、人类自我观的形成与发展

"自我"一般被理解为个人身心的自指，为人们所熟悉，但"自我"的含义并非如此简单，它包含着人的精神的深刻奥秘，并具有哲学存在的本体意义。追溯历史，我国对自我问题的研究很早就已开始，孟子的"求在我者，求在外者"和"万物皆备于我"（《孟子·尽心上》）的哲思，庄子的"天地与我并生，万物与我为一"（《庄子》）之悟，程颐的"仁者以天地万物为一体，莫非己也"（《河南程氏遗书》卷二），朱熹的"吾之心，即天地之心"（《朱子语类》卷三十六）以及王阳明的"天地万物本吾一体"（《大学问》）之悟等，都是对"我"之深义的直觉领悟，体现出天人合一的高远境界，即合天德，从天理，实现天人和德的意图性境界，包含了宇宙之大我的深意。我国哲人更早地觉悟到"我"之大义，对于自我问题的具体研究却主要在西方哲学和心理学中开展，古罗马奥古斯丁在《忏悔录》中自问"我究竟是什么，我的本性究竟是什么？"致使自我之谜长期不解。[1]他不是大悟天人一体的境界，而是深追自我的本质与真义，开拓西方哲学研究自我问题的逻辑风格，从而有了自我意识与自我概念之分。17世纪上半叶，笛卡尔通过对世界万物的普遍怀疑重新悟见了内心之我，并提出"我思故我在"的命题，以简明的逻辑论证了自我绝无异议的存在，这个"我"是藏于内心深含奥秘的生命依据，笛卡尔就此开创了近代哲学"我"为主题的新纪元。康德提出并论证了先验自我的存在，通过先验统觉确定一种不同于经验自我的先验自我，一种更深层次的空灵主体，它"先于一切经验，并且使经验本身成为可能"，深化了自我的内涵。詹姆士是从心理学角度研究自我问题的哲学家，在《心理学原理》中詹姆士对"自我"进行了多方面研究，第一次区分了多个自我概念，突破了哲学上只分两种自我的格局。他把自我扩大到物质和社会方面，注意到他人的看法在自我构成中的作用，扩展了自我概念的内涵。詹姆士的自我研究在西方心理学界带动了一大批后继者，发展出本我、超我、主我、客我、理想我、性格我、动态的我、可能的我、具体的自我、一般的自我、镜像的自我、追忆的自我、存在的自我、体验的自我和概念的自我等分类，使自我的含义得到精细的研究。[2]

我国哲人对于"我"的研究是通过整体把握和天人一体的直觉领悟以及对超越境界的实践追求，对事情的直觉领悟是作为他们哲学的出发点。它是一种由直觉得到的审美连续体的概念，知识论问题在中

---

① 作者简介：单蕊(1980—　)，女，汉族，河北省秦皇岛市人，燕山大学文法学院在读硕士研究生，研究方向为伦理学。

国哲学里找不到，因为知识论问题，只有在强调区别主观和客观的时候提出，而在审美连续体中，认识者和被认识的是一个整体。[3]西方哲学史上主体性的发展是从主观浑然一体经过主客分离、对立又到要求主客对立统一的过程。[4]主客二分是达到自我意识、自我觉醒的关键一步。虽然我国在天人合一的主张者中也有注重个人主体性和自觉性的言辞，但并不是总的基本原则。总的来说，对于"我"的探究，西方哲学重主客关系，重认识论；我国哲学重本末关系，重人伦道德。

二、男权社会女性自我观的探索

《周易·系辞上传》说到，"天尊地卑，乾坤定矣。卑高以陈，贵贱位矣"，"乾道成男，坤道成女"。儒家受《周易》影响，从"乾尊坤卑"、"阳贵阴贱"中推出男尊女卑的观点，贬低了女性的地位和价值。儒家认为，男性在社会、宗族、家族中应享有尊贵地位，女性则处于卑贱地位，这种卑贱地位决定了女人必须终生依附男人而活，她们的价值就是为男人生儿育女和操持家务，不得参与政治活动。为了维护这种"男尊女卑"的等级秩序以及"女正位乎内，男正位乎外"的分工格局，儒家提出了"未嫁从父、既嫁从夫、夫死从子"的"三从"之道以及"女子无才便是德"的道德观。[5]儒家女性伦理是中国古代女性伦理的主导意识形态，是规范古代女子道德行为的基本准则，它代表着男权社会中男性的利益，强调女子须以柔顺服从为至德，以贞节道德为操行。女性的地位和价值遭到践踏，女性自我遭到否定，丧失了一切自主权利。虽然在隋唐时期，不乏有反抗男权压迫的女性自我意识的闪现，抒发对现实的不满情绪和苦痛情感，表达出对生命价值的理解，但在传统伦理文化和封建礼教的束缚下，并没有形成气候。中国女性自我意识的觉醒在近代发生重大转型。辛亥革命时期是中国传统女性伦理转向的一个重要时期，一批觉醒的新女性对中国传统的女性伦理进行反思和批判，提出"女子家庭革命"的口号，批判不平等的家庭地位与"三从四德"的封建礼教，主张婚姻自由；兴女学，提倡男女教育平等，争取女子政治权。可以说，在封建社会中，中国传统女性伦理是一种女性没有独立地位、缺乏自我意识和独立人格的伦理，辛亥革命时期，中国女性走上了妇女解放的舞台，完成了由"不谈自我"向"主张自我"的蜕变，不仅宣告中国女性自我意识的觉醒，同时也向实现自我的目标迈出勇敢的一步。

西方女性观念的萌芽集中在荷马时代的《荷马史诗》中，它包含了歧视女性和尊重女性两种思想传统，一方面强调性别分工，另一方面又颂扬男女爱情，这两种观念一直贯穿在西方后来的女性观中。柏拉图在《理想国》里继承了荷马史诗中尊重女性的传统，提出了给予女性同等的受教育和参政权利的崭新思想，为西方女性思想注入了新的内容。中世纪时期，女性的公共权利受到严重侵害，导致其地位低下、缺乏自主权，身心受到严重压抑，西方女性终于掀起了反抗的浪潮，女性"自我"道路上的探索在西方女性主义思潮下流动与蔓延，不断显现出新的活力。伴随着西方女权运动的第一次浪潮，女性主义更加注重自身的生存状况和经济地位，主要思想为争取男女平权、两性平等，并以妇女普遍赢得选举权与财产权而胜利告终。女性主义思潮的第二阶段为20世纪六七十年代，更加强调性别差异和女性的独特性，它不仅是对前一阶段平权运动的继续，也是一种断裂，其目标已从争取妇女权益转向了对女性自身及社会文化的探索。不论是早期的妇女平权运动，还是女性价值的理论形成，它一直在反思和质疑以父权制为代表的"熟知"社会的女性存在，以此在80年代后期发展到女性主义思潮的第三阶段时，女性主义以开放、融合的方法拒绝形而上学的男女二分法，要求性别差异必须由多元化的差异来取代，更加注重女权、女性与女人的统一，进一步主张消除冲突、对抗等男性统治的话语。

三、女性自我观的理论建构

"性别分析"是女性主义研究的基石。当一名女性自问"我是谁？"时，无论是生命中的层面还是社会背景塑造的身份断定都源自于性别，性别被视为人性中的一个重要维度，通过它，女性自我得以表达、伦理关系得以探究、自身的困境得以揭示。性别问题对伦理思考的几乎所有层面都提出了挑战。成为女人是怎样的，它是在社会文化的过程中被明显地标注出来的，这些文化表达需要被女性自身所反思、质疑、审查。西蒙娜·德·波伏娃受黑格尔他者问题的启发，认为："她是附属的人，是同主要者相对立的次要者。他是主体，是绝对，而她则是他者。"[6]这种"他者"的自我显现出女性只能受制于世俗的、内在性的与被他人决定的命运，在这种传统的伦理主体设置中，女性的生活和经验常被忽视、贬低，她鼓励女性团结起来改变这种命运，把他者性变成由自我主宰的能动性。女性主义伦理学力图纠正男性对于女性偏见的不平衡倾向。卡罗尔·吉利根在女性的自我概念和个体身份概念中探讨关怀关系，她认为女性通常更为关心个人关系和避免伤害他人一类的实际道德问题。"我们仅仅是在与他人的联系中把自己认作是分离的，我们只是在他人与自我的区分中来体验关系。"[7]女性道德判断的情境性、叙述性和特定性并不意味着她们的脆弱或不足，把自我视为存在个体是道德成熟标志的一种体现，它镶嵌在他人的关系之中。由此可见，尊重彼此诉求并致力于维护关系使她们感到满意，并实现了她们的道德发展。[8]吉利根为女性提供资源去争辩某些看似普遍性的道德概念，这些仅是男性特征的道德立场的反映，而不是女性本身的品格特征。女性主义哲学对于自我的讨论与"自主性"问题是紧密相连的。自主性的传统概念假定了一个内在统一、不变的、持续的主体，主流自主性主张理性凌驾于情感、欲望和体验之上，把它作为自主性的来源，有时把理性建构成真实的自我，从而贬低了情感、欲望和具体化的地位。传统哲学中的自主性坚持原子论的自我，否定人的发展要依赖于人们之间的关系，强调与他人分离的、非部分的、整体的推理方式，忽视了自我的特殊性。不仅如此，它还把自主性描述为理想男性的特征，把关系和养育作为女性的特征，因此，这种性别歧视模式加强了自主性与关系的分离。[9]然而，实现个人自主性的自我，只有通过与他人的相互联系来获得特有的身份，成为一个不同的自我。它必然被嵌入在社会体系中，获得自主性的能力。朱迪斯·巴特勒主张从社会建构论立场去理解主体，我们对于作为我/主我，即作为一个积极活跃、动机明确的能动者所拥有的任何认识，都是后来才存在的，先有的则是一个文化中的意指作用和语言实践的结构，这才是我们能以这种方式言谈、思考和行事的前提条件。[10]生态女性主义者更进一步把自我融于生态自然中，提出生态自我的概念。她们认为"父权制"哲学强调了一种理性主义的自我观，把男/女、理性/自然、自我/他者分裂开，体现一种二元论倾向。正是这种二元论基础解释、证明了男性对于女性、人类对于自然、自我对于他者的统治与奴役。纳斯特拉·金指出，我们"不应该割断女人同自然的联系……更确切地说，我们可以利用这种联系的优势，创造一种完全不同的文化和政治"。她把女人同自然的联系看成女人独特的洞察力的基础，提供了一种"批判他性"的有利观点。[11]

总之，女性自我观的建构不仅仅形成于个人理性或意象，它突出人与人之间的实践关系，对个人主义的自主性提出挑战，它强调一种互为主体的自主，要求与人对话和交流，并突出人与人之间的现实关系，力求能够进行自我选择以及计划自己生活的能力。同时作为社会成员的显现自我是在社会历史文化中形成的，通过性别分析的视角探察女性自我观的建构，有助于厘清女性自我觉醒的历程，倾听争取女性权利、地位、尊严而主张性别公正的呼声，体察女性道德品质中的关怀特质，折射出女性自我观建构的基本伦理进路。

参考文献：

[1][古罗马]奥古斯丁.忏悔录[M].周士良译.北京：商务印书馆，1963：201.

[2]维之.精神与自我现代观——精神哲学新体系[M].北京：社会科学文献出版社，2004：385.

[3] 冯友兰 . 中国哲学简史 [M]. 北京：北京大学出版社，2010：2.

[4] 张世英 . 天人之际——中西哲学的困惑与选择 [M]. 北京：人民出版社，1994：165.

[5] 刘玮玮 . 道学女性伦理观与儒家女性伦理观的对立及融合 [J]. 天府新论，2012（4）.

[6][法] 西蒙娜·德·波伏娃 . 第二性 [M]. 陶铁柱译 . 北京：中国书籍出版社，1998：11.

[7][美] 卡罗尔·吉利根 . 不同的声音——心理学理论与妇女发展 [M]. 肖巍译 . 北京：中央编译出版社，1999：65.

[8]Benhabib, Seyla.The Generalized and the Concrete Other—The Kohlberg-Gilligan Controversy and Moral Theory[J]. Praxis Intenational, 1986（1）：149.

[9] 肖巍 . 女性主义教育观及其实践 [M]. 北京：中国人民大学出版社，2007：66.

[10][美] 朱迪斯·巴特勒 . 性别麻烦 [M]. 宋素凤译 . 上海：上海三联书店，2009：12.

[11][美] 约瑟芬·多诺万 . 女权主义的知识分子传统 [M]. 赵育春译 . 南京：江苏人民出版社，2003：282-286.

论职业道德对提升职业伦理境界的功能

李 宁①

摘要： 在加快改革与开放的社会主义市场经济新形势下，对劳动者进行职业道德教育，加强职业道德修养，从而提升劳动者职业伦理境界，使劳动者在个体至善的过程中实现社会至善，这是职业道德教育的根本之所在。

关键词： 职业道德　职业伦理　境界

职业道德修养是劳动者在职业活动中，按照职业道德的基本要求，在自身道德品质方面所进行的自我教育、自我改造、自我锻炼、自我提高，使得全体劳动者整体素质得到很大改善，从而达到一定的职业伦理境界。[1]理想的职业伦理境界的形成，离不开职业道德的教育，只有不断加强劳动者的职业道德修养，整个社会才能实现"个体至善"与"社会至善"的统一。

一、职业道德及其基本功能

职业道德指的是人们在从事各种职业活动的过程之中，思想和行为所应遵循的行为规范和道德准则。[2]职业道德是在调整职业内部、职业与职业之间、职业与社会之间的各种关系的过程中逐步形成的。

职业道德同人们的职业活动密切相关，是在一定的社会或阶级中，对于从事一定职业活动的人们所应该遵守的一种特殊的道德要求，是社会道德在职业活动中的具体体现，包括职业认知、职业情感、职业信念、职业意志、职业行为等方面内容。在日常工作生活中，我们所见到的各种工作准则、规章制度、劳动规程等方面内容是职业道德的具体形式。职业道德是随着人类生产的发展和社会分工的出现逐步形成并发展起来的。

（一）职业道德是养成劳动者综合素质的前提

职业道德既是劳动者提高综合素质的内在要素，又是前提条件。在人类社会发展的历程中，生产工序越来越细化，生产规模逐渐扩大，大量工人长期从事某种固定的工作，客观上使职业道德获得了充分的发展。在当今时代，随着生产的发展以及企业规模的扩大，都要求劳动者具有较高的综合素质，这在一定程度上使劳动者从自身出发，以较高的职业道德水平要求自己。

（二）职业道德是提高劳动生产率的内在动力

职业道德是提高劳动者素质、完善人格、使人的价值得以全面实现的重要形式。职业道德是劳动者实现自我肯定的精神要素，在工作中劳动者可以充分发挥个人兴趣特长以达到热爱工作岗位的高境界，

---

① 作者简介：李宁（1981— ），女，汉族，河北省秦皇岛市人，硕士，燕山大学里仁学院辅导员，讲师，研究方向为马克思主义哲学、思想政治教育。

在获得利益的同时实现内心的愉悦，全面发挥人的价值、能力。与此同时，达到整个生产工作的高效率，很大程度上提高了劳动生产率。

（三）职业道德是社会精神文明的重要组成部分

道德是人性的集中表现，是人类区别于动物的主要标志。社会道德渗透在社会生活的一切领域，并从一种外在的社会法则要求日益转化为对社会所有成员都起作用的内心法则。

职业道德水平的提高，整个社会道德的发展，是促进人类不断由野蛮走向文明的重要精神动力。一个社会精神文明发展程度越高，相应的职业道德水平也越高。

二、职业伦理境界的层次与品质

（一）职业伦理境界的含义

职业伦理，顾名思义，当为从事各种特殊或专门职业的工作者或"职业人"，所应具备的行业道德和他们所应遵循的基本职业伦理规范。[3] 职业道德不同于职业伦理，职业伦理所具有的这种总体性特点，与职业道德的个体性和主观性形成了对照。

目前，学术界对于职业伦理境界尚没有清晰定义，在此笔者理解为，职业伦理境界是指劳动者通过接受职业道德教育，其道德修养所达到的程度。

（二）职业伦理境界的层次

职业伦理境界就像阶梯一样，有不同层次。一般来说，我们把道德起点称为初始的职业伦理境界。劳动者通过接受道德教育进行道德修养总有一个最高的目标，这可称为理想的职业伦理境界。从初始的职业伦理境界到理想的职业伦理境界，不是跳跃的过程，会通过中间阶段，从一种层次上升到更高一种层次，以至于最后达到最理想的、完美的职业伦理境界。[4]

职业伦理境界包含职业境界、事业境界、志业境界三种状态。职业境界满足于谋生的需要，是一种生计取向，我们可以将其归纳为"雇佣型"状态，这是最低层次的职业伦理境界；事业境界是热爱工作岗位的状态，是一种责任取向，简单归纳为"爱岗型"状态，这属于较高层次的职业伦理境界；志业境界建立在内心不断成功基础上的愉悦感觉，是一种成就取向，我们称为"兴趣型"状态，这是最高层次的职业伦理境界。

（三）职业伦理境界的品质

在清楚了职业伦理境界的三个层次的基础上，我们要明确全社会劳动者所应追求的境界水平，希望达到理想的职业伦理境界——"个体至善"、"社会至善"。

个体至善是职业伦理境界的基础层面。个体道德选择活动首先是个人自我实现、自我完善的一种方式。个体职业道德选择活动是具有一定道德境界的劳动者，在认识到自身的使命、任务和职责的基础上，自觉地追求自我完善的活动，是道德主体从一定的道德动机出发，为达到某种道德境界而进行的自觉活动。

在个体的善的基础上，还需要上升为社会的善。个体道德活动既是达到个体至善的必要途径，又是达到人类至善、社会至善的最基本环节。当全社会的劳动者均意识到个体至善的重要性，那么社会就会形成集体至善的整体效果。无论是个体至善还是社会至善，其最终目标是实现整个人类的完善。

三、加强职业道德教育，提升职业伦理境界

职业道德品质包括职业道德认知、职业道德情感、职业道德意志、职业道德信念、职业道德行为五个层次结构[5]，在建立和发展社会主义市场经济的今天，对劳动者进行职业道德教育，加强职业道德修养，这是提升职业伦理境界的根本途径。

（一）深化职业道德认知

职业道德认知主要是指劳动者对职业行为、准则及意义的认识和掌握，包含两个方面内容：①使劳动者了解职业道德的有关知识，掌握职业道德的要求；②劳动者进行职业道德评价，运用已有的职业道德认识，对已经发生的职业行为做出是非善恶等道德判断。[6]通过职业道德评价，劳动者可以提高自身的道德认知水平，增加新的认识和纠正错误的认识，增强劳动者对职业行为的分析判断能力，加深对职业道德的认识和理解。

随着经济全球化的发展，劳动者只有增强自身鉴别能力，在利益和威胁面前保持理智冷静的心态，树立正确的职业道德认知，提高自己的道德修养，才能不断提高职业伦理境界。职业道德培养，应当首先从明确认识开始，这是培养职业道德情感、意志、信念等方面的基础。

（二）培养职业道德情感

职业道德情感是指劳动者在职业活动中对职业行为进行善恶判断所引起的情绪体验，是劳动者在职业道德认识的基础上，在处理人们的相互关系、评价某种行为时，所产生的一种内心体验和心理感受，是劳动者把职业道德认识转化为职业道德行为的中心环节。

高尚的职业道德情感使劳动者对善的职业行为倾心向往、努力效仿，对不善的职业行为厌恶排斥、努力避免。每一个劳动者职业道德素质的提高，一方面靠自律，另一方面靠他律，自律更重要。劳动者在职业活动中，应当以高尚的职业道德情感，时时处处致力于满足人民群众的需要，对本职工作充满热爱，用心工作，追求崇尚的职业伦理境界。

（三）训练职业道德意志

职业道德意志是进行道德抉择时调节行为、克服困难的能力，是在履行道德义务的过程中所表现出来的决心和毅力，主要表现为劳动者道德行为中的坚定性和坚持精神。

劳动者具有坚强的道德意志，是达到较高道德水平的重要条件，也是加强职业道德修养、在潜移默化中培养高尚职业伦理境界不可或缺的因素。劳动者在工作中，要有应对困难的心理准备，坚信坚持就是胜利的理念，顺利逾越困境，不断提高自身意志，提升职业伦理境界。

（四）树立职业道德信念

树立正确的职业道德信念，自觉进行职业道德修养，逐步养成良好的职业行为和习惯，是提升职业伦理境界又一重要因素。在职业道德修养过程中，劳动者对职业道德义务有了充分的认识并且付诸实践，锲而不舍，始终如一，就会形成坚定的职业道德信念。职业道德信念是劳动者发自内心的坚定信心和强烈的道德责任感，具有综合性、稳定性和持久性的特点。劳动者一旦树立了坚定的职业道德信念，就能自觉地选择自己的行为，正确评价自己和他人的职业行为，而且能以坚强的毅力，排除重重困难，坚持正义的行为，勇攀高峰，在无形中提高个人职业伦理境界。

（五）规范职业道德行为

职业道德行为指的是劳动者在一定的职业道德认知、情感、信念和意志的支配下所采取的自觉活动。在职业道德品质的构成中，职业认知、情感、信念和意志均属于意识范畴，只有通过职业行为才落实到具体实践中。职业道德行为是职业道德素质的表现，是劳动者综合素质的重要组成部分。规范职业道德行为，提升劳动者综合素质，促进事业的发展，最终实现劳动者个人的人生价值，并且使整个社会达到高效、和谐的工作状态，这是加强职业道德修养、提升职业伦理境界的最终目的所在。

职业道德认知、情感、信念、意志和行为既是加强职业道德修养的五个必备要素，又是职业伦理境界形成的必然过程。认知是前提，情感、意志是动力，信念是核心，行为是结果。

在社会主义现代化建设的今天，对劳动者进行职业道德教育，使其形成正确的职业道德认知，培养高尚的职业道德情感，磨炼坚强的职业道德意志，树立坚定的职业道德信念，养成良好的职业道德行为习惯，这是提高劳动者道德修养的必要环节。劳动者在具体的实践过程中，不断进行职业道德修养，提高职业伦理境界，再付诸行动中，在行动中又不断地提高道德认识，这样循环往复，不断地学习和锻炼，劳动者的职业伦理境界就会逐步升华到更高层次的境界，在实现个体至善的过程中实现整个社会的至善。

参考文献：

[1] 朱卫芳.浅谈当代高校教师职业道德修养的途径与方法 [J].邯郸职业技术学院学报，2011（12）：80.

[2] 戚继颖.高校教师职业道德境界研究 [M].北京：首都师范大学出版社，2008：5.

[3] 王荣发.现代职业伦理学 [M].上海：华东理工大学出版社，1998：1.

[4] 袁贵礼，赵春英.职业道德的三重境界 [J].教育与职业，2004（24）：50.

[5] 吕一忠.职业道德教育与就业指导 [M].北京：北京师范大学出版社，2006：121.

[6] 张静.试论会计职业道德修养 [J].吉林省经济管理干部学院学报，2010（10）：64-68.

为"功利主义"正名

刘晓旭 [1]

摘要：作为西方的一个伦理学说，功利主义对社会起着重要作用，但是它倡导的观点常常被人们误解为是一种追求物质利益的利己主义、拜金主义。本文从功利主义的内涵和人们对功利主义的几点误解出发，重点分析功利主义的代表穆勒的观点，从而为功利主义辩护，倡导功利主义所追求的崇高精神。

关键词：功利主义　穆勒　最大幸福原则　利己主义

功利主义作为西方伦理学说的一个重要流派之一，因以行为的结果作为鉴定行为善恶的标准，引发古今中外剧烈争论。其实，在这些争论背后，隐藏着人们对功利主义的错误解读。由于这些错误的解读，古今中外的争论一直未曾中断过。其中对功利主义持批判意见的学者甚多，更有学者认为功利主义是"只配给猪作主义的学说"。尽管这样，在我们的生活中，功利主义思想的影响越来越大，也越来越成为人们行为切实有效的指南。为什么会出现出现这种状况？对于这一个问题，我们说功利主义的存在有其合理性，因为世俗的偏见，功利主义被遮蔽在阴暗的角落不得见光。只要我们以正常的心态去审视它，还原它的本来面目，那它必定会指导我们沿着正确的方向前进。

一、功利主义的内涵

"功利"自人类起源就寄存于其体内，远古时期人类为了生存钻木取火、集群而居，这实属功利行为；更近一些，世界人口几次大迁徙，也是因为有更适合人类生存的气候、经济、政治等有利条件，这些迁徙行为也是功利行为。一般人所说的"功利主义"并非我们所谈或者说他们所言是对功利主义的歪曲与误解。功利主义在西方伦理学史上是一个重要的流派，可以说古希腊时期伊壁鸠鲁主张的快乐主义伦理学就是功利主义的先驱。而功利主义真正作为一种学说，始于18世纪末的英国，代表人物为英国法理学家边沁和逻辑学家穆勒。

（一）边沁：功利主义的"量"

对于功利主义的内涵问题，边沁曾提出"最大幸福原理"这一原则，即"根据增加或减少当事人的幸福的倾向……来认可或拒绝任何一种行为……我指的任何一种行为，不仅包括任何私人的行为，也包括政府的任何措施"[1]。这里的当事人包括和该行为有关的一切个人与组织。当前社会有很多事件，被各位博友所关注。比较著名的一个事例是吴菊萍救坠楼女童的案例。2011年7月2日中午，杭州市某小区一名两岁女童突然从10楼坠落，刚好途经此地的吴菊萍奋不顾身地跑过去，用双手接住孩子，自己却左手多处粉碎性骨折。按照功利主义的内涵，"当事人"包括女童、女童家属、吴菊萍、吴菊萍的家属、

① 作者简介：刘晓旭（1989— ），女，汉族，山西省吕梁市人，硕士，燕山大学文法学院2012级硕士研究生，研究方向为逻辑学。

吴菊萍的工作单位等等，这些人都与这一行为有利害关系。按照边沁的观点，如果快乐的总量大于痛苦的总量，那么这一行为的属性就是善的。本例中的行为显然是善行，吴菊萍虽然自己受伤，但是女童的生命得到挽救。按照边沁的功利原则，道德便是取得最大限度快乐总量的行为，这在本案例中得到了很好的体现。

（二）穆勒：功利主义的"质"

穆勒年幼时受到边沁的影响颇为深刻，他在全部接受边沁的观点的同时，将边沁的功利主义推向一个更高的阶段。与边沁相比，穆勒除了承认快乐有量的差异，还有质的区分。穆勒曾经在书中讲到他宁愿做一个不满足的苏格拉底，也不愿意做一只满足的猪。并且他对功利主义的伦理学说进行了充分的论证，这集中体现在他的《功利主义》一书第四章"功利原理的证明"中，在此不做详细说明。穆勒对功利主义的内涵做了进一步的解释："功利主义就是承认功力为道德基础的信条……最大幸福主义主张行为的是与它增进幸福的倾向与比例……幸福意味着语气中的快乐，意味着痛苦的远离。不幸福，则代表了痛苦，代表了快乐的缺失。"[2] 于是，穆勒功利主义的最大特点就是最大幸福主义，这一特点主要体现在其著作《功利主义》中，同时本文以下内容主要以《功利主义》为研究对象。

二、对功利主义的误解与正名

（一）功利主义与享乐主义

有人认为功利主义等同于享乐主义，因为穆勒提倡"功利主义将一切与快乐相连"[3]。有的学者提出质疑，认为如果按照功利主义的意思理解，人类的最高生活目标就是享乐，好像是人生除了快乐便再没有更崇高的追求，因此，他们认为这种卑贱的思想也只配得上像猪一样的人，于是功利主义也成为"只配给猪做主义"的学说。

在《功利主义》第二章开头，穆勒就提到部分学者对功利主义有一些"荒谬的误解"，穆勒认为他们的认识是"无知的错误认识"，因为人之所以和动物不同，就是因为人是有思想的，人的快乐和动物的快乐不同。而人的快乐也有层次的划分。任何一个有尊严的人，只有有尊严地活着才是他们幸福的最核心的部分。所以，只要与尊严相冲突的东西都不可能成为他们追求的目标。用他的话来说就是"宁可做一个不满足的人，也不做一头满足的猪"[4]。总之，幸福不等于享乐。

当然有人又要提出反驳：有的人本来志向高远，但是在追求崇高的道路上经受不住各种诱惑，最终变成一个追求低俗的人；也有一些人年轻时满腔热血追求崇高，但年老之后渐渐变懒散。我们能说这些曾经追求崇高的人现在还是崇高的吗？

关于这些反驳，穆勒在书中也提到，尽管他们最后偏离了追求高尚的轨道，但这并不与他们高层次的内在优越性相矛盾。人会选择眼前的利益，完全是因为人性的弱点。就像人们明知道长期海饮酒水有害健康，但还是因为一些眼前的人情世故而不得不饮酒。对于年轻时追求崇高而老年时自私，也并非是自愿而是被迫的，事实上年老之后已经没有能力追求高级趣味了。就像当今有很多80后，大学毕业后选择在社会上刻苦勤奋，努力奋斗，但是并不是每个人都会走上一条按自己原初预想铺好的道路，因为没有机会、没有时间，他们的这种追求很快就会夭折，他们会逐渐失去最初的雄心壮志，逐渐丧失理性层面的高尚品味。于是，他们只能把握低级的趣味。因为，如果不能把握低级趣味的话，他们只能把握更低级的趣味了。我们说某个人进步或者退步，不过就是在这样的比较中得出的。

（二）功利主义与消极主义

对于穆勒所提出的终极目标"让生活尽可能的远离痛苦，尽可能的丰富快乐……这是整个人类行为的准则"[5]，有人反驳道：你有什么权利获得幸福？人类没有幸福照样可以生活。

对于这个反驳以及反驳者背后的消极悲观主义，穆勒认为如果根本没有幸福可言，那么幸福就不可能成为道德的目的。即使这样，功利主义理论仍然有其可取之处，因为功利主义有两个效用：追求幸福和预防减缓不幸。他认为令人满足的生活有两种：宁静的和兴奋的。如果一个人长期处于一种生活之后而对另一种生活没有期待与渴望，就像一个人在痛苦中丝毫不渴望快乐的生活，而他自己对痛苦也没有任何感触，那么这种人是病态的、不正常的，除了这个原因之外，穆勒认为另一个原因就是"缺乏修养"，这种人除了集中于他自己一个人的利益之外，看不到别人的痛苦和快乐，这种人永远不会有幸福可言，他也没有追求幸福的权利。而这些对于功利主义者来说，恰恰是要追求与遵守的。

更进一步，穆勒批驳了反驳者的消极主义。"人类苦难的一切根源……可以通过人类自己的关注和努力予以战胜……而每一个富有智慧并欣然投身于这一斗争事业之中的人……必将从斗争中获得一种崇高的享受。"[6]它持一种积极乐观的态度，在痛苦和苦难面前，努力坚持奋斗，就算结果不太好，但是只要努力过，就会获得崇高的享受，在精神上达到追求崇高的效果。追求崇高才会有幸福，要求关注生活才会亲身感受身边的快乐和痛苦，从而学会避免痛苦，想着幸福努力。

（三）功利主义与利己主义

有学者认为当个人利益与集体利益冲突时，功利主义者不考虑公共利益，而仅强调个人利益，所以功利主义等于利己主义。对此，在功利主义与消极主义的争论中，穆勒已经明确提出自己的观点。同时，穆勒也以其最大幸福原则出发做了反驳："爱邻如爱己"是功利道德的理想境界。[7]而实现这一理想境界的最佳途径应当是尽可能地让个人利益与全体的利益趋于和谐，并在每一个人心中建立自身幸福与全体利益之间的密切联系。如此一来，个人在行为的时候就不会只考虑自己的幸福程度，也要考虑到全体的利益。就像吴菊萍的事例一样，对于吴菊萍而言自己受伤是不幸的，但是她的高尚行为拯救了别人的生命，使别人更加幸福，使别的家庭更幸福，这种观念正是功利主义最大幸福原则的集中体现。

对此，又有学者提出反驳：如果功利主义认为幸福才是人生的终极目的，那为什么功利主义除了幸福，还追求声望、名利、地位、权势、金钱等呢？按照穆勒的观点，所有这些与幸福并不是矛盾关系，他们都是为了追求达到幸福这一最终目的而使用的工具。我们选择追求他们完全是为了追求幸福。至于有人打着名利、权势、金钱的借口而最终追求低俗，那完全是因为人性的弱点，与功利主义的坚持无关，这在上文中笔者已经详细论述过。

（四）功利主义与动机论

有人认为功利主义以行为的效果来评价道德主体的行为会引发很多问题，比如对行为结果的考量……会使人趋于势利、冷漠、缺乏同情心。[8]于是，有的人主张用"动机论"来作为评价标准，而不应该是功利主义强调的"效果论"。

效果论其实就是主张根据人们行为的外在特征或行为所造成的客观后果来确定行为的道德价值。[9]功利主义强调要满足最大多数人的幸福，而这种幸福的满足必然要依赖于行为的后果，但动机论者认为应当根据人们行为时的动机来判断行为者是否符合道德来评价。就像穆勒所举的例子：一个人救起溺水儿童，动机论者会从行为者的动机出发考虑为了获得报酬或者是出于道德。但是，在穆勒看来，只要有人被救，那么这一行为就值得鼓励。

从以上这四方面来看，穆勒的观点还是值得赞赏的。当然，功利主义的观点并不仅仅作为一种理论存在，在我国，功利主义所倡导的内容得到了实践。

三、功利主义在我国的实践

边沁和穆勒的最大幸福原则在中国就是使最大多数人幸福，也就是使人民群众幸福，这一原则在中国文化中有着全面的体现。政治上，从先秦时期孔子提倡"仁"治到孟子的"民贵君轻"思想，再到今天的"以人为本"；经济上，从汉朝开国提倡"休养生息"以及后世各种减免赋税制度到邓小平的"猫论"，再到当今中国实行的"三农政策"等，都使我的经济得到持续发展；文化上，有从战国时期的"百家争鸣"到今天的"文化大繁荣"。较之前中国社会，人们普遍过上相对富裕的生活，精神文明也得到极大提升，这些都是最大幸福原则的体现。

但是，功利主义在中国实践的过程中，的确遇到瓶颈，产生瓶颈的原因就在于人们对功利主义的误解。比如：慈善事业在中国的发展比较晚，目前中国慈善制度不完善，导致有部分人打着慈善的幌子骗取钱财，导致现在人们对"慈善"这两个字很敏感，有时只要有一些名人做慈善，就会引来别人的攻击，认为这些名人借助慈善提升自己的形象。可是当我们用功利主义的观点来看待的时候，就会发现，不管这些名人是为了提升形象还是为了赚取钱财，或者是为了自己事业的进一步发展，总之，他们为了各自的目的付出了行动，他们可能拯救了辍学儿童，可能帮助了残疾人士，也有可能带动更多的人来做慈善，使社会得到更大程度的发展。总之，他们的行为使得快乐的总量大于痛苦的总量，他们的行为值得我们鼓励与支持。

功利主义就像法律，当法律被恶人所掌控，它会变成错杀好人的利刃；但是当它被好人所利用，那它就成为伸张正义的保护伞。错的不是法律，而是在它背后的使用者。同样，功利主义也是如此。我们不应该对功利主义本身批判，对功利主义本身警醒批判才是对它的误解，只有对于借着功利主义的招牌做坏事的人才应该去抨击。

马克思说"问题在于改变世界"，然而如果无欲无求，没有任何要为世界、为社会、为家庭甚至是为自己而努力的欲求，没有这种功利主义的思想作动力，那何谈去改变世界？笔者认为，这是功利主义最大的价值。

四、结　　论

总体来说，功利主义不想我们所想那样，它是以"趋乐避苦的自然主义人性论为理论基础……以最大幸福主义的最高道德标准为公正原则"[10]。它提倡积极乐观的生活态度、个人与社会相结合的整体思想、讲求对社会的贡献与付出、追求幸福、与困难斗争、公平公正、注重公平与效益等，这些是功利主义思想的精髓所在。

总之，功利主义的精神无可指责。他们并不是利己主义、享乐主义、消极主义、拜金主义，并且在严格意义上，这些正是功利主义所批判、所藐视的。功利主义是叫人们去追求最大多数人的最大幸福，这才是善的极致。

参考文献：

[1] 赵敦华.当代英美哲学举要[M].北京：当代中国出版社，1997.

[2][英]约翰·斯图亚特·穆勒.功利主义[M].叶建新译.北京：九州出版社，2007：17.

[3][英]约翰·斯图亚特·穆勒.功利主义[M].叶建新译.北京：九州出版社，2007：15.

[4][英]约翰·斯图亚特·穆勒.功利主义[M].叶建新译.北京：九州出版社，2007：25.

[5][英]约翰·斯图亚特·穆勒.功利主义[M].叶建新译.北京：九州出版社，2007：29.

[6][英]约翰·斯图亚特·穆勒.功利主义[M].叶建新译.北京：九州出版社，2007：39.

[7][英]约翰·斯图亚特·穆勒.功利主义[M].叶建新译.北京：九州出版社，2007：41.

[8][英]约翰·斯图亚特·穆勒.功利主义[M].叶建新译.北京：九州出版社，2007：47.

[9]顾承卫，杨小明.为功利主义辩[J].中国地质大学学报，2006（8）：6-9.

[10]王洪波，段宏利.功利主义评析——兼论社会转型中社会公平问题[J].内蒙古大学学报（人文社会科学版），2005（5）：5-7.

康德哲学视域下的市场经济与道德教育批判

卢文忠　钟文苑①

摘要：康德以独特方式回应近代哲学所面对的形而上学问题，以批判的哲学体系重建关乎人类理性与自由的形而上学——道德形而上学。康德哲学为审视市场经济以及在这种历史条件下的道德教育提供了新的批判视角。基于康德哲学的市场经济与道德教育批判，旨在倡导限制经济为道德留地盘，推动实践理性的本真回归，重建市场经济与道德教育的"应然"关系，坚守道德教育的优势地盘，为作为有限的理性存在的人奠基至善生存的真正价值。

关键词：康德哲学　市场经济　道德教育　批判　自由　至善　人

"位我上者，灿烂星空；道德律令，在我心中。"这是贯穿康德哲学及其灵魂的主导精神——道德世界观的一个精要概说。康德以哲人的眼光反思所处的历史境遇和时代问题，重建了比较完整的新的形而上学体系，为人类探索人之自由以及新时代的思想启蒙做出了独特的历史贡献，担当了一个哲学家所承负的历史使命。康德哲学对当代市场经济条件下的道德教育有着深刻的批判功能和独特的思想启迪。

一、道德自由追求：康德哲学的批判精神

"自从康德以后，人类社会，特别是人类思想就进入了'批判的时代'。批判不再只是个别人或某个时代的特征，它是人类精神生活中必要的基本素质。"康德正是在对时代演变的问题反思和文化批判中重建人类精神生活的哲学理性基础。康德哲学的基本问题就是形而上学问题，这个形而上学问题，根源于近代西方哲学启蒙主义所追求和构建的理性世界走向危机，人在启蒙理性的豪言壮语中沦丧自由，启蒙精神陷入了悖论处境。这种处境实质上就是形而上学的困境，其根源又在于它所缔造的科学思维方式。科学思维方式不是指经过实践证明了的所谓成立的、正确的思维方式，而是指科学式的、机械论的科学世界观，它所追求的知性目标在于宇宙万物的"实体"本身，严格遵循"是什么"的追问方式，通过"是什么"的问题来考问对象的"实体"或"是其所是"，即事物的"本质"。科学世界观把一切符合自然本性的、外在必然性的对象匆匆地添挤入内，人作为启蒙主义所推崇的理性的、自由的存在，却接受了机械式的科学世界观的认识论"待遇"——人成为科学的认识对象，人及其本质被纳入科学理性的研究方法，得出的结论难免囿于科学范畴的符合自然本性和物性的存在物而已。拉美特利所说的"人是机器"可谓是一个极致的佐证，人被降低到物的范畴，同样在茫茫宇宙世界中游荡，人的尊严、理性、自由被一种科学理性所湮没，这正是启蒙主义所遭遇的一大悖论。"启蒙把理性的能力无限化，相信人的理性所创造的一套套结构可以解决一切问题。这种理性的狂妄把丰富复杂的世界变成一堆符号，一些原则，使得人们生活在'观念符号的暴力'之中，这是解构主义企图消解的东西。因此，我们事实上面

---

① 作者简介：卢文忠，男，广东省广州市人，华南师范大学政治与行政学院博士研究生，从事马克思主义与社会发展研究；钟文苑，女，广东省广州市人，华南师范大学政治与行政学院硕士研究生，从事中国国情研究。

临了一种新的紧张状况：一方面是通过启蒙获得的人文性和人的解放，一方面是启蒙理性以观念和符号所构建的人的精神世界的新的枷锁囚笼。"

康德遂以独特方式回应西方近代哲学所面对的形而上学问题，"康德哲学的主旨绝不在于维护科学世界观，而在于限制科学、限制知性，建立一种'道德世界观'；不在于摧毁形而上学，而在于形而上学的重建"。形而上学所反映的是人类作为理性存在之安身立命的超验追求和自由向往，康德哲学正是要在这茫茫宇宙世界中找回人应有的位置，探索人除了科学理性所划定的自然属性之外能够体现人之为人的价值与尊严的存在方式。因此，这个问题理所当然是形而上学制造出来的，而且也只有通过形而上学才能得到根本解决，这一解决的依据还在于前者之形而上学与后者之形而上学有着根本区别，反映了科学世界观与道德世界观的对立，这是因为，科学世界观打破了宗教神学的原始统治，却又无法填补宗教被驱逐出去之后留下的人类理性精神田园的诸多空白，毕竟一块空虚的精神田园，降临的不是天使，也许就是恶魔。人之自由和真正本质被启蒙主义的危机和科学理性的局限所遮蔽了。

事实上，启蒙理性精神中的这种科学世界观的认知方式、认识能力贯彻一切观念必须符合对象的所谓"客观性原则"，恰恰正是以本质为认识对象的科学理性贬损了人的价值，从而把人引向"物"的狭隘范畴。对此，康德从"人是目的"的根本价值立场主动走上一条批判的道路——在形而上学领域引发一场"哥白尼革命"，旨在于森严的科学世界观体系中为重建新的形而上学打开缺口。"哥白尼革命"独创性地颠覆了传统形而上学知识符合对象的科学世界观原则，论证不是观念符合对象，而是对象必须符合观念的命题。作为掌握知识的有限的理性存在——人，面对可认识的对象——具有物的两重性的对象，一方面是可认识的现象，另一方面是不可认识的物自体，这种物的两重性并不是世界有始而来就是如此，而恰恰根源于人的两重性。人是"有限的理性存在"，它既有自然存在的一面，亦有超自然亦即理性存在的一面，而这些区别乃是由于理性认识能力的限制所造成的。说到底，物的两重性源于理性认识能力的限制，从而打破了经验论和唯理论长期的纠葛和尴尬，把人这种有限的理性存在从自然本性的存在领域划分出一块圣洁的理性天空，摒弃科学世界观对人的贬抑，并建构作为伦理学的道德世界观，说明人在现象界中是受限制的、不自由的，但它正是有限的理性存在，在实践理性上又可以不受限制，自己规定自己的行动，仍然可以获得自由。这样，康德以解决先天综合判断何以可能的问题之方式在纯粹理性批判的基础上为纯粹实践理性打开了道德形而上学的自由空间。

康德对于人这种有限的理性存在做出了消极意义上的积极意义的重释：人固然只能认识现象界的对象而不可认识物自体的本质世界，这种消极的认识能力限制的界定——纯粹理性批判恰恰为人的自由——实践理性开启了新道路，构造出一个实践理性的自由领域。人类理性的根本理想唯有在实践理性的自由领域中才能得到实现，即是说，人的道德活动真正实现了人类理性超越自然的限制，自己决定自己的行动，从而达到无限的自由境界的最高理想，从而趋向人类的"至善"。"这个'至善'对于'思辨理性'来说，虽然仍是一个'理念'，但起着'范导'的作用，'牵引'着'感性世界'向着'合理化—理性化'方向发展。实践理性的'目的'，作为'原因'，'导向'一个'经验''现实'的'结果'，'实践理性''影响'着'思辨理性'的'进展'，体现着'实践理性'对于'思辨理性'的'优越性'。"

为达到这一纯粹实践理性的自由领地，康德以目的论——不同于西方传统哲学的道德目的论作为感觉世界和理智世界二元分化的中介，通过批判力批判把必然的感觉世界和自由的理智世界在伦理学上实现统一，通过审美判断力批判来为道德自由开启自觉意识，因为美是道德的象征，"从所有个人利益和所有使我愉悦的欲求中抽象出美感的这种判断力，正反映了事物本身的美促发我的愉悦"。由此建构出了比较完整的道德形而上学体系，"在我之上的上帝，在我之外的世界，和在我之内的自由意志被表现在一个统一的体系之中"。换句话说，知性为自然立法的先验范畴和理性为自身立法的自由范畴皆以"至善"作为理性的最后归宿，确证了人之为人的真正价值和尊严，这就是人的终极存在，即人的至高无上的道德存在。康德认为："正是在这样一些超出感官世界之外的知识里，在经验完全不能提供任何线索、更不能给予校正的地方，就有我们的理性所从事的研究，我们认为这些研究在重要性方面比知性在现象领域里可能学到的一切要优越得多，其目的也更崇高得多，我们在这里甚至宁可冒着犯任何错误的风险，也不愿意由于引起疑虑的任何一种理由，或出于蔑视和漠视，而放弃这些如此令人关心的研究。"由此可见，尽管康德依循了传统哲学现象与本质的二元论范式，但正是这种范式为实践理性不受感觉世界与外在法则的束缚而预留了最为根本的道德自由领域。

二、市场经济批判：限制经济为道德留地盘

伴随人类文明的前进，生产条件和制度模式的革新不断满足和扩大人们生存与发展的需要，尤其是资本主义产生以来，构建了符合经济实践规律的市场经济。推动资源优化配置和提高生产效率的市场经济成为社会进步的普遍选择和重要手段。从本质上说，"市场经济就是商品经济，它是以市场为媒介的经济形式。它的生产经营目的是为了交换，为了获取利润，它必须以销定产"。市场经济是有限的理性存在之得以存在的重要经验条件，是人的知性立法的自然领域，因为人毕竟也是自然的存在，自然存在的各种需要有赖于市场经济的社会功效。然而，在势不可挡的技术进步和知识增长的浪潮中，市场经济的效益日益成为鉴别人与社会发展的范式，"在这种旧范式的背景中，国家发展的目的以及挂在每个人嘴边所需要的是一种被看作能促进国家发展的经济增长"。无疑，市场经济实质上是一种森严统治的自然法则，人必然受其限制，没有真正的自由。这也许是它的消极意义，而更深刻的消极意义是人也沦为了商品，市场经济把人也纳入了"科学世界观"与"经济理性"的范畴，人也就降低到物的境地，人成为经济发展的工具和手段，工具理性严重侵蚀价值理性，人性尊严可以待价而沽，天理良知也染上铜臭之气，人难免存活于必然的、不自由的"感觉世界"之中。

因此，市场经济的本质正符合康德哲学批判的精神指向，市场经济批判成为康德哲学批判在时代新变化中的一种新形式。市场经济批判，是基于道德理性对市场经济的运行机制及其负面价值的否定和扬弃，因而不是单纯地、一厢情愿地贬抑市场经济或否定其社会功效，而是在于倡导限制经济为道德留地盘，限制市场经济是为道德教育及其高尚本质保留一片纯洁的存身之地，通过打开这条道路，通往最终重建道德教育、以"实践理性"实现人的德性与幸福相统一的"至善"境界。

康德提出"限制科学为道德留地盘"的哲学命题，把道德从严格遵循自然本性的科学世界观的限制和贬抑中释放出来，确立实践理性相对于纯粹理性的优势地位和不可侵犯的尊严。依此逻辑，在经济理性与道德理性的矛盾关系中，"限制经济为道德留地盘"，继承了康德哲学的精神实质，确立了道德活动相对于经济活动的优势地位，因为经济与科学有着先天的一致性，本质上就是现象界的范畴，人类在这个领域是受限制的，事实上它的确能把人类的欲望、憎恨、贪婪等自然本性暴露得体无完肤，人就如一台活生生的受自己创造出来的繁华的商品世界所奴役的机器，人理所当然被界定为满足欲望无限需求的"经济人"。有限理性存在似乎已经丢失了自己的本真身份和价值实质，人可以"自由"地在经济必然性的商品世界内选择自己的必然的买卖，如果人类世界的一切事物按照规律活动，完全表现为他律而非自律，人何有自由可言。因此，限制经济为道德留地盘成为市场经济批判的核心内容。所谓"限制经济为道德留地盘"，首先就在于超越简单的市场崇拜，并且在超越感性的必然领域基础之上建立道德自由的实践领域。

同时，限制经济为道德留地盘也彰显了康德式的道德敬畏感，毕竟"正是因为这种道德敬畏，道德法则对于理性存在者的意志才是一个义不容辞的职责，一种崇高神圣的使命，一条决定理性存在者的行为的法则；正是因为这种道德敬畏，自由意志在实践领域才发生了积极效用"。市场经济是有限的理性存在的知性为自然立法的必然领域，是符合科学本性的以科学世界观为主导的一种蒙昧的"市场经济世界观"，倘若任其凌驾于人类理性的崇高领域之上，失却道德理性与道德敬畏，那么人类的自由就不能称其为自由了，或者用黑格尔的话来说充其量只是"被认识了的必然"，当然这依然是必然，只是被科

学世界观是认识了而已。因此，只有通过市场经济批判，打破同科学世界观一脉相承的市场经济世界观，才能为以道德世界观为核心的道德教育批判及其本真回归引出一条思想解放的历史通途，这一通途将通往人类理性的理想王国——至善世界。按照康德的理解，这个至善世界根本上是不可知的，但正是因为不可知给实践提供可能性，"不可知"蕴含了内在于消极意义中的积极意义，旨在对科学理性将知识运用于经济领域及其产物经济理性加以限制，把不可用经济理性衡量的人的自由预留给"不可知"的纯粹实践理性领域即道德世界，"因为'不可知'是排除了一切知识对人的行为的规定，而只以'应当'作为行为的唯一衡量标准，只以人自己的自由或任意作为责任的承担主体。因此，'不可知'为人对自己的道德而建立新道德开辟了道路。在今天我国社会发展的转型阶段，必然而且已经向我们提出了'道德转型'的历史任务，康德的不可知论因而对我们具有特别重要的探讨价值和启发意义"。

三、道德教育批判：实践理性的本真回归

社会进步需要道德的支撑又促进道德及道德教育的发展，道德教育是旨在引导人们自觉遵守社会规范和实践德性生活的活动，让人们"要这样行动，使得你的意志的准则任何时候都能同时被看作一个普遍立法的原则"。道德教育属于"理智世界"的范畴，换句话说，它与市场经济这种感觉世界在本质上是截然对立的，"市场规则和道德规范所依据的价值基础具有不同的性质。市场规则具有强烈的功利性、工具性和竞争性，道德规范具有崇高性、目的性和奉献精神"。蕴含了道德理性精神的道德教育，具有不同于一般存活的生命体本质的高尚本质，即追求人的真正自由、价值和尊严。不可否认，市场经济无疑也体现了人类活动的积极本质，它是人类共同体发挥主体性、创建新社会的活动机制，并极大地促进人类向自然索取原料满足人类需求的能力的发展，遗憾的是它永远无法超脱出自然必然性的限制，而且道德教育在这种发展模式中沦为了"手段"，这种手段以理论的形式被确立为"决定论"、"手段论"——经济决定文化，文化服务经济。可见，道德教育促进经济发展，无疑带有唯物史观的内涵，但从康德看来，这完全符合"假言命令"——道德不是目的而成为达到另一目的的手段，实质上是作为道德存在的人沦为服从自然法则的工具。假言命令其实根本上从属于经验现象的自然因果律，人不能获得实践理性的道德自由，道德自由应是自律法则规定下的纯粹实践理性，"由德性的法则对意志所做的一切规定的本质在于：意志作为自由意志，因而并非仅仅是没有感性冲动参与的意志，而是甚至拒绝一切感性冲动并在一切爱好有可能违背这法则时中止这些爱好的意志，它是单纯由这法则来规定的"。

眼观当下，当代中国的发展是在马克思主义唯物史观指导下的实践历程，传统的经济与文化关系论成为长久的实践范式，但在康德哲学视域下这种范式绝非完全合理和备受批判，当然，这种解释并不旨在抹杀唯物史观的真理性，批判的只是歪曲唯物史观的"经济决定论"的教条主义和机械世界观，或称麻痹性的经济决定论，是本本主义的马克思主义，实质上却背离了真正的马克思主义。就马克思主义本身而言，马克思主义是一种基于历史文本让人类历史地、具体地、实践地、批判地认识世界、改造世界，实现人的自由与解放的活的思想灵魂和行动指导，但往往人们却一厢情愿地拘泥于历史文本中的本本、条条、框框，"教条"中的精神实质被挡在了视野之外，"是坚持这样一种态度和执着于这样一种思维定势，在特定的场景和发展局势中把马克思主义的一般原理和个别论断加以公式化和绝对化，在剥取了精神实质之后将剩遗的'本本'严密封闭和思想僵化，不顾实际需要和时代特点而主观主义地、机械地裁割、硬搬'本本'的教条主义"。结果便是严格地遵循一系列森严、僵化了的文本教条，在这种传统的思维定势中不可避免地形成了对康德哲学精神实质的遮蔽，消弭了马克思主义是在批判继承德国古典哲学的基础上新的世界观和方法论，也只有打破教条主义才能为承继康德的批判精神和康德的道德理想创造解放思想的条件。对此，这种貌似符合马克思主义的"手段论"、"决定论"消弭了马克思主义的精神实质。

　　道德教育也是一种确立道德法则的自由活动，本身属于道德自由又追求道德自由，依康德之见，所谓自由从来不是任意妄为，没有任何顾忌的盲目行动，而是遵循道德法则的自由的道德活动，道德教育这一道德活动的本质就是自由，不应受经济活动的宰制，即使不可脱离经济活动，但也要与其划清界限，超越经济活动的经验范畴而上升到道德活动的自由范畴，"自由的概念，一旦其实在性通过实践理性的一条无可置疑的规律而被证明了，它现在就构成了纯粹理性的甚至思辨理性的体系的整个大厦的拱顶石"。道德法则之为道德法则，乃在于它是意志或实践理性自己为自己确立的理性法则，一个只以准则的单纯立法形式作为其法则的意志就是一个自由意志，而意志自律则是一切道德法则所依据的唯一原则。道德法则印证了道德自由的存在，道德自由是道德法则的前提和基础，换句话说，遵循一个自由的法则，理所当然他是自由的。"康德的道德自由观是在先验的道德法则与意志自由的完美结合中取得它的特定内涵的，它是摆脱经验束缚的超验的存在。正是在这个意义上，道德自由与政治、经济自由区分了开来；这种道德自由还与我们通常所理解的在内化道德规范意义上达致的道德自由有着本质区别。"因此，道德教育的历史任务之一就是建构一种道德法则，培养人的道德自律即根据一种自由的道德法则自己决定自己的行动，超越市场经济界域以及一切经验现象的生存状况，不断趋向纯粹实践理性的自由领地，人的自由的境遇才有了立足之地，这实质上就是道德教育本真态的回归。

四、坚守优势地盘：道德教育与市场经济的"应然"关系

　　"作为世界思想史上的巨人，康德毕生的努力目标就在于提高人的尊严与地位，其道德教育思想也充分体现了这一点。具体来说，即在关于道德教育的认识上反对决定论，在价值上反对工具论，在方法上反对灌输论。"康德的道德世界观内蕴了一种道德教育的批判向度。道德教育批判，批判的不是道德教育本身，批判的是道德教育沦为感觉世界的欲望诉求的手段，反对道德教育沦为为市场经济左右的工具理性，就本质而言，道德教育是一种培养人们道德自律，实现"至善"的社会实践活动。无疑它本身不能失却市场经济这一感觉世界的基础，市场经济之意义在于满足感性幸福的必要条件，倘若没有幸福，人即使作为一种道德存在也是不完满的。换句话说，道德本身并不排斥现实生活，道德教育不排斥市场经济，道德理性不排斥人性欲望，道德追求不排斥物质需求，只是把自身摆在不可超越的有限地位而已，这不妨说也是康德哲学的矛盾所在，"康德的道德理论在进入到政治历史领域，进入到历史哲学后所出现的这些转变，也将他的道德哲学本身带入了一些难以走出的怪圈。虽然康德在其道德哲学中以最坚决的方式排斥情感和欲望，但是一旦当他试图回到现实的社会政治生活中去的时候，当他试图从历史哲学的视角去考察人类的道德活动时，他又不得不承认那些被他坚决排斥的情感欲望在人类历史发展中的积极作用，虽然他把这些看作是自然的诡计，但是很显然，康德的这种恶是历史发展动力之一的思想"。但最根本的积极意义在于，道德本身就是自己的目的，它的存在就是一个确证人的尊严、实现人的自由的过程，绝不应该拘泥于"反作用于经济、促进经济发展"的传统范式。或者说，即使没有为经济做出贡献，也不妨碍道德及道德教育的社会价值和社会地位，而且我们以纯粹实践理性倡导"限制经济为道德留地盘"。道德教育就是一种超脱于市场经济、感觉世界的理智世界的活动，绝不能降身为追求经济增长为目的的手段，否则将取消一切人之为人的价值和尊严。道德教育批判不是为了否定和取消道德教育，反而恰恰正是为了重现道德教育，重拾人之为人的尊严和自由，它真正贯彻了近代启蒙主义以人为核心的理性与自由精神，"人的行为有种种目的，但总的目的只有一个，就是人本身。所以'人是目的'贯穿在人的一切其他目的中，其他目的都可以成为单纯的手段，唯有人性本身、'人格'不能再成为单纯的手段，它是自己实现自己的终极目的"。道德教育与市场经济批判，把道德之崇高性、至善性与市场经济的现实性、功利性相结合，"寻求幸福本身不算是道德，只有当它适应道德律以及由此转变为对至善的追求时才是道德的"，在任何时候都应坚持道德教育作为实现纯粹实践理性的根本方法，批判任

何以道德教育为市场经济发展服务的"教条式"的"文化反作用经济"的观念和做法，牢牢地确立道德教育是目的、市场经济是手段、市场经济服从和服务于道德教育的应然关系，坚守道德教育的优势地位，从而用道德理性主导经济理性、道德实践主导经济实践、道德自由主导经济效益，以新的道德主义的经济实践范式推动社会走向"德性"与"幸福"相统一的"至善"世界。

康德一方面高扬了道德理性的根本价值，为道德教育予以了正确指向，同时，康德为求建立完整的道德世界观还不得不借用了上帝的权威，康德道德世界观中的宗教逻辑固然难以为中国道德教育所接受，然而即便是宗教，已经是一种非宗教的道德宗教，康德的宗教逻辑已经是被解构并建立在道德理性基础上的道德宗教——它的根本精神在于道德信仰，"不是为了神才要有信仰，而是因为我们本身需要道德信仰，需要道德信仰提供的精神家园"。这无疑是康德哲学及其道德世界观给予我们当代道德教育的宝贵启迪。人类理性与道德自由是确证人之本质和建构至善世界的根基，因此，康德哲学及其道德世界观能够在市场经济时代为塑造人类的纯洁道德本性锻造批判武器和建构理性依据，"因为人属于两重世界，所以人的心中始终存在着引诱他偏离道德法则的欲望的可能性，就此而论，在道德主体的心灵之中，依据道德法则的意志决定就要瓦解这种欲望，或者一般地说，一切禀好。出于道德法则的意志决定对于这种欲望或禀好就是一种否定的作用"。康德为人类理性和自由的重建贡献了独特的道德世界观，但这也是康德哲学毕生追求的缺憾所在，用马克思的话来说："哲学家只是用不同的方式解释世界，而问题在于改变世界。"康德的批判精神仍然局限于"哲学中的问题"的文化批判范畴，恰是在这一点上马克思的批判精神远远地超越了他，达到了"问题中的哲学"的文化批判范畴，"因为真正的批判在反对现存的旧秩序中内蕴和激活了革命性和实践性的现实力量，文化批判在根本意义上就是基于感性现实、立足改变世界的实践批判"。这就是历史唯物主义能够在前哲的思想基础上所实现的伟大哲学革命。对此，我们应该汲取康德哲学的精神实质，在马克思主义的基础上重新改造、融合与提升，以实践确立实践的哲学，打造一种历史唯物主义的"至善"世界观。人类虽然不能沉沦于形而上学，却永远都离不开形而上学的根本问题，因为它直接关系到人类理性的终极存在，为了不断探索和解决这一问题，我们不得不跟着康德哲学的历史轨迹，用马克思主义引领我们寻找新的启示，走出理性迷失和自由失落的旧世界。

眼观当代中国，从内涵上看，与康德的纯粹实践理性最接近的就是"大公无私"，"大公无私"正是当代社会主义中国道德教育的最高目标和崇高表现。在康德哲学下的市场经济与道德教育批判，限制经济为道德留地盘，道德教育即便未能促进经济发展，道德教育单凭本身的意志自由和理性追求就足以成为自身存在和发展的根基，实现道德教育及其实践理性的本真回归，坚守道德教育的优势地位，是中国实现共产主义道德的重要路径。因此，"在社会主义初级阶段，大公无私的道德境界，还只是一种理想。随着社会主义物质文明和精神文明的极大提高，随着社会主义高级阶段和共产主义社会的到来，人们的道德境界必将得到极大的提高，大公无私的道德境界也就由理想变为现实"。

参考文献：

[1] 张志伟. 康德的道德世界观 [M]. 北京：中国人民大学出版社，1995：12，15，247.

[2] 邓晓芒. 康德哲学讲演录 [M]. 桂林：广西师范大学出版社，2008：23，222，225.

[3] 邓晓芒，赵林. 西方哲学史 [M]. 北京：高等教育出版社，2005：44，222.

[4] [德] 康德. 纯粹理性批判 [M]. 邓晓芒译，杨祖陶校. 北京：人民出版社，2004：2，5-6，24，39，56，99.

[5] 王军旗，白永秀. 社会主义市场经济理论与实践 [M]. 北京：中国人民大学出版社，2009：10.

[6] 罗国杰. 伦理学 [M]. 北京：人民出版社，2011：112，472.

[7] 哈佛燕京学社. 启蒙的反思 [M]. 南京：江苏教育出版社，2005：15，45.

[8] 叶蓬，李权时. 经济伦理学研究：制度创新与经济发展的人文关怀 [M]. 北京：中央编译出版社，2007：6，123.

[9] 李建华，覃青必. 论康德的道德自由观 [J]. 哲学研究，2007（7）：5-7，68-72.

[10] 张传有. 康德道德哲学的上升之路与下降之路 [J]. 道德与文明，2007（6）：63-66.

[11] 王啸 . 自由与自律：康德道德教育思想研究 [J]. 北京师范大学学报（社会科学版），2008（1）：33-41.

[12] 卢文忠 . 论本本主义与"本本"的"主义"[J]. 中共云南省委党校学报，2011（4）：32-34.

[13] 卢文忠 . 论唯物史观的文化批判——宗教批判与人类解放的新视角 [J]. 山东农业大学学报（社会科学版），2012（4）.

[14] 叶秀山 . 康德的"批判哲学"与"形而上学"[J]. 南京大学学报（哲学·人文科学·社会科学），2010（5）.

[15] 谢地坤 . 道德敬畏与价值判断——从康德到新康德主义 [J]. 哲学研究，2004（6）：28-34，96-97.

[16] 黄瑞英 . 走向理性信仰的意义世界——康德道德信仰观对我们的启示 [J]. 东南大学学报（哲学社会科学版），2009（1）：41-44，123-124.

[17] 韩水法 . 批判的形而上学 [M]. 北京：北京大学出版社，2009：132.

[18] 马克思恩格斯选集（第 1 卷）[M]. 北京：人民出版社，1995：57.

[19]Martha C. Nussbaum. Not for profit: why democracy needs the humanities[M].Princeton: Princeton University Press, 2010: 17.

[20]Roe Fremstedal. The concept of the highest good in Kierkegaard and Kant[J].International Journal for Philosophy of Religion, June 2011, Volume 69, Issue 3: 159, 335.

[21]Avery Goldman. An antinomy of political judgment: Kant, Arendt, and the role of purposiveness in reflective judgment[J].Continental Philosophy Review, August 2010, Volume 43, Issue 3.

两岸经济合作机制的外溢效应

韩星梅[①]

摘要：《海峡两岸经济合作框架协议》的签署标注着两岸经贸关系实现了正常化和制度化。但是两岸经贸关系的制度化是否能达到"以经带政，以经促政"的效果；经济机制的外溢性能否延伸到政治领域，最终达到和平方式解决台湾问题，这是我们要共同探讨的问题。

关键词：经济合作机制　政治属性　外溢效应

一、有关外溢理论的基本观点

溢出（Spillover）本是一个物理概念，但逐渐被经济学所引用。在经济学中外溢性本质上指支出与收益不可内化造成的不对称状态，也可以理解为外溢性就是未在价格中得以反映的经济交易成本或效应。通俗来说，就是指某人的行为对他人产生的正面或负面的影响，且没有被完全支付或补偿。在经济研究领域中人们一般用社会收益与个人收益、社会成本与个人成本两组概念来说明外部性的存在。具体来说，当社会从个人活动中所得到的效益大于个人从中所付出时，这项活动就产生了正外部效应；反之，当个人活动所造成的社会成本大于个人实际付出的成本时，该活动就会产生负外部效应。

外溢性是一种普遍发生的现象，在经济活动中也可能会发生政治的外溢效应。任何经济活动都在一定的社会环境中进行，并且这些经济活动并不是杂乱无章的，是在一定的规则和制度下进行的，是经济活动双方共同制定和认同的。而这些规则和制度本身就体现一个国家和地区的经济政策，是一个国家和地区政治方面的经济性因素。体现制度和规则的经济活动其本身就具有政治性。

二、两岸经济合作机制的政治效应分析

"两岸经济合作机制是一个具有专门含义的政治经济学概念。"[1] "两岸经济合作机制就是指中国大陆与中国台湾在经济领域为了实现互利双赢的目标，基于两岸经济发展的客观规律预计双方共享价值观念和共同利益预期，设立特定的中介组织、机构，共同确立并遵守一系列双方经济合作的原则、准则、规范和决策程序的过程和体系。"[2] "作为一个过程，两岸经济合作机制不是一蹴而就的，而是分阶段由低级向高级发展。"[3] 两岸经济合作与经济合作机制的建构过程，是一个由低层次的两岸经济合作机制如功能性经济合作机制向高级形态的两岸经济合作机制尤其是两岸经济一体化制度安排的经济整合机制的构建过程，"两岸经济合作机制的构建与发展是一个复杂的探索过程。在构建过程中，需要两岸官产学界鼎力合作，其中代表公共权力的官方发挥着最为关键的作用"[4]。这时机制中带有大量的政治因素，

---

① 作者简介：韩星梅（1988—　　），女，汉族，河北省鹿泉市人，燕山大学文法学院在读硕士研究生，研究方向为中外政治制度。

使其本身就具有一定的政治属性，机制的外溢性政治效应就体现出来。使两岸经济合作机制带有明显的政治属性，这种政治属性或者说政治效应是双方公共努力的结果，但是这种外溢性的政治效应的影响力有一定的影响范围和接受范围。低层次的两岸经济合作机制比较容易建立，这种经济机制的外溢性经济效应也比较容易被别人接受和认同；而较高形态的两岸经济合作机制尤其是两岸经济一体化制度安排的经济整合机制的构建过程所遇到的阻碍和困难有很多，就越难以建立，这种较高形态的经济合作机制所外溢的政治属性也就越难以让人接受和认同，主要是基于以下几点分析得出上述结论。

（一）较高水平的政治互信挑战台湾各界的政治认同

政治因素一直是影响两岸经济交流与合作的最大障碍，也是两岸经济合作机制建构的重大障碍。两岸的主权争议与台湾政治定位等一直无法获得共识。在两岸关系或台湾政治定位问题上，两岸认知差异甚大。"大陆对台湾的定位：大陆与台湾同属一个中国，在国际社会中，中华人民共和国是中国唯一的合法政府"[5]，将台湾与大陆的关系现状定位为一个国家内部"尚未统一的关系"或国家主体与台湾地区的关系。马英九当局尽管承认法理上（指依"中华民国宪法"）两岸关系是台湾地区与大陆地区的关系，但在现实中"国民党强调'中华民国'的地位问题，他们认为，不应该仅仅以'中华人民共和国'为主导，应该增大台湾地区的国际地位"[6]。台湾地区的"中华民国"是一个主权独立的国家，或者简称"我国是一个主权独立的国家"，但在一般民众的理解或口头上常常变为"台湾是一个主权独立国家"，实质上演变为两岸是"一中两国关系"。以民进党为代表的绿色政治阵营则坚持两岸是"一边一国关系"，认为台湾是一个主权独立的国家，中国（大陆）是另一个国家。如果这一问题不能顺利解决，两党、两岸达不成共识，则必会影响到高级形态两岸经济合作机制尤其是两岸经济共同体的建立。

（二）岛内社会的多元化与政治民主对台湾当局的大陆经贸政策具有重要制约作用与影响

在推动两岸签订经济合作框架协议（ECFA）过程中，岛内反对党与部分绿营学者的质疑台湾当局持积极开放与推动态度，全面扩大负面影响，而极力回避两岸经济合作框架协议对台湾经济的重大积极意义。他们认为经济合作框架协议会对台湾传统产业与弱势产业产生重大冲击，会增加失业，会造成台湾经济更加依赖大陆，会丧失"台湾的主体性"。受这种保守思维与反对力量的影响，台湾当局对签订两岸经济合作框架协议的名称、策略与利益分配等方面明显出现重要变化。尤其在当前两岸经济合作机制初步建立的情况下，在经济合作机制的外溢性政治效应的凸显作用下，这种保守性的反对意见的呼声更大。

（三）两岸经济合作机制建设还面临岛内政权轮替的风险与障碍

两岸经济合作机制的建构尤其是经济一体化的制度化建设，是建立在海峡两岸共同主张与愿望基础之上的，是需要两岸官方的共同努力与推动的。国民党重新上台执政后，海峡两岸在这一问题上有着共同的目标、动力，因此，得以取得重要进展。然而，台湾是一个非正常的政党政治地区，"台湾岛内多党纷争的局面正在随着政党之间的重新整合而结束，一个以蓝绿两大政党联盟为特征的'两党制'政党政治已经开始"[7]。两大政党或两大政治阵营的"国家认同"、政治目标与两岸政策主张有着巨大差距，甚至相反。在这样的政治结构背景下，岛内政权的轮替与变化，就为两岸经济合作机制的运作、发展带来很大的政治风险。以民进党为代表的绿色阵营，对两岸经济关系的发展持负面看法，而且反对签订两岸经济合作框架协议，甚至坚持通过"公民投票"决定这一重大公共政策。尽管在国民党执政时期，民进党策划的"公投"提案在"公投委员会"被否决，《海峡两岸经济合作框架协议》得以持续推动与签署。然而，在台湾政党政治体制之下，民进党重新上台的可能性是存在的。民进党上台执政后，在其坚持"台湾主权独立"与"反中"政策下，能否延续国民党执政时期的两岸政策？能否继续推动、落实海峡两岸经济合作框架协议？能否进一步推动两岸经济一体化的制度建设？则存在很大的不确定性。民进党曾提出在经济合作框架协议中明订"退出机制"，获得台湾当局的认可，并最终写入协议。未来民进党上台后，经济合作框架协议的存废存在很大变数，这是最大的政治风险。

正是由于两岸经济合作机制构建过程中的外溢性政治效应的影响能力范围有限，而两岸在最根本上的政治认同存在巨大的分歧和矛盾，想要以构建两岸经济合作的经济机制来达到政治上的互动是有可能的，并且历史也证明了这一点；但是想要以两岸经济合作机制的构建来达到最终的政治认同，解决根本政治分歧，从而以经济的方式解决政治上的问题，最终以和平手段来解决台湾问题，看起来似乎是有待商榷。

参考文献：

[1] 刘舸，王坤 . 博弈论与两岸经济合作机制的构建 [J]. 燕山大学学报，2010（9）.

[2] 刘舸，张三南 . 两岸经济合作机制的概念分析 [J]. 台湾研究，2010（3）：4-6.

[3] 刘舸，王坤 . 博弈论与两岸经济合作机制的构建 [J]. 燕山大学学报，2010（9）.

[4] 刘舸 . 两岸经济合作机制的内涵及其成长规律 [J]. 安徽师范大学学报，2011（2）.

[5] 王爱东，柏祖国 . 新时期国共关系展望 [J]. 河北师范大学学报，2012（7）.

[6] 王爱东，柏祖国 . 新时期国共关系展望 [J]. 河北师范大学学报，2012（12）.

[7] 刘舸，张美芬 . 台湾政党政治的发展历程及其时代特征 [J]. 学理论，2009（19）：11-13.

会计哲学理论框架的构建

唐守朋　　赖耀才 ①

摘要：哲学是我们认识世界、改造世界的强大思想武器。在市场经济中，我们同样应该运用哲学的认识论和方法论指导我们的思想和行动，会计工作经济建设的重要组成部分当然也不例外。近年来，会计哲学正在引起人们的关注，并已经出现了一些相关的研究成果。本文以会计哲学的产生和发展为切入点，分别探讨了会计哲学的含义和特征、会计哲学的对象、会计哲学的内容及会计哲学的功能等问题。

关键词：会计哲学　理论　框架

一、会计哲学的产生

（一）哲学的产生和发展

哲学作为一门学问，是如何产生的呢？哲学产生于社会生产力长足进步的古代奴隶制时期，当时社会经济的发展推动了人们认识能力的较大提高，人们开始思索世界的本质等理论问题，人类早期的哲学思想出现了。在古代，哲学研究的对象是庞杂的，上至天文，下至地理。凡是能给人以智慧、使人聪明的各种问题，都是哲学的研究对象。这时期的哲学研究对象，包含了具体科学的对象，哲学和科学浑然一体。到了奴隶社会中期，数学、天文学和医学等具体科学成为一门门独立的科学，从哲学中分化出去了。哲学的研究对象缩小了，并具体化了，在哲学内形成了各种具体的哲学学科：本体论、认识论和逻辑学。随着资本主义社会的确立，产生了近代实证科学，各门具体科学纷纷从哲学中独立出去，获得了突飞猛进的发展，哲学研究对象又缩小了。在当代，由于自然科学、社会科学和意识科学的独立和迅速发展，哲学的研究对象又发生了变化。哲学不再研究世界某一范围、领域的问题了，而是研究整个世界一切事物、现象的共同本质和普遍的规律，如世界的本源、物质和意识的关系、世界的基本状态等问题。

（二）会计的产生和发展

会计是人类社会生产发展到一定阶段的产物，它是随着人类社会生产的发展而发展的。会计的发展大体经历了以下三大阶段。

1. 古代会计（15 世纪末以前）

古代会计在时间上大体可以划分为在 15 世纪末期以前。早在原始社会，随着先人们猎取食物技术的不断提高。当食物有了剩余时，"刻石记事"、"结绳记事"应运而生，而这便是会计的萌芽，不过

---

① 作者简介：唐守朋（1987—　　），男，山东省泰安市人，贵州财经大学在读硕士研究生，研究方向为审计理论与实务；赖耀才（1988—　　），女，福建省上杭县人，贵州财经大学在读硕士研究生，研究方向为财务管理理论与方法。

此时的会计只是生产职能的附带。但随着生产的进一步发展，出现了大量的剩余产品，会计也就逐渐从生产职能中分离出来，成为一种专门的职业。

2. 近代会计（15 世纪末期至 20 世纪 50 年代）

近代会计最大的标志就是复式记账法理论的产生和运用。在中世纪的地中海一带，商业和金融业特别繁荣，使得来自银行业的复式记账法被广泛运用于商业会计核算中。1494 年，在意大利数学家卢卡·巴其阿勒出版的《算术、几何、比与比例概要》一书中，系统地介绍了威尼斯的复式记账法，并在理论上进行了全面的阐述。这是一本有关会计理论和方法方面最早的著作，它标志着近代会计的产生。

3. 现代会计（20 世纪 50 年代至今）

这一阶段，主要发展表现在以下两个方面：

（1）随着股份公司的快速发展，使得传统会计逐渐形成为财务会计，企业会计从以对内提供会计信息为主逐渐转变为对外提供会计信息为主。

（2）由于商品经济的迅猛发展，企业之间的竞争加剧，从而导致了管理会计和财务会计相分离，管理会计主要是为企业内部经营管理服务，财务会计主要是为企业外部提供符合"公认会计原则"的会计信息。管理会计的出现是现代会计发展的主要标志。

（三）会计哲学的产生和发展

从以上会计发展的三个阶段，结合哲学的产生和发展，笔者认为会计哲学产生于会计发展的第二个阶段，即近代会计阶段。在古代会计阶段，会计的主要功能在于记录出现的大量剩余产品，人们还没有时间和精力探讨会计的本质等理论问题。而在近代会计阶段，会计得到了长足发展，从事会计工作的实务者和少量研究会计的学者，开始思考会计的本质，并探索如何使会计更科学，更有助于社会的发展。

尽管会计哲学产生于近代会计阶段，但是对会计哲学的研究却比较晚。据笔者初步搜索，西方会计学界在 20 世纪五六十年代才开始研究会计哲学，并取得了一定的成绩。在 Ananias Charles Littleton 的《会计理论结构》一书中便有比较多的研究论文。而我国会计学者在 20 世纪末开始研究会计哲学，有些学者还发表了会计哲学的专著和论文。如王正德于 1988 年就出版了《会计哲学概论》专著，杨俊亮在 1994 年出版了专著《会计哲学——会计本体论的哲学沉思》。

二、会计哲学的含义和特征

（一）哲学的含义

"哲学"一词在古希腊文中，由"爱"和"智慧"两词组成。按照字面意思解释，哲学是使人聪明、给人智慧的学问。《方塔纳现代思想辞典》"哲学"条目撰稿人，时为牛津大学三一学院院长当选人 Anthony Quinton 写道："这是一个若用一个简单界说加以定义就不可能没有争议的术语。"大概正因为它是一个"不可能没有争议的术语"，中文版的《简明不列颠百科全书》就干脆不设"哲学"这个条目。不过，"人们在这方面首先试图把'哲学'定义为'对各种人类经验的反思'或'对人类最为关注的那些问题的理性的、方法论的和系统的思考'"[1]。

我国的《辞海》设了"哲学"这个条目，把"哲学"定义为"人们对于整个世界（自然界、人类社会和思维）的根本观点的体系，自然知识和社会知识的概括和总体"。这大概在相当程度上代表了我国学术界比较一致的看法。至今看来，这个定义也还是有它的合理性。

（二）会计哲学的含义

对于会计哲学的概念，理论界的认识还不尽一致，主要典型的观点有以下几种。

（1）会计哲学就是运用马克思主义哲学一般原理，揭示资金运动内在关系，探索资金运动的记录、反映方法的一般规律的科学。（王正德等，1988）

（2）会计哲学是一门关于马克思主义哲学的科学认识论和方法论在会计理论研究和会计实践活动中的具体应用的学科。（杨俊亮，1994）

（3）会计哲学是哲学指导与会计活动（会计物质活动、会计精神活动）的"结合部"，又是会计学科最高层次的指导思想和理论基础。（顾飞，2002）

（4）会计哲学是运用马克思主义哲学原理和方法，研究现代会计的本质和普遍规律的一门科学。（于玉林，2002）

结合以上几种观点，笔者认为可以这样来理解会计哲学的概念，即会计哲学是对整个会计世界（包括会计物质世界、会计精神世界）的最根本的看法和最本质的观点，是运用哲学的基本原理和一般方法，对整个会计世界活动的一般问题和一般方法做出哲学概括与说明的学说。具体说来，就是人们从世界观、社会历史观、价值观、认识论和方法论等角度分析说明会计领域及其运动发展的一系列观点的理论化、系统化。[2]

（三）会计哲学的特征

由于会计哲学观是对会计世界的最根本的看法，是引导会计文化与会计科学发展的世界观和方法论，因而具有如下几个基本特征。

1. 抽象性

以认识会计世界总体为己任的会计哲学观，因其所涉及的不是会计局部的、具体的、特殊的问题，而是有关会计世界一切事物的最普遍的问题，具有高度的抽象性。

2. 思辨性

会计哲学观虽然亦要求以经验为基础，但又必须超越经验，以普遍的概念、范畴、判断、推理的逻辑形式与方法来反映会计世界，具有强烈的思辨性。

3. 不够确定性

会计哲学观对具体问题的探求不像实证法那样可得到精确的、单义的、确定的结论，而是可做不同的解释，不同的人虽然采用同一哲学观，仍可得出不同的结论。

4. 难以检验性

会计哲学观对问题的解释不可能像实证法那样在可控条件下对具体结论可进行实验的直接检验，因其检验必须通过大量的、长期的实践活动的总和方能奏效。

三、会计哲学的对象

马克思主义认为，从古至今的一切哲学都是系统化、理论化的世界观，即世界观的理论形态，是关于自然知识、社会知识、思维知识的概括和总结。哲学的研究对象即自然、社会和人类思维发展的最一般本质和规律的学问。它是含有阶级性的最抽象的社会意识形态。

会计哲学是以会计世界观和方法论为研究对象的。王世定在其所著的《我的会计观：关于会计理论的探索》一书中提到："会计观是指人们对会计的基本认识和本质看法。它是研究会计理论，做好会计工作的基础。当今世界上的各种会计学派，无论他们在具体观点上有多少分歧，归根结底都可以从会计观上找到缘由"，"会计观应该是指人们对会计工作的基本认识和基本看法"。可见，会计哲学所研究的应该是会计理论和会计实践中的哲学问题——世界观和方法论的问题。从会计学的角度来说，它是对会计一般问题的哲学反思，是对会计理论的再抽象、再概括、再升华，是对会计实践的哲学分析和总结；从哲学的角度来说，会计哲学就是要研究会计领域的物质性和辩证性，研究会计领域的方法论。

任何社会的哲学思想必定会受其特定社会经济环境影响而有所差异。在我国特殊的社会经济环境下诞生的会计哲学应当是具有中国特色的马克思主义会计哲学。[3]它将以会计唯物论和会计辩证法作为自己的研究重点，以揭示每一特定历史阶段和社会背景的会计理论与实践之最深刻的本质和最普遍的发展规律为己任，从而组成自己所特有的学科内容和体系。因此，在马克思主义会计哲学看来，会计领域中的唯物论与唯心论、辩证法和形而上学的对立统一，应当是会计哲学思想发展变化的基本线索。

四、会计哲学的内容

会计哲学作为一门新兴的边缘学科，到底应当包括哪些基本内容，真可谓是见仁见智，莫衷一是。王正德认为会计哲学的基本内容有：总论；会计研究方法论；会计对象的哲学探讨；会计职能的哲学探讨；会计形式的哲学探讨；会计时空论；会计意识论；会计本质的探讨；会计学科体系的建设问题；会计改革的哲学探讨。杨俊亮认为会计哲学主要有以下内容：资金运动论；会计要素论；复式原理论；会计科目论；会计账户论；费收配比论；会计凭证论；会计账簿论；会计报表论；会计生成论；会计决定论——反映论；会计制导论。[4]

笔者认为，要准确地把握会计哲学的基本内容，前提在于明确界定会计哲学的概念和对象。如前所述，会计哲学是运用哲学原理和方法，研究认识会计一般规律的一门科学，其研究对象是认识会计的一般规律。由此可以推演出，会计哲学的基本内容就应当是运用各种哲学原理和方法，来研究认识会计的一般规律。[5]因此，笔者认为，会计哲学应包括以下基本内容：会计认识论；会计实践论；会计发展论；会计关系论；会计的现象与本质；会计的形式与内容；会计的原因与结果；会计的可能性与现实性；会计的必然性与偶然性；会计的对立与统一；会计的质量互变；会计的否定之否定；会计系统论；会计结构论；会计信息论；会计控制论；会计时空论；会计方法论等。

五、会计哲学的功能

了解哲学的功能不仅能帮助我们更好地认识自己，进行自我的提升，而且能帮助我们深化对世界的认识和了解，还能帮助我们更好地改造世界。会计哲学的指导功能主要表现在以下两个方面：①指导认识会计事物。运用会计哲学理论，可以帮助人们正确地认识会计本质、揭示会计规律、解释会计难题、预见会计发展。[6]②指导会计实务工作。依据会计哲学理论，指导人们建立健全会计组织体系，加强会计核算与会计管理，以提高经济效益。

参考文献：

[1]吴水澎.我国会计理论研究的有关问题[J].财会通讯，1994（11）：21-22.

[2]杨俊亮.会计哲学——会计本体论的哲学沉思[M].沈阳：东北大学出版社，1994：67-78.

[3] 于玉林 . 现代会计结构论 [M]. 大连：东北财经大学出版社，1997：24-26.

[4] 王正德，等 . 会计哲学概论 [M]. 昆明：云南科技出版社，1988：45-48.

[5] 刘泉军 . 会计哲学初探 [J]. 财会月刊（理论版），2007（8）：5-7.

[6] 张以宽 . 会计哲学 [J]. 上海立信会计学院学报，2008（4）.

汉语动词研究的逻辑思考

高迎泽 [①]

摘要：本文初步回顾了汉语动词及物、不及物之分的研究历程，指出了其中的不足；并在此基础上参考 Givón 的方法和动词语义学的相关内容，对汉语动词的及物、不及物之分提出了可能的解决方案。Givón 的方法采用了命题和语用的视角来解决问题，是很不错的方法。总体来说，动词的分类必须考虑不同的层面即语义、命题和语用的因素。

关键词：动词　及物　不及物　命题　语用

一、宾语的作用

（一）宾语的有无和类别

汉语动词及物、不及物之分的争论由来已久，研究者也各有论述，但问题似乎一直没有得到很好的解决。比如，王松茂（1983）就提到诸位前贤各自对及物、不及物之分的看法。

（1）王力认为汉语动词不需分及物、不及物，因为"及物、不及物的分别，在中国语法里，并不是很重要的。这种'不重要性'就寄托在介词的缺乏上。动词之需要目的语与否，这是语言环境自然会决定了的，不烦语法家代为规定"。

（2）陆志韦认为汉语动词不易分及物、不及物。

（3）黄盛璋主张取消内外动的名称。"我们唯一鉴定的标准就是宾语，根据宾语的带不带，我们主张把动词三分，而不是二分。所谓'三分'：第一种是必须带宾语；第二种是可带可不带的；第三种是绝对不能带的。根据我们划分的结果，绝大部分动词都是可带可不带，必须带的跟不能带的都只占少数。"

（4）潘汞主张动词分内外动。"应该划分为一般要带宾语和一般不带宾语的两种。"划分动词的标准不外两个：一个是从意义出发，一个是看后面跟不跟宾语。

（5）付子东认为区分内外动很有必要。

（6）赵元任提出区分及物、不及物动词，不是按照能否带宾语进行区分，而是按照带什么种类的宾语来区分。不及物动词只能带自身宾语，以及可以倒过来做"倒装主语"的宾语（如"下雨了"、"雨下了"）；反之，及物动词可以带任何宾语。

胡裕树、范晓（1996）中也有关于及物、不及物之分的综述，大体与上述内容相同。

上述诸家看法，不论是认为及物、不及物之分没有必要或无法分开，还是认为应该不止分为两类，都是只关注动词的宾语，也就是说动词后面不借助于介词出现体词性成分与否。它们的共同问题是，将动词的句法表现放在一个平面上进行考虑，只考虑宾语的有无和类别，而不考虑动词的语义以及语用因

---

① 作者简介：高迎泽（1975—　　），男，山西省河津市人，博士，燕山大学文法学院讲师，研究方向为汉语语法史。

素对动词用法的影响。

（二）不同层面的宾语

郭继懋（1999）从结构层面和语义层面对及物、不及物动词的区别进行了分别统计，结果是，"带结构宾语的频率不能用来说明及物、不及物分类"，"在语义平面凭有无逻辑宾语的频率"可以将动词分为及物、不及物两类。郭继懋说（1999）：范晓（1991）区分及物、不及物时将范围限制在"主事主语句"，是为了保证所观察的表层结构直接反应述谓结构（Predication），从而能摆脱表层平面的宾语省略、移位等现象的干扰，看清楚问题。这里的述谓结构就是语义平面的概念，也就是说，当观察命题义时动词的及物、不及物才能分开。

胡裕树、范晓（1995）提出根据典型句式中动词带不带宾语来区分及物、不及物，所谓典型句式即意义自足的主事主语句（即主事作主语的动词谓语句）。这样一来，及物动词和不及物动词的区别是：及物动词作谓语或谓语中心语构成主事主语句时，动词后边一般要带宾语，不带宾语是有条件的；不及物动词作谓语或谓语中心语构成主事主语句时，动词后边一般不带宾语，带宾语是有条件的。据此，现代汉语的动词可以有五种情况，而及物、不及物是可以分开的。

（1）必须带宾语的动词（及物动词）：姓、成为、当作、好比、属于、等于、限于、给以、显得、妄图等。

（2）宾语是动词的强制性（必有）成分，但一定条件下可以不出现（语用表达的需要），这些条件有：①"他的确谁也不认识。""我现在什么也不知道。"此处是遍指，宾语被强调。②"他把我的手推开。""关于这个问题我们将在后面讨论。"此处宾语充当了其他成分。③动词的宾语隐含或借助于语境而省略。④"打是疼，骂是爱。"此处动词作非谓语。这类动词也是及物动词。

（3）主事主语句中不带宾语（不及物动词）。

（4）主事主语句中可带处所宾语（不及物动词）。"来上海"、"去北京"、"飞广州"。

（5）带不带宾语意义不一样。带宾语时是及物动词，不带宾语时是不及物动词，意义不同。"她笑了"（不及物），"她笑他蠢"（及物）。

动词作谓语或谓语中心语的主事主语句其实就是表达命题义的句子，在这个层面上动词的及物、不及物是可以分开的，而且判然有别。值得注意的是上面第（2）条中谈到及物动词宾语不出现是因为"语用"因素在起作用，这就是交际义造成的句法补偿。

可见，从动词的句法表现尤其是带不带宾语出发，将动词的句法表现放在一个平面上来观察动词的及物、不及物，是无法将二者截然分开的，即使英语这样的主语宾语语法化程度很高的语言也不能因此得出很好的结论，比如"kick"是及物动词，但它不但可以带宾语（I kick the ball），还可以不带宾语（What did you kick），那么它到底是及物还是不及物呢？

二、词义、命题义和语用义

Givón（1984）提出人类语言主要对三种系统而又相互区别的功能域（Functional realms）进行编码（Coding）：词汇语义（Lexical semantics）；命题语义（Propositional semantics）；篇章语用义（Discourse pragmatics）。

词汇语义由词汇系统中的词（Word）来承载。

命题义包含两个内容：① state，event，or action：状态、事件或动作。② participants in the proposition as to their semantic roles vis-à-vis the predicate：参与者相对于谓词所体现的语义角色。

也就是说，命题义表达的就是"who did what to whom，when，where，why，how，etc."命题义通过

句子（Sentence）来体现。①

篇章语用义大体包含三个方面的内容：① Speaker's goals：the speech-act values（informantion，question，command，etc.）as well as other communicative and pragmatic goals of the speaker；② Interaction：the social relation between speaker and hearer，what they owe each other，what they know of each other's knowledge，goals，and predispositions；③ Discourse context：what information was processed in the preceding discourse，what can be taken for granted，what is likely to be challenged，what is important vs. ancillary information，what is the forground of new information as against what is background.

语用义和命题义都要通过句子体现，也就是说，一个句子当中既包含了命题义也包含了语用义。比如：

（1）John killed the lion.——[information，affirmative，active]（陈述）

（2）Did John kill the lion?——[yes/no question]（一般疑问）

（3）What did John kill?——[object WH question]（针对宾语的特殊疑问）

（4）John didn't kill the lion. ——[information，negative]（否定）

（5）The lion was killed by John.——[information，affirmative，passive]（被动）

（6）John killed the lion.——[information，affirmative，active，emphatic]（强调）

（1）表达的是 kill 的命题义，用的是一个中性的（Neutral）、简单的（Simple）句子，而这种句子的出现频率是最高的。（2）同（1）相比在主语前增加了 did；（3）中与宾语相应的疑问词 what 出现在句首，而且增加了 did；（4）出现了 did't；（5）出现了 was，而且 John 用介词 by 引介出现在变成了旁格；（6）lion 的读音有了变化。这些变化的来源都是语用义，比如疑问、否定、被动、强调。就命题义和语用义二者来说，一方的变化肯定会影响到（Tamper）另一方发生改变。Givón 将其称为"补偿策略"（Compensatory strategies），句法结构的改变（包括词序、形态或重音等）是为了补偿语用义对表达命题义的中性简单句的一种干扰（Disruption）。

从上面的例子来看，句子（Sentence）其实不是一个内容单一的概念，它里面起码包含了命题义和语用义两个内容。从这个程度上来说，句法（Syntax）是一种交际的妥协（Communicative compromise），因为句子一方面要对命题义进行编码（Code），而且同时要用一定的形式或结构（Structure）对语用义进行编码，所以只能是二者的妥协。一个句子的意义，是命题义和语用义的混合（Bind），它的结构是在表达命题义基础之上的扭曲。

只携带命题义而不表达语用义的句子是不存在的，我们只能从语言中找到一些与命题义内容非常接近的句子，它们的特点是在语篇中表达了新的（New）、前景的（Foreground）、主要的（Backbone、Main-line）信息的句子。

转换生成语法将句子分为核心句（Kernel）[即简单句（Simple sentences）]和转换句（Transformed）[即复杂句（Complex sentences）]，核心句是主要的（Main）、陈述的（Declarative）、确定的（Affirmative）、主动的（Active）句子类型，在句法描写中核心句是一个参考点（a point of reference）。其实核心句就是主要表达命题义的句子，而转换句则在表达命题义的基础上混杂了明显的语用义。

因此，我们研究句子的时候要将句子的命题义和语用义在一定程度上分开。

三、句子的命题义和动词

如何确定命题义？前面说过，命题义和交际义不能截然分开，但大体分开是可以的。简单来说，可

---

① 俞敏（1957/1999）也有相近的看法。在"昨日晌午啊，德胜门外啊，一个老头儿啊，钓上来一条十斤重的鱼"这个句子里，"昨日晌午"表示时间，"德胜门外"表示空间，"一个老头儿"表示线索，"钓上来一条十斤重的鱼"表示核心。时间、空间、线索和核心合起来"把客观现象反映得最准确"。

以认为交际义对句子结构影响不大的句子表达的就是命题义。

袁毓林（1998）将句子分为两类——原子句和派生句；Givón（1984）将句子分为简单句和复杂句；转换生成语法中有核心句（Kernel）和转换句（Transformed）之分。这里的原子句、简单句、核心句就可以认为是基本表达命题义的句子，而派生句、复杂句和转换句表达的则是交际义。

Givón（1984）说简单句（Simple clause）的特征是：主要的（Main）、陈述的（Declarative）、肯定的（Affirmative）、主动的（Active），而且这种句子的出现频率也是最高的（Constantly）。

袁毓林（1998）提出了原子句的三种测试方法：

（1）包孕测试法（Pregnant test）：让待测试的句子作宾语，因为只有基础句可以作小句宾语。

地铁直达苹果园。——我知道地铁直达苹果园。

（2）自指测试（Self-disignation test）：把句子转换成一个表示自指的偏正词组，因为只有基础句可以自指化。

王师傅用芹菜包了饺子。——王师傅用芹菜包了饺子的消息。

（3）删除测试（Deletion test）：把句子中不影响句子结构合格性的介词短语删除。

妈妈在院子里晾衣服。——妈妈晾衣服。

可能还有其他的方法来确定表达命题义的句子，但无论用什么方法，我们要知道得到的句子是表达命题义的句子，分析这样的句子就相当于在分析命题。

Givón（1984）从变化（Change）的角度认为句子表达的命题义有三种类型：state、event、action，其中action是event中的一种，实际上是两种。Van Valin & Randy LaPolla（1997）及词汇语义学认为句子所表达的事件状态（State of affairs）有四种：state、activity、achievement、accomplishment。后一种分法较为合理，因为它不但类型丰富而且从论元结构和谓词分解的角度来看，更便于操作一些。不过要换一种说法，就是把这些事件状态只和表达命题义的句子而不是和所有的句子联系起来，可能更有利于说明问题。

句子命题义表达的事件当中必定有一些参与者（Participants），这些参与者会在事件当中扮演不同的角色。Givón（1984）列了8种，而且说施事、受事和与事是最主要的三种，实际情况可能并不见得如此，因为正如俞敏先生所说的，动宾关系是百科全书式的，是说不完的。Van Valin & Randy LaPolla（1997）列了13种。据Levin & Rappaport Hovav（2005），论元角色表（role-list）每个人都有不同的看法，这涉及每个人对论元角色的概括程度。据Van Valin（2004），每一个动词和其论元之间都有独特的关系，概括程度不同，则得到的结果不同。比如，与give相联系的最少有两项，一个是giver，一个是given to，再进一步抽象，可以认为是agent和recipient的不同，再概括一点是actor和undergoer，而且与give相关的theme也可以作同样的概括。最概括的就是主语和宾语了，也就是说主语和宾语其实是最抽象的论元角色。看来，标签并不重要，重要的是每一个表达命题义的动词可能都与一定的论元相联系，我们可以用论元结构来进行表述。如kill可以表示为：

Kill〈agent patient〉

我们可以将其称为"命题论元结构"（Argument structure of proposition）。每一个动词表达命题义的句子都可以用论元结构来进行描述。

谓词语义分解的实质和论元结构是相同的，不过更加具体。比如eat：

Eat：[x ACT〈EAT〉y]

而且，语义分解会清晰显示动词的语义。比如kill：

Kill：[[x ACT]CAUSE[y BECOME〈DEAD〉]]

因此，在描写动词命题义时最好论元结构和动词语义分解并举，这样会使表述更加清晰合理。更重要的是，动词语义分解可以更好地说明句子当中动词语义的变化以及影响变化发生的原因。

总的来说，动词命题义的描写应当包括这几方面的内容：事件状态类型（State、Activity、

Achievement、Accomplishment），论元结构，动词语义分解。

四、动词句法表现多样性的原因

Givén 的分析给了我们很好的启示：动词之所以有那么多的句法表现形式，原因就是句子本身是命题义和语用义妥协的结果。一个句子既要表达命题义，又要表达语用义，于是只能在表达命题义的基础之上进行必要的调节。但是从上面（1）—（6）Givón 所举的例子来看，他说的语用义（Discourse pragmatics）和一般意义上的语用义有些出入，我们不妨用一个更宽泛的概念"交际义"（Communicative semantics）来代替。这样的话，一个句子的语义就包含两个方面：命题义（Proposition semantics）和交际义。在实际交际当中，只表达命题的句子是没有的。但在研究的时候我们不妨将二者部分地分开，而且也有一定的方法可以做到这一点。

除了表达命题义的句子外，动词的其他句法表现就都属于交际义的范围了，也就是说，在表达命题义的基础上为了表达交际义而对句法进行必要的调整。

那么都有哪些因素在影响动词的句法表现呢？Givón（1984）认为都是语用因素，从广义上来说是对的，他本人的研究也是建立在这个基础之上的。但具体来讲都有什么因素还需要进一步研究。

Givón（1984）提出了语用义的三种情况，很全面，但不够细致。刘丹青（2008）在谈到影响动词、主语、直接宾语组合的顺序时说到了几种影响因素，可以作为进一步研究的参考：①名词论元和代词论元的区别；②成分的长度和复杂度；③指称意义（有定、无定、有指、无指、类指、全量、部分量）；④句类（陈述、疑问、祈使、感叹）；⑤情态属性（肯定、否定、可能性、意愿性等）；⑥动词的时体特征；⑦话语篇章属性（问答体、叙述体等的不同）；⑧信息结构（已知信息、新信息、焦点信息、具有篇章连续性的信息和偶现信息等）。

除此之外，可能还有其他因素，比如致使化就是一种改变句子句法表现的语用因素。古汉语中形容词可以有使动用法，也可以作这样的解释，如"怒"，本身是一个表示状态的动词，和它相关的只有一个论元。"楚怒"的论元结构和谓词分解结构分别是：

怒：〈楚〉——怒：[楚 ACT〈怒〉]

而当他用作使动时，论元结构和谓词分解结构都有所不同，如"齐怒楚"的论元结构和谓词分解结构分别是：

怒：〈齐，楚〉——怒：[[齐 ACT]CAUSE[楚〈怒〉]]

看来，致使其实是事件复杂化了。除了致使外，事件可能还可以通过其他的方式复杂化，这一点需要进一步研究，很可能类型是有限的。

五、结　论

总之，动词的句法表现并不在一个层面上存在，而是隶属于两个层面：一个层面是动词所在的句子表达的命题义；另一个层面是句子在表达命题义基础上附带表达的交际义。虽然在具体的交际中，只表达命题义而不表达交际义的句子是不存在的，但有些句子表达的意思接近于命题义，所以我们将其称为"基本表达命题义的句子"。从这个角度来讲，表达命题义的句子和表达交际义的句子还是可以基本分开的。

句子表达的命题义是一个事件（Event），这个事件包括了动词以及与之相关的事件参与者（Participants），事件的内容是谁对谁做了什么，何时、何地、如何、为何。事件的参与者中，有的是动词语义蕴含的，是动词的论元（Argument）；有的不是动词语义蕴含的，就不是动词的论元，而是加接语（Adjunct），比如时间、地点、原因等。不同的动词其语义蕴含的论元的数量和性质都是不同的。句子表达命题义时论元的数量和位置都是固定的（Fixed）。

交际义会影响到句子中动词论元的数量和位置。比如，语气（陈述、命令、感叹、疑问）、指称（定指、不定指等）、信息结构（新信息、旧信息、焦点信息）等都会影响动词的句法表现。

区分了命题义和交际义之后，一个动词属于及物动词还是不及物动词或者形容词，会获得句法的支持，不再是简单地纠结于带不带宾语了。而且，动词的句法表现以及分类可以在更深的层次上进行。比如不及物动词可以再分为非作格动词（Unergative verb）和非宾格动词（Unaccusative verb），它们也各有自己的句法特征，也能在命题义和交际义的范围内观察它们句法表现的多样性。

参考文献：

[1] 王茂松.汉语语法研究参考资料[M].北京：中国社会科学出版社，1983：112-114.

[2] 胡裕树，范晓.动词研究综述[M].太原：山西高校联合出版社，1996：45-56.

[3] 郭继懋.用统计方法从语义平面看及物动词与不及物动词的区别[M]//语言研究论丛（第8辑）.天津：南开大学出版社，1999：20-21，78-79.

[4] 胡裕树，范晓.动词研究[M].开封：河南大学出版社，1995：67-89.

[5] 范晓.及物动词和不及物动词的区分及其再分类[J].中国语言学报，1991（10）.

[6] Givón, Tamly.Syntax: A Functional-Typological Introduction（Volume Ⅰ）[M]. Amsterdam & Philadelphia: John Benjamins Publishing Company, 1984: 32, 41-43, 83.

[7] Givón, Tamly.Syntax: A Functional-Typologica lIntroduction（Volume Ⅱ）[M]. Amsterdam & Philadelphia: John Benjamins Publishing Company, 1990.

[8] 俞敏.古汉语的"所"字[M]//俞敏语言学论文集.北京：商务印书馆，1999：23-45，369.

[9] 袁毓林.汉语动词的配价研究[M].南昌：江西教育出版社，1998：106-108，114-134.

[10] 刘丹青.语法调查研究手册[M].上海：上海教育出版社，2008：70-71，156-167.

[11] Van Valin, Robert D. & LaPolla, Randy J.Syntax: Structure, Meaning and Function[M].Cambridge University Press, 1997.

[12] Levin B. & Rappaport Hovav M. Argument Realization[M].Cambridge: Cambridge University Press, 2005: chapter 2.

[13] Van Valin,Robert D. An Introduction to Syntax[M]. Cambridge: Cambridge University Press,2004: chapter 2.

古典诗歌的生命力

熊世伟①

中国是一个诗歌艺术十分发达的国度，诗歌是民族文学的主要形式之一。从先秦的《诗经》与《楚辞》、汉代的《乐府》，到唐诗、宋词、元曲及"五四"时期的诗歌，历代的作家以诗歌的形式表情达意，或抒发对人生的感悟、对人类社会与自然的感情，或发表自己的观点和主张。或是喜悦、或是憎恨、或是哀怨，任何感情都能借诸诗歌来表达。诗歌起到兴、观、群、怨的社会交流作用，先师孔子说"不读诗，无以言"，可见诗歌在当时的社会交际中的重要性。

唐代是我国诗歌发展的高峰时期。所谓"诗必盛唐，文必秦汉"，可是，诗歌发展到现在，无论是创作还是使用，出现了一个怪象，即创作诗歌的少，阅读诗歌的少，引用诗歌的多。就创作讲，少有佳作，难觅经典；就使用讲，则十分普遍。文中夹诗，使文章华丽多彩而典雅。引用的方式多种，有明引、暗引、化用。值得研究的是，有的诗句被文章家反复引用，生生不息，其生命力无比强大。究其原因，是因为这些诗句都是经典，都有以下特点。

一、强烈的共鸣性

本来，一首诗歌是作者在特定的时间、空间背景下创作的文学作品，所表达的是作者瞬间的感情，可是作者把这种感情用文字固定下来，流传开去，让本不相关的读者读了之后形成心里对照，发生感情重合，产生情感共鸣，感情重合的部分越大共鸣性就越强烈。《静夜思》是李白月夜思乡的作品，试想一个漂泊异乡、功名不就、潦倒在外的游子，在夜深人静的时候能不思念家乡的人和事么？"国破山河在，城春草木深"，"感时花溅泪，恨别鸟惊心"，这是杜甫（一个"达则兼善天下，穷则独善其身"忠厚老实的儒者）对安史之乱的心理宣照，又在抗战时期使多少爱国的志士仁人为之产生强烈的共鸣，激起他们强烈的爱国斗志，他们不惜抛头颅、洒热血为挽救民族的危亡而献身。同样的"人生自古谁无死，留取丹心照汗青"的生死观激励着代代知识分子为理想、为真理而斗争。能让读者产生强烈共鸣，那就是好诗。

二、强烈的感染力

文学作品主要从两方面对读者发生感染：①思想感染，使作品赢得情感认同；②艺术感染，使作品赢得艺术认同。"驿外断桥边，寂寞开无主，已是黄昏独自愁，更著风和雨。无意苦争春，一任群芳妒，零落成泥碾作尘，只有香如故。"毛泽东读到此时，一方面，为陆游只带五千兵马纵身直捣数万之众的敌营缚叛将而归的豪迈气概所动，并对其以后的人生际遇产生了强烈的同情感；另一方面，又为诗人只

① 作者简介：熊世伟（1952— ），男，重庆市丰都区人，重庆市丰都区第三中学教师。

身孤影的个人奋斗而感到惋惜。这两种情感碰撞形成了毛泽东"反其意而用之"的创作意图。"风雨送春归，飞雪迎春到，已是悬崖百丈冰，犹有花枝俏。俏也不争春，只把春来报，待到山花烂漫时，她在丛中笑。"同样写梅花，一个瘦弱，一个强壮，一个低调僻远，一个高风亮节。从艺术手法讲，陆游的词是实写，毛泽东的词是虚写。无论是实还是虚，都是借梅喻人，抒发个人的情怀。陆游笔下的梅是一个自守益坚儒者形象，读来给人孤芳自怜的感受；毛泽东笔下的梅则是一个不为名利只为事业而奋斗的革命者的形象，读来让人感到一种强烈的气魄以及磅礴的气势。应该说陆游的词比毛泽东的词规范，没有重复的词；可毛泽东的词打破常规，重复使用"俏"。但恰恰这两个"俏"字的蝉联，使词的上阕自然过渡到下阕，把形象推向高峰。

三、强大的生成性

好的诗歌有不断生成的能力。首先，表现在对诗歌创作意图的理解往往超越了诗歌原始创作的本身。以苏轼的《题西林壁》为例，"横看成岭侧成峰，远近高低各不同。不识庐山真面目，只缘身在此山中"。作者原始的写作意图是说，庐山的山势因看山人的观察角度不同而有所不同。而后世读者却赋予这首诗深刻的哲理：复杂的问题，往往会被许多假象所蒙蔽，看到的并非问题的本质，要全面地看问题，就要超越问题的本身，站在问题之外，才能摆脱思维的局限，克服"当局者"的思维趋势，以完成主观到客观的转变，从而找出问题的本质所在。"蝉噪林愈静，鸟鸣山更幽"，王维的这句诗本是写山林之静景的，可是明白地告诉人们一个道理：以蝉噪、鸟鸣来写幽静（以有声写无声）比正面描写效果更好。这种"无我之境"的写法常常被诗歌批评家所称道。"不怕风吹浪打，胜似闲庭信步。"其本意是写游泳时的心情，可读者总是把它的意义引申出来："任凭风浪起，稳坐钓鱼船。"

其次，突破了常规的表达方式，具有超出常人的想象力。毛泽东的诗词是这方面的典范："小小环球，有几个苍蝇碰壁"；"乌蒙磅礴走泥丸"；"春来我若不开口，哪个小虫敢做声"。诗人用尽比喻、夸张之能事，写世界之大，藐视国际反动派在正义面前之弱小；气势磅礴的乌蒙山在红军脚下显得微小；以及井蛙那种压倒一切的大气，活像一个巨人面对一个跳梁小丑。凡属经典，往往都被他人不断引用于文中，成为自己作品的语言以佐证自己的观点。更值得注意的是毛泽东的诗词在艺术表达方面也是拓荒创新的，这方面表现在诗词的格律艺术上。七律《人民解放军占领南京》的颈联"虎踞龙盘今胜昔，天翻地覆慨而慷"，对仗难说工整，因为"今胜昔"与"慨而慷"中"今、昔"对"慨、慷"虽然没有异议，可"胜"与"而"实在是勉强相对，"胜"在词中的意义是超过，是动词，"而"是虚词，只表连接。至于尾联"天若有情天亦老"出现两个"天"是近体格律的要求不允许的。严格地说，这首诗不算近律，只能算古律。毛泽东在处理思想内容和艺术表达关系上所坚持的原则是：艺术表现绝对要服从内容表达的需要，因为再好的艺术形式也必须为思想内容服务。有时，毛泽东的诗不惜用俗语乃至于脏话来表达激愤的感情，"土豆烧熟了，再加牛肉"，"不须放屁，试看人间城廓"即是典型的例子。这样的例子在古代亦有，陆游"大儿锄豆溪东，中儿正织鸡笼，最喜小儿无赖，溪头卧剥莲蓬"。创新，必然意味着对陈规的反叛或颠覆，"反叛、颠覆"是格律诗词的生成性的具体体现。事物要发展，社会要前进，创新是必然的，否则，裹脚不前。不过，诗歌创作对格律的反叛和颠覆是冒风险的事，得小心从事。

再次，诗歌的生成还表现在它的可模仿性。唐代杜牧的"清明时节雨纷纷，行人路上欲断魂，借问酒家何处有，牧童遥指杏花村"。本是诗，如果把标点的位置移动一下就会变成词，"清明时节雨，纷纷。行人路上欲，断魂。借问酒家何处？有牧童，遥指杏花村。"还可以变为曲"清明，时节雨，纷纷，行人路上，欲断魂，借问酒家，何处有牧童？遥指杏花村。"毛泽东《念奴娇·昆仑》"安得倚天抽宝剑，把汝裁为三截，一截遗欧，一截赠美，一截还东国"，显然，无疑是受苏轼《水龙吟·次韵章质夫杨花词》"春色三分，二分尘土，一分流水"的启发。

四、充满哲理，有浓郁的生活气息

不论是现代诗歌还是古代诗歌，凡是人们所喜爱的诗歌都具有浓厚的生活气息、富有哲理。英国诗人雪莱"冬天到了，春天还会远吗？"冬天给人们带来诸多不便，春天万物生长，意气风发。人们喜爱春天向往春天，不欢迎冬天而又不得不越过冬天。冬天一过接着便是春天，艰难的日子熬过去了就会迎来幸福，黑暗和黎明本是对立的两个方面，黑暗总是暂时的，黑暗之后便会步入光明。这句诗启发许多有志之士战胜困难、战胜黑暗，迎来胜利、迎来光明。唐代李绅《悯农》："耕田千顷粮千箱，精疲力竭亦何伤，但使众生都得饱，不惜羸老卧残阳。"读着此诗映入人们脑海的是一条"老牛"的形象，鲁迅笔下那"吃的是草，挤出来的是牛奶"的牛的形象映入人们的眼帘，闪现出无私无我的劳动者的光辉，它不停地拉着犁头在田里使劲往前走，尽管精疲力竭，也无怨无悔。老了，再生的日子不多了，夕阳西下，它只是静卧在那里，默默无闻。这首诗所写之境有"我"，沁透着对劳动人民的怜悯之情。唐代李绅的《锄禾》"锄禾日当午，汗滴禾下土，谁知盘中餐，粒粒皆辛苦。"作者在这里发出了悯农惜粮的呼声。诗歌的人民性作为评判诗人进步与否的标准已成为定论，李绅作为封建社会的高官，能写出这样的好诗，难能可贵。哲理性、生活化使诗歌成为经典，是经典必然流传千古。反之，"天上没有玉皇，海中没有龙王，喝令三山五岳开道，我来了"（周扬《红旗歌谣》）之类大跃进时期的拙劣之作，不讲科学性，没有哲理性，其生命自然是短暂的。

五、艺术真实是诗歌生命力的另一面

歌功颂德的诗歌仅是时代的宠儿，但不是永久的骄子，因为其表达的感情缺乏真实性。潘安仁《闲居赋》表现出诗人藐视仕途、笑傲权贵的清高人品，无论在思想感情、艺术表达方面都令人拍手叫好。可元好问读了却发现，他所抒发的感情是假的，不是真情实感，不符合他的人生逻辑。于是，他批评道："高情千古闲居赋，争信安仁拜路尘。"权贵走马之后望尘而拜的人，能有闲居高情么？艺术真实是什么？是以生活逻辑为依据，通过艺术表现出来的人生真实。"一曲新词酒一杯，去年天气旧亭台。夕阳西下几时回？无可奈何花落去，似曾相识燕归来。小园香径独徘徊。"晏殊的这首《浣溪沙》语言白如话，意蕴虚涵深广，给人一种哲理的启示。诗人虽然位居高官，可他十分清醒，"夕阳"，已是不可能挽回，后来的"人"如归燕一样，只是似曾相识而已，王朝的更替前辙可鉴。这首词的艺术真实在于，看似在刻画了一个喝酒品茶、养尊处优的官僚形象，可恰恰道出了一个智者对时代的慨叹。

诗歌之所以不受时空之限，径行数千年而不衰，那些经典句子反复被人引用，是因为它的高度概括力、丰富的内涵及生动的表达引诱人们不得不把它变为自己的语言。一个远离他乡的人在怀念亲朋的时候，为了表达知己之情，自然会想到"海内存知己，天涯若比邻"之类的名句；一个在努力奋斗励志求学的人，自然会想到"宝剑锋从砥砺出，梅花香自苦还来"的格言；一个英雄在为民族危难时候自然会吟诵"人生自古谁无死，留取丹心照汗青"的壮词。

任何事物一旦成熟，它便离消亡时间不远了，这是一条重要的自然法则。如果要让人永远年轻，那就要千方百计推迟他的衰老期；如果要让一种文化减缓消亡期，那就要不断革新，扩大它的发展空间。杜甫完备了近体诗体制，他的《秋兴八首》是代表。"香稻啄余鹦鹉米，碧梧老栖凤凰枝"（《秋兴八首》之八），对仗工整音韵和谐。可正是因为此，显得文理不通。仔细体会，原来诗人为了艺术表达的需要而采用了移位的手法。如果把"香稻"与"鹦鹉"互换、"碧梧"与"凤凰"互换，那么诗句的意思就好理解了，文理也就通顺了。这给后人留下不少的研究价值和美学价值。但用现代社会的眼光看，不少人认为不过是文字游戏而已。

　　七言格律的成熟，不知凝聚了多少人的心血，可给多少作家带来的是望而却步，就连晚唐的"小李杜"也心有余悸。李商隐有大量的"无题"诗，这些"无题诗"究其体制看应该是七律，但作者从未将其标出。至于杜牧的咏史绝句，也很少标出其体式。近体七律发展到龚瑟人手中，即从内容上加以创新，为了用较少的文字表达丰富的内容，于是大量用典，篇篇用典，乃至通篇用典。这可难为读者了，导致读者喜读龚龚瑟人的文章而烦读龚瑟人的诗。诗歌完备的体制给后世作者以创作参照，但当其完备之后就没有多少发展空间，人们只有按其完备的式样依样画葫芦，不敢相悖。这样至少妨碍思想的表达，难怪毛泽东不主张年轻人创作近体诗。温庭筠要求近体诗须"声声自合鸾歌，字字偏谐凤律"的形式而疏于内容的表达，逼得诗向另一体制发展。现代学者闻一多的创作尝试，形成一种新格律体，保留了叶韵、对仗，讲究结构的整饬而忽视平仄，有时为了内容的表达宁可对仗也不那么严密，近乎散文化，中国诗坛逐渐趋于以现代诗为主，这打破了诗坛的寂寞，也延续了格律诗的生命。审美期待是永远不能满足人们愿望的，人们永远追求新鲜，这也是诗歌发展的依据。

　　诗歌，经历了从民间到宫廷，从随意粗糙到精密严谨，从娱乐化、艳情化到政治化、情绪化，从自由化到规范化，从自由王国到必然王国的过程。当它还在幼年时期，作者们只是随意地唱出来，不加修饰地表达自己的思想，歌词可以是一言、两言、三言、杂言。《诗经》以四言为主。后来人们发现"五言居文辞之要，众作之有滋味者也"，以后有六言、七言。一类诗歌式样就是一种体制，这一体制与其他体制有着严格的不同，其创作要求有特殊的规定性。正因为此，诗歌才繁花似锦。

　　文章体制是在保留"大体"前提下发展的，没有"大体"便没有章法；反之，如果没有"变体"，文体也会消亡。格律诗因为太束缚思想的表达，古来多少作家试图保证格律大体而忽视格律平仄，格律诗的生命才得以延续。

　　人们望着中国古典诗歌远去的背影，于是才发出挽救的呼声。庶不知，一种文化也不是永恒存在的，它也会消亡，"无可奈何"。

Knowledge Disseminative Capabilities and the Transfer Effect
—From the Perspective of New Product Development[①]

Li Baoku Leng Xiaoming [②]

Abstract: Knowledge disseminative capability is an important ability in the sending and receiving process, which is the basis and prerequisite for transferring knowledge effectively. Despite that importance has been widely accepted by many scholars, theory and empirical researches are scarce. In order to reveal the relationship between knowledge disseminative capabilities and knowledge transfer effects, this paper put forward a conceptual model through theory analysis, and tested it with structural equation model. Results find that the ability to attain expert knowledge, the ability to select relevant knowledge and the ability to support the recipient in applying the knowledge are positively related to successful knowledge transfer; the ability to detach knowledge is negatively related to successful knowledge transfer. This empirical study concluded that disseminative capabilities will surely promote knowledge transfer success, inappropriate knowledge detachment will lower the transfer efficiency.

Keywords: disseminative capability knowledge transfer structural equation empirical study

I .Introduction

Disseminative capabilities refers to the ability that people transmit knowledge via a specific medium, such as influence, communication or other expression methods (Cohen M., Daniel A.,1990; Tang Fang cheng, Xi Youmin, 2006; Shi Chenbin, et.al., 2011). Just like the role of expression ability in a comunication, knowledge disseminative capabilities provided an important research perspective to understand and explain the knowledge transfer success. In the age of big data, knowledge and information management are important to companies, especially in the process of new product development, an effective knowledge sharing mechanism with consumers has been the most important part to the project.

However, as an important ability of information sharing—disseminative capability, which is the basis and prerequisite for transferring knowledge effectively, is not fully researched in knowledge transfer area (Gupta A. K., Govindarajan V.,2000; Simonin B. L.,1999; Szulanski G., 1996). Therefore, this paper tested the relationship between knowledge disseminative capability and knowledge transfer success under the background of new product developing in DAP industry of China.

① Sponsored by National Natural Science Foundation of China(71172218, 71202117).

② Author's brief introduction: Li Baoku, professor of Marketing Management School of Liaoning Technical University; Leng Xiaoming, Master's degree in reading, Marketing Management School of Liaoning Technical University.

II.Hypothesis and Conceptual Model

1.Variables

Knowledge disseminative capabilities is derived from the teaching theory (Cruickshank, Bainer, Metcalf, 1995; Kauchak, Eggen, 1993; Zhao, Anand, Mitchell, 2004), communication theory (Murray, Peyrefitte, 2007; Sypher, Sypher, 1981; Sypher, Zorn, 1986) and related literatures (Carlile, Rebentisch, 2003; Cummings, Teng, 2003; Szulanski, 2000). A project（FP6–043345）of Swiss CAR found that, knowledge disseminative capabilities have four dimensions: the ability to attain expert knowledge, the ability to select relevant knowledge, the ability to detach knowledge and the ability to support the recipient in applying the knowledge.

2.Hypothesis and Conceptual Model

A fully understanding of knowledge is very important before the transfering. Some scholars think that a professional understanding of knowledge is one of the most important capabilities, and the depth of understanding depends on his past experience(Teece,1997; Szulanski, Cappetta, Jensen, 2004). Mietze(2001) also stands the point that more experience brings a better understanding, and a better understanding brings more probability for knowledge transfer success. Fiet(2000) believe that a better understanding of the knowledge can increase the stability of knowledge resources. Von Krong(2000) found that, in oder to provide some help at the detail levels, knowledge sender has to be learned in relevant fields. Therefore we proposed a hypothesis:

H1: The ability to attain expert knowledge is positively related knowledge transfer success.

Selecting the relevant knowledge to transfer is also an ability. Some scholars have suggested that in order to avoid overload and resulting in transfer inefficiency, knowledge sender should assess receivers'background, and know what is in need (Grunwald, Kieser, 2007; Martin, Salomon, 2002, 2003;Von Krogh, et. al., 2000; Grant, 2004; Carlile, 2003; Amesse & Cohendet, 2001; Mietzel, 2001), and you have to consider the recievers' absorptive ability (W. M. Cohen, Levinthal, 1990; Dyer, Singh, 1998; Lane, Lubatkin, 1998). Therefore, we proposed a hypothesis:

H2：The ability to select relevant knowledge is positively related knowledge transfer success.

Knowledge may be confined to a specific context, detaching the knowledge from a specific context to form a common understand knowledge is necessary in the decomposition process(Cummings, Teng, 2003; Shannon, Weaver, 1949; Carlile, Rebentisch, 2003). Knowledge does not exist independently, which is a key feature (Cummings,Teng, 2003; Granovetter, 1985, 1992), most of the knowledge are hidden in people, methods, practices and custom (Argote, et. al., 2000). Polanyi(1966) and Nonaka(1994) bielieve that knowledge is tacit, the value of knowledge appears only in a specific eye, in a specific environment, that's why knowledge is difficult to transfer(Brown, Duguid, 1992; Nonaka, 1994; Reed, De Fillippi, 1990).Senders need to determine whether the knowledge is proper to meet the recievers' needs. we proposed a hypothesis:

H3: The ability to detach knowledge is positively related knowledge transfer success.

The purpose of knowledge transfer is knowledge application, in order to achieve this goal, knowledge sender is helpful to provide some help and support in the process of knowledge application(Heller, 2002,2006; Knowles, 1981). Szulanski(1996, 2000) pointed out that there may be ambiguity and misunderstanding in transfer process, knowledge sender's help is useful and necessary. Moreover, the recipient's memory is not very powerful(Lucas, Ogilvie, 2006; Szulanski, 1996, 2000), lack of appropriate support could lead to low efficiency. Galbraith(1990) added, as for a complex package of knowledge, the sender's help is in need. In short, if you want the knowledge successfully applied, appropriate help is necessary(Walter, et. al., 2007). Therefore we proposed a hypothesis:

H4:The ability to support the recipient in applying the knowledge is positively related knowledge transfer success.

III .Data Collection and Analysis

1.Samples and Data Collection

This study used questionnaires to collect data. This survey covers nine provinces(Shandong, Hebei, Henan, Gansu, Ningxia, Shanxi, Heilongjiang, Jilin, Liaoning)in China, 23 counties and 245 towns exactly. We visited a total of 299 fertilizer retailers. Generally, we visited one retailer at each town, only a few large towns two retailers, one retailer was asked to give some advices for developing new product. Our survey was conducted carefully and attentively, finally we collected a total of 299 questionnaires, the response rate was 100%. At the stage of questionnaire audit and data clean-up, we excluded six incomplete questionnaires. Therefore, the effective response rate was 98%.

On national level, 90.8% were male retailers, 9.2% were female; retailers' average age is 45.4; 44.9% graduated from high school, 35.9% graduated from junior school, 9.6% graduated from college, 7.4% graduated from primary school, only 1.3% have a undergraduate educational background.

2.Measurement

Variables were selected on the basis of previous research(Swiss CAR, FP6-043345), questionnaires were simply ajusted to suit my research background(table 1). variables are measured in Likert 5-point scale, "1" means fully disagree, "5" means fully agree.

TABLE 1   MEASUREMENT

Latent variable	Observed variables
Ability to understand the knowledge	1) He had applied this set of knowledge in the past. 2) He provided examples to explain this set of knowledge. 3) He knew which action result in which outcome. 4) He is known to be an expert in this field. 5) He had a deep understanding on this set of knowledge.
Ability to select relevant knowledge	1) The knowledge he conveyed fully matched what we needed. 2) He successfully identified the gaps in our knowledge base. 3) The knowledge conveyed by he was always appropriate.
Ability to detach knowledge	Conveying the above set of knowledge to us, he... 1) considered the tacit knowledge, e.g. hardly describable skills, intuition, experiences. 2) delivered all necessary background information. 3) knew precisely how it was related to adjoined fields of knowledge. 4) successfully abstracted it from his context. 5) provided contextual information.
Ability to support the recipient	He supported us applying the knowledge by... 1) coaching us (instructions, demonstrations). 2) providing immediate feedback to us. 3) supporting us quick and consistent learning.
Knowledge transfer success	1) We are satisfied with this knowledge. 2) We are now working with this set of knowledge. 3) We successfully applied this knowledge into our new product development.

Note: "He" refers to the knowledge sender

3.Data Analysis

Reliability test showed that Cronbach's Alpha coefficient was 0.895, indicating that this data has good reliability. each latent variable reliability coefficient are shown in Table II. As can be seen from table 2, all Alpha coefficients were above 0.7, which indicates the reliability of this scale is good.

TABLE 2   RELIABILITY TEST OF LATENT VARIABLES

Latent variable	N	Cronbach's Alpha
Ability to understand the knowledge	5	0.882
Ability to select Relevant knowledge	3	0.879
Ability to detach knowledge	5	0.895
Ability to support the recipient	3	0.948
Knowledge transfer success	3	0.761

Next, we use structural equation model to test the conceptual model, important parameters were shown in table 3.

TABLE 3   SEM RESULTS

Terms	x^2/df	NNFI	GFI	CFI	RMSEA
Result	1.06	0.95	0.97	0.98	0.045

According to Wen Zhonglin and Hau Kit-Tai, , NNFI, GFI, CFI, RMSEA are enough to evaluate structural equation model performance. if is greater than 10, indicates the model is not good, if is less than 5, indicates the model is acceptable(Yang Weiwen, Liu, 2010). The more NNFI and CFI closer to 1, the better the data perform, but it must above 0.9. GFI is greater than 0.9 means the model is acceptable. As for RMSEA, the smaller the better, the threshhold is 0.08, less than 0.05 indicates the situation is very good.

TABLE 4   HYPOTHESIS TEST RESULTS

Hypothesis	The standard coefficient	P	Support/Not Support
H1	0.52	***	Support
H2	0.37	***	Support
H3	— 0.45	***	Not Support
H4	0.28	***	Support

Note: * * * significant at 0.01 level

Table 4 shows us the standard coefficients. First, we use p-value to check the statistical significance of coefficients/load factor. All coefficients are significant at the 95% level, indicating that the conceptual model is significant at all paths, hypothesis H1, H2 and H4 are supported, however, hypothesis H3 is not supported.

Ⅳ.Discuss and Conclution

The main purpose of this paper is to test the relationship between knowledge disseminative capabilities and knowledge transfer success. Results find that the ability to attain expert knowledge, the ability to select relevant knowledge and the ability to support the recipient in applying the knowledge are positively related to successful knowledge transfer; the ability to detach knowledge is negatively related to successful knowledge transfer.

By holding 299 depth interviews in 245 towns of China, we collected the data that fit the conceptual model. We found that a professional understanding is positively correlated to successful knowledge transfer. In the context of fertilizer industry, which indicates that practical experience will be helpful to promot the knowledge transfer success, a better understanding of knowledge will ensure the transfer process a positive result, just as Teece (1977) believed.

This study also supports the point of view of von Krong (2000) and Singh (1998): if the sender knows receivers' background, knows what is in need, and he can choose the accurate knowledge to transfer, knowledge transfer success will surely be enhanced.

Empirical studies point out that the the ability to detach knowledge is negatively related to successful knowledge transfer, this result is supported by Anjia Schulze's research. In the context of this study, negative relationship is likely happen because retailers do not understand the manufactures' needs in the process of developing new products, retailers and manufacturers work in different areas, they do not understand each other's specific circumstances, inappropriate detachment will reduce the transfer efficiency. From the recipient's point of view, he might acknowledge your detail information in instead of segment.

Empirical test of H4 indicates that sender's necessary support in applying this knowledge will positively affect the success of knowledge transfer. Knowledge from fertilizer retailers said to us, farmers use special methods to identify DAP quality, for example, fire, rubbing, observing particles oil, this experiential knowledge is hard to record, manufacturers need follow-up work to use this knowledge in the process of new product development. Therefore, knowledge senders' follow-up supports are necessary to enhance the knowledge transfer success.

Finally, we can conclude that, good disseminative capabilities will surely promote knowledge transfer success. However, inappropriate knowledge detachment will lower the transfer efficiency.

Reference:

[1] Tang Fangcheng, Xi Youmin. Knowledge Transfer and Dynamics Behavior Pattern of Network Organization(II): absorptive capacity and disseminative capabilities[J]. Systems Engineering Theory and Practice, 2006 (9):83-89.

[2] Cohen M, Daniel A. Absorptive capacity: a new perspective on learning and innovation[J]. Administrative Science Quarterly, 1990 (35) : 128-154.

[3] Shi Chenbin, Li Nan, Lin Min, Guo Hui. Knowledge disseminative ability and knowledge transfer[J]. Theory and Explore, 2011 (1) :23-26.

[4] Gupta A K, Govindarajan V. Knowledge flows within multinational corporation[J]. Strategic Management Journal, 2000 (21): 473-496.

[5] Simonin B L. Transfer of marketing know-how in international strategic alliances: an empirical investigation of the role and antecedents of knowledge ambiguity[J]. Journal of International Business Studies, 1999 (30):463-490.

[6] Szulanski G. Exploring international stickiness: impediments to the transfer of the best practice within the firm[J]. Strategic Management Journal, 1996 (17): 27-43.

[7] Teece D. J. Technology Transfer by Multinational Firms[J]. International Executive, 1977, 19(3): 15.

[8] Szulanski G, Cappetta R, & Jensen R. J. When and How Trustworthiness Matters: Knowledge Transfer and the Moderating Effect of Causal Ambiguity[J]. Organization Science, 2004, 15(5): 600.

[9] Mietzel G. P. dagogische Psychologie des Lernens und Lehrens[M]. Gttingen, Bern, Toronto, Seattle, 2001.

[10] Fiet, J. O. The Pedagogical Side of Entrepreneurship Theory[J]. Journal of Business Venturing, 2000(16).

[11] von Krogh G, Ichijo K. & Nonaka I. Enabling Knowledge Creation[M]. Oxford: Oxford University Press, 2000.

[12] Grunwald R. & Kieser A. Learning to resuce interorganizational learning: An analysis of architectural product innovation in strategic alliances[J]. Journal of product innovation management, 2007: 24, 369–391.

[13] Martin X. & Salomon R. Knowledge transfer capacity and cooperative strategies: when should firms leverage tacit knowledge trough licensing and alliances[M]. In F. J. Contractor & P. Lorange (Eds.), Cooperative Strategies and Alliances: Elsevier Science Ltd., 2002: 729–748.

[14] Martin X. & Salomon R. Knowledge transfer capacity and its implications for the theory of the multinational corporation[J]. Journal of International Business Studies, 2003, 34(4): 356–373.

[15] Grant R. M. & Baden-Fuller C. A Knowledge Accessing Theory of Strategic Alliances[J]. Journal of Management Studies, 2004, 41(1): 61–84.

[16] Carlile P. R. & Rebentisch E. S. Into the Black Box: The Knowledge Transformation Cycle[J]. Management Science, 2003, 49(9): 1180–1195.

[17] Amesse F. & Cohendet P. Technology Transfer revisited from the perspective of the knowledge-based economy[J]. Research Policy, 2001: 30, 1459–1478.

[18] Dyer J. H. & Singh H. The relational view: Competitive strategy and sources of interorganizational competitive advantage[J].Academy of Management Review, 1998, 23(4): 660–679.

[19] Lane P. J. & Lubatkin M. Relative Absorptive Capacity and Interorganizational Learning[J]. Strategic Management Journal, 1998 (19): 461–477.

[20] Cummings J. L. & Teng B. S. Transferring R&D knowledge: the key factors affecting knowledge transfer success[J]. Journal of Engineering and Technology Management, 2003: 20, 39–68.

[21] Shannon C. E. & Weaver W. The mathematical theory of communication[M]. Chicago: University of Illinois Press, 1949.

[22] Granovetter M. Economic action and social structure: The problem of embedded-ness[J]. American Journal of Sociology, 1985, 91(3): 481–510.

[23] Granovetter M. Problems of explanation in economic sociology[M]. In N. NOHRIA & R. ECCLES (Eds.), Networks and organizations: Structure, form and action. Boston, Ma: Harvard Business School Press, 1992.

[24] Argote L. Ingram P, Levine J. M. & Moreland R. L. Knowledge Transfer in Organizations:Learning from the Experience of Others[J]. Organizational Behavior & Human Decision Processes, 2000, 82(1): 1–8.

[25] Polanyi M. The Tacit Dimension[M]. London: Routledge & Kegan Paul, 1966.

[26] Nonaka I. A dynamic theory of knowledge creation[J]. Organization Science, 1994, 5(1): 14–37.

[27] Brown J. S. & Duguid P. Organizational learning and communities of practice: Toward a unified view of working, learning ,and innovation[J]. Organizational Science, 1992 (2): 40–57.

[28] Reed R. & DeFillippi R. J. Causual ambiguity, barrieres to imitation and sustainable competitive advantage[J]. Academic Management Review,1990 (15): 88–102.

[29] Lippman S. & Rumelt R. P. Uncertainty imitability: An analysis of interfirm differences in efficiency under competition[J]. Bell Journal of Economics, 1982(13): 418–438.

[30] Heller D. A. Learning from a strategically allied firm: Incorporating a teaching perspective[J]. Annals of Business Administrative Science, 2002(1): 17–24.

[31] Heller D. A. The teaching effect in a learning alliance: research based on the Ford-Mazda and Renault-

Nissan cases[C]// IMVP Automotive Mini Conference MIT, Cambridge, MA,2006.

[32] Knowles M. S. From teacher to facilitator of learning, educational materials catalog[M]. In M. S. Knowles, E. F. Holton & R. Swanson (Eds.), The Adult Learner. Woburn, MA.: Butterworth-Heinemann, 1981: 198-201.

[33] Szulanski G. The Process of Knowledge Transfer: A Diachronic Analysis of Stick-iness[J]. Organizational Behavior & Human Decision Processes, 2000, 82(1): 9-27.

[34] Lucas L. M. & Ogilvie D. T. Things are not always what they seem: How reputations, culture and incentives influence knowledge transfer[J]. The Learning Organization, 2006,13(1): 7-24.

[35] Galbraith C. S. Transferring core manufacturing technologies in high-technology firms[J]. California Management Review, 1990,32(4): 56-70.

[36] Walter J, Lechner C. & Kellermann F. W. Knowledge transfer between and within alliance partners: Private versus collective benefits of social capital[J]. Journal of Business Research, 2007(60): 698-710.

[37] Yang Weiwen, Liu Xin. Brand Recognition and Consumer Purchase Behavior[J]. Business studies, 2010 (3) : 158-162.

"信息复杂全息人"视阈中的哲学概念分析①

张天波② 李秋红

摘要：哲学就是爱智慧，就是自我意识，实质上是对人自身本质的追求。对"人"的认识和"人性假设"既是哲学研究的基本问题，也是哲学理论的逻辑起点和核心要素。对于所谓的"性善论"、"性恶论"、"生物人"、"经济人"、"理性人"、"社会人"、"成就人"、"道德人"、"虚拟人"、"六维信息人"等整体性的人性假设，其已经不能适应当今的信息时代、网络社会、虚拟世界、生态文明、智慧地球和地球村的需要了。应运而生的"信息复杂全息人"假设将从根本上动摇哲学的研究基础，"量子信息哲学"与以往"哲学学说丛林"有诸多方面的差异，其量子性、信息性、全息性、分形性、涌现性等特性表明，伦理学似乎更具有基础性或本源性。

关键词：信息复杂全息人　哲学学说丛林　硬哲学　量子信息哲学　伦理学

一、引　言

"哲学最初是对世界本原的追问。哲学是真，是对真的推崇和追求。"[1]古今中外，"认识你自己"和"斯芬克斯之谜"是哲学研究中首先要思考的问题，然而，至今这仍然是不解之谜。很显然，所谓的"性善论"、"性恶论"、"工具人"、"生物人"、"经济人"、"理性人"、"社会人"、"成就人"、"道德人"、"虚拟人"、"六维信息人"等整体性的人性假设，其已经不能适应当今的信息时代、网络社会、虚拟世界、生态文明、智慧地球和地球村的需要了。但是，科技发展日新月异，使我们对"人"的认识有了快速的进步；对"人"的认识的深化将会逐步提升哲学研究的科学性和实用性。以不同的"人性假设"为基础就产生了不同的哲学理论或学派，"人性假设丛林"就导致了"哲学学说丛林"。本文依据复杂系统理论、量子力学、信息论、全息论、基因工程、克隆技术、思维科学、事理理论等勾勒出一个更接近"人自体"的"人体模型"，并提出"信息复杂全息人"假设和对"意识"的产生进行了初步思索；从而将宏观与微观更好地进行了结合，并细化为"渺观、微观、宏观、宇观和胀观"五个层次；并可得出对"人"的思考应早于对物或世界的思考。

---

①　基金项目：此文受到如下三个教育科学研究项目的支持，即2012年度广东省教育科学"十二五"规划项目（题目：《校企合作协同建构一体化、超市式实训基地的研究》，批准号：2012JK091）；2013年广州市哲学社会科学规划课题（题目：《基于事理视角建构产学研协同创新体系的机理研究——以广东轻工协同创新产业园为例》，批准号：13G33）；2013年广东轻院教育教学改革项目（题目：《国学教育融入课程建设，提升高职生综合素质——基于"信息复杂全息人"视角》，批准号：JG201365）。

②作者简介：张天波（1957— ），男，安徽省亳州市人，硕士，副教授，企业法律顾问，主要从事教学、高职教育管理和研究。

二、三个基本假设

（一）人体模型假设

《说文解字》定义："人，天地之性最贵者也。"《书·泰誓上》："惟天地万物父母，惟人万物之灵。"古希腊哲学家普罗泰哥拉认为"人是万物的尺度"；亚里士多德认为"人是政治动物"；冯友兰认为"人是天然界之一物，人生是天然界之一事"[2]。然而，天然界之一物的"人"到底是由什么组成的？有什么样的结构呢？

与当今信息社会、网络时代、基因工程、生态文明、地球村相适应的并且更接近于真实"人"的"人体模型"应该是"全形人体模型"假设，其主要包含五个方面的思考。①人类个体的外界交流沟通的内外表面与单面结构的"克莱因瓶"很类似。②人类个体内部的各个子系统如血液系统、内分泌系统、神经系统等类似于"门格海绵"，容积非常大而其体积几乎为0。③有限大脑内却包含着无穷的意识、智慧或创意，就如同"科克雪花曲线"，即有限面积内包含着不相交的但无限长的曲线。[3]④万有引力对人体的作用并不能仅限于控制论的"输入输出"形式，而是与人体的每一个部分每一个分子或原子持久地发生作用。⑤人体与外界环境的边界是分形的（Fractal），苗东升教授认为："人体作为复杂系统，它的边界具有分形结构，处处都有孔隙通向外界，处处可以接受外界信息，并给外界传送信息。"人体是"有边无界"的。这种假设就成为"克莱因瓶——门格海绵——科克曲线——万有引力——分形型"的"人体模型"，简称为"克门科引分——人体模型"，也可称为"全作用人体模型"或"全形人体模型"。其除具有以往"整体人"假设的全部属性之外，还具有"系统性、量子性、复杂性、信息性、全息性、生态性、分形性、涌现性"等特性。

（二）"信息复杂全息人"假设

马克思说："人的本质并不是单个人所固有的抽象物。在其现实性上，它是一切社会关系的总和。"学者戴兆国认为："一切关于人的学说必须从人本身出发，人的认识、人的自由、人的创造问题是基本的、原初性的问题。"[4]人是自然属性、精神属性和社会属性统一于一体的具有意识的高级动物。人具有动物性、道德性、整体性、主体性、社会性、实践性、目的性、心理学和生理学等特性。哲学和伦理学都是由人参与的实践活动（含思维活动）。人的本质是什么？这至今仍是一个困难的问题。笔者曾提出：必须把"人"看作是一个由数十万亿个子系统（人体细胞）、小系统（人体组织如肌肉、血管等）、大系统组成的具有耗散结构性、信息性[5]、全息性、量子化的、具有自主意识和自适应性的开放复杂巨系统——巨复杂自适应智能系统（Giant complex adaptive intelligent system，GCAIS，简称"格赛思"）——"信息复杂全息人"（Information complex holographic person，ICHP）假设。[6]凡有人类参与的系统都是"巨复杂自适应智能系统"（GCAIS）。任何社会系统、哲学系统和伦理学系统都应是"巨复杂自适应智能系统"。其除具有开放复杂巨系统的整体开放性、组分异质性、结构层次性、关系非线性、行为动态性等特性之外[7]，还具有量子性、信息性、全息性、生态性、分形性等。

（三）"波粒信意四象性"假设

量子力学的波粒二象性，实际上，应该是"波粒三象性"——波动性、粒子性和信息性，任何物质或能量都是通过其外观表现的信息性而得知的，波动性和粒子性的感知体现是其信息，光信号具有波粒二象性，但光信号的群体集合行为具有信息性，其所反映的信息性则是更重要的。这实际上应该是波动性、粒子性和信息性的统一，即"波粒信息三象性"。

对于脑细胞的脑神经元或意识细胞，其量子行为表现则是"四象性"的，即波动性、粒子性、信息性和意识性，称为"波动粒子信息意识四象性"，简称"波粒信意四象性"。[8]这种"波粒信意四象性"应是在脑组织的微观和渺观范围内操作的，即意识是大脑思维细胞的量子行为。不管是逻辑思维还是形象思维都统一于脑细胞量子行为而产生的科克突出，这个相对应的作用过程被脑细胞以类似于科克曲线形塑记录存储下来，形成了记忆。科克曲线的特点是有限的面积内包含着不相交的无限长的曲线，对脑神经细胞就应是科克曲面、科克突出或科克形变，不同的科克形变或科克突出对应着不同的外界景象。当这些科克形变被激活时就是记忆的恢复，而这些科克形变的消失或被取代就意味着原来记忆的遗忘。每一"科克突出"就对应于一定的知识、信息、意识等，而一系列"科克突出"就相当于"意识流"、"意识群"或思维。一连串有规律的科克形变就应该是事的产生。早在 20 世纪 80 年代，钱学森就提出建立思维科学并且要用量子理论去研究思维科学，形成量子思维学。

三、"量子信息哲学"概念及分类

（一）"量子信息哲学"概念

本文所谓的"量子信息哲学"（Quantum information philosophy，QIP）是指量子化的主体"人"——"信息复杂全息人"，以复杂性、量子性、信息性、全息性、分形性和涌现性等观点，来审视"人"自身、人与人、人与群体、人与社会以及人与自然之间的相互关系，并做出相应的判断，采取适当的措施或行动，以达到科学的认识和持续的幸福人生的目的。量子信息哲学具有量子性、信息性、全息性、分形性、生态性等特性。

（二）"量子信息哲学"三种基本类型

人类的需要可分为"硬需要"、"软需要"和"巧需要"三种类型。"硬需要"指人类对"物质性的有具体形体的东西的需要"，如人类的衣、食、住、行等需由实物产品来满足的需要；"软需要"指人类对人际交往、情感、友爱等的需要，如带有审美特点的文化产品及工作学习生活和人际交往等社会关系所体现出来的友情、关爱、情感等，这些需要往往并没有具体的形体；"巧需要"指当代人类对信息（含虚拟的物、虚拟的事等）的需要，在当今的信息时代、网络社会和虚拟世界里，虚拟主体、虚拟组织、信息产品（含虚拟的物、虚拟的事等）能满足人们的信息需求。因此，就"信息复杂全息人"而论，对于复杂的"量子信息哲学"概念，也可划分为"硬量子信息哲学"、"软量子信息哲学"和"巧量子信息哲学"三类。

"硬量子信息哲学"指与满足人类"硬需要"方面相关联的哲学活动或理论，如经济哲学、工程哲学、生态哲学、医学哲学等。"硬量子信息哲学"相当于金岳霖在"论理"过程中所引用的"实架子"，"实架子"注重"思想的实质"（即理论的内容和主张，实则是"学说"体系），代表具体的学科。[9]

"软量子信息哲学"指与满足人类"软需要"如电影、戏剧、音乐、舞蹈等文化产品等方面的需要相关联的哲学，如结构哲学、法制哲学、关系哲学等。"软量子信息哲学"相当于金岳霖在"论理"过程中所引用的"空架子"，"空架子"注重"思想的架格"（即公共逻辑框架，实即"学科"平台），代表普遍的学科。[9]

"巧量子信息哲学"指与满足人类"巧需要"方面相关联的哲学，如网络、信息、虚拟现实等方面的规则或标准。"巧量子信息哲学"是在信息时代、网络社会、虚拟世界、生态文明、全球一体化的新世纪里才能构思出来的"非实架子"和"非空架子"，暂称其为"信息架子"，代表着联系或者关键或者核心，犹如坐标系的坐标原点，起到基础性的关键作用。

"硬量子信息哲学"对应于人与物的关系；"软量子信息哲学"对应于人与人、人与事之间的关系；"巧量子信息哲学"则对待人与信息、人与虚拟世界之间的关系，但这等价于通常意义上"信息哲学"。

（三）"量子信息哲学"五种层次结构

早在 20 世纪 70 年代，钱学森就指出："科学技术对客观世界的研究和探索，已经从渺观（超弦，10–34 厘米）、微观（量子力学，10^{-15} 厘米）、宏观（10^2 米）、宇观（相对论，10^{21} 米）直到胀观（10^{40} 米）五个层次的时空范围。"[10] "天人合一"，人也是客观世界的一个重要组成部分，因此，对于"哲学"也可划分为"渺观哲学"、"微观哲学"、"宏观哲学"、"宇观哲学"和"胀观哲学"五个层次。

"渺观哲学"又可称为"本个体哲学"或"元哲学"，即是对"个体"或对自身的哲学观念或哲学准则，如自虐狂、自恋等的看法或评价问题。"渺观哲学"也可称为"神经哲学"，即从群体神经元活动的层面来研究哲学现象的问题，相当于意识和潜意识问题，也相应于学者提出的"量子心理"、"量子管理"的心理"波粒二象性"。[11] 其类似于"元哲学"所研究的范围，即对于人的行为、思想和语言中规范的道德成分之意义和性质进行分析。相当于中国古代"三纲领八条目"中的"格物、致知、诚意、正心"的研究和思考的范围。

"微观哲学"是指以家庭或小组的形式所体现的哲学关系，如家庭范围内的夫妻、子女、父母之间关系的处理，或者朋友之间、个体与小组之间、个体与班级之间等活动范围较小的区域内发生哲学现象，这相当于学者提出神经经济学、神经工业工程等概念[12]，"微观哲学"也可指一个基层单位或部门或几个人在不太大的空间内产生的现象。等价于"个体伦理"的范畴，相当于"八条目"的"修身"范畴。

"宏观哲学"也就是通常意义上所讲的哲学，这是研究成果最多的哲学理论地方，所谓的"哲学学说丛林"都是指这里的"宏观哲学"理论。其相当于"修身"、"齐家"及它们的结合部分的范围。

"宇观哲学"是指对国家或者较大系统的哲学，此哲学的对象复杂、时空跨度大、构成的异质性要素众多，相当于通常意义的"治国"和"平天下"的范围。

"胀观哲学"则是指对应于整个人类活动或对整个人类有较大影响的哲学思考，其也就是整个人类社会的哲学，就现代社会而言，就是指联合国或国与国之间的哲学问题，是进行全球化思考的范畴。

四、"量子信息哲学"与以往"哲学学说丛林"的差异

从西方到东方，从古代到现代，有史以来的哲学"学说"千姿百态、数不胜数。从哲学传统体系来看可分为：西方哲学（以欧洲大陆哲学、英美哲学为代表）、东方哲学（以中国哲学、印度哲学、日本哲学等为代表）、阿拉伯哲学和非洲哲学等。事实上都是内部包含了众多学说流派的一个个巨大学说群。还有以学说源流为标志的哲学传统，如经验主义哲学、理性主义哲学、马克思主义哲学等，它们就形成了"哲学学说丛林"。

由于人性假设的不同，"量子信息哲学"与以往"哲学学说丛林"相关联的也有诸多方面的差异，"量子信息哲学"与以往的"哲学学说丛林"的诸理论相比有"人体模型"、人性假设、思维模式、基础理论、时空自由度、价值取向六个方面的不同，详见表 1。

表 1　"量子信息哲学"与"哲学学说丛林"诸理论的区别或超越

	"哲学学说丛林"中的诸理论	"量子信息哲学"
人体模式	由外部的输入端激励、内部输出、外加控制或反馈	分形边界、外表面和内部各要素均全方位地与外界相互作用、及时反馈
人性假设	抽象的、整体的人	除整体人之外，还是复杂的、量子的、信息的、全息的、生态的巨系统——信息复杂全息人
思维模式	辩证的、联系的、整体的思维方式	除此之外，还有互补的、悖论的、分形的思维方式
理论基础	哲学、数学、社会学、心理学、行为科学、经济学等	除此之外，还有复杂系统理论、量子论、信息论、全息论、生态系统论、基因科学、事理理论等
时空自由度	时空是分立的、三维空间坐标系	时空是关联的，时、空、物、事、信息构成不可分割的七维坐标系
价值取向	人是目的、以人为本、以人为中心	天人合一、以生态为本、以生态为中心

五、"量子信息哲学"的基本特性

对由"信息复杂全息人"构成的人类社会的哲学理论而言，"量子信息哲学"除具有"哲学学说丛林"的全部特性之外，还在如下五个方面超越了它们，即其具有悖论性、量子性、信息性、全息性、分形性五个基本特性。

（一）悖论性

人类本身就是一个神秘的存在深层次悖论的"悖论体"。悖论的特征之一是自我包含，人类的遗传基因包含着全部的人类个体的信息，成年男性的精子每分每秒都在大量的产生，这些精子是如何集成了人体的全部结构的信息的，实际上，这些精子就是人的全息点。从信息的角度来看，人的自我包含就是一个典型的悖论。而且，悖论定律是人类社会和自然界时刻在遵循着的基本规律。有学者认为："关于哲学是什么的问题，究竟是否能够做出比较清楚的回答呢？答案应该是肯定的，也需要是肯定的。理由很简单：哲学是人类自己所为，所以人类必须而且应该能够说明它。"[9]

"量子信息哲学"的悖论性揭示了"人"自身的许多东西是讲不清道不明的，所以，任何人想给哲学下一清晰明白且大家都能公认的定义，是不可能的，其根源是"人"自身的悖论性。这应是哲学的基本定律，可称为哲学的第 0 定律——不能准确定义之定律。

（二）量子性

即"QIEE"的量子性。"QIEE 的量子性"也可称为"QIEE 的信息量子性"，指伦理信息性的表现是量子化的，观察者的所有感觉都存在着一个最小单元，犹如光的量子性、语言的单词、声音或感觉的阈值等。在人与人、人与物或人与事之间的伦理活动中，人、事、物等的信息产生、传输、交流、存储和处理都是以量子化的方式进行的。量子化的特点是概率性、模糊性和不确定性。个体伦理观念的起伏变化可能就是来自于量子特性。就是说，从宏观、宇观的整体上看尽管是连续的，但渺观和微观则是量子化的，这种量子性可解释"个体"行为的多变性。

（三）信息性

即"QIEE"的信息性。人本身就是一个信息化的动物，人生活在信息的海洋里。信息性是信息时代、网络社会、虚拟世界和智慧地球的最基本的特点，没有信息就没有当前的社会，信息性是不言自明的。

信息性是"量子信息哲学"不言自明的基本特性之一，来自于人和自然界的信息性。2013年6月20日，航天员王亚平的太空一课，全国有8万所学校6 000万师生同时观看的5个神奇的物理实验，是信息和信息技术使得听者如身临其境。大脑的细胞或渺观物质的活动如何产生信息的则是哲学思考和研究的中心问题。多元智力理论表明，人类的智能是非常复杂的，既有形象思维、逻辑思维，还有思辨思维，但不管是何种思维，其都是通过信息来表达和体现的。

（四）全息性

即"QIEE"的全息性。人的全息性是显而易见的，干细胞的克隆技术就是全息性的一个例证。对于动态中的人而言，全息过程是实时进行的，也就是说，人的活动是及时被全息到相关的全息元内部的。中医的喜怒忧思可以影响人的健康也说明人的活动被人体全息性地记录下来了。全息性是信息社会应特别关注的重要特性之一。

即"QIEE"的生态性。主要由"以人为本"和"以人为中心"向"以生态为本"及"以生态为中心"的转变中体现。人类不能再以"人是地球的主宰"而骄傲自满了，"人对自然可以为所欲为"的时代一去不复返了，人只能是自然界众多生物中的一种而已。维护生态平衡、保持自然和谐是实施各种工程要优先考虑的关键环节，只有生态平衡才有人类的永续发展，所以生态性也是"量子信息生态伦理"理论要考虑的重要内容。

除此之外，"量子信息生态伦理"还具有系统性、动态性、分形性、涌现性等。

（五）分形性

凡是有人参与的系统都是"巨复杂自适应智能系统"，表明任何哲学系统的构成要素、层次结构、运动和演化等都是非常复杂的并且形态是分形的。其表明"哲学学说丛林"产生的必然性，因此，在进行相关哲学问题的思考过程中必须全面和充分考虑各种要素和影响的环境及条件等，只有这样才能充分体现哲学思辨的优越性。龚时中教授认为：哲学不是科学，哲学是介于科学和神学之间的东西。[13]这主要体现了哲学学科的边界不清晰或者边界的模糊性，犹如弯弯曲曲的海岸线一样，其变化展现出了分形性。分形定律是自然界和人类社会遵守的基本定律之一，此外，还有信息增殖定律、悖论定律（哥德尔不完备性定理）等。

六、伦理学与哲学的关系分析

通常意义上讲，哲学是人类对世界观、历史观、人生观、价值观的总体看法的科学；伦理学是人类研究对"人"自身、人与人、人与社会、人与自然之间关系的科学。伦理学与哲学之间的关系可分为三种情况：①人类对哲学的研究早于对伦理学的研究，哲学包含伦理学，伦理学是哲学的一个分支学科。②伦理学与哲学是相伴产生的，伦理学研究的问题与哲学研究的问题有交叉重叠之处，哲学中有伦理学的内容，伦理学中有哲学的内容，两者是平行并列的关系。③人类对伦理问题的认识和研究早于对哲学的认识，哲学是伦理学对"人"自身研究的外推和拓展，伦理学包含哲学，哲学是伦理学的一个分支学科。对此，可从以下四个方面进行分析。

（1）若"人"是由"猿人"进化而来的，"猿人"之间的交流沟通或相互之间的行为关系（包括父母、子女、兄弟姐妹之间以及与"他人"之间的关系）的概念应早于"物质由什么组成的？"或"世界是什么？"等更为抽象的概念。也就是说，对伦理学问题的认识或研究应早于对哲学问题的认识或研究，这是符合人类认识的发展规律的，即人类的认识是不断地由简单到复杂、由易到难、由浅入深的。

（2）上帝创造万物，而上帝是有"人"之后再由"人"构思出来的。不同的民族会各自不同的"上帝"，儒释道各有自己的创世传说；更为关键的是，文字和语言等进行哲学理论研究的工具或媒介都是由"人"创造出来的。不同的"人"就创造出不同的文字和语言，同一个物理实在可以用多种多样的不同的语言来表达或描述。"人"自身语言的创生和运用属于伦理学范畴，有了文字语言之后哲学研究才有可能顺利地开展。

（3）哲学研究的基础和理论前提是对"人"自身的认识和"人性"的假设；对"人"自身认识的深化导致哲学理论的演化；不同的"人性"假设就形成了不同哲学理论学派；"人性假设丛林"就产生了"哲学理论丛林"，如古典哲学、经院哲学、现代哲学、后现代哲学等。亚里士多德（逍遥学派）认为哲学包括所有的学科，分为三类：①理论学科，包括数学、物理学、形而上学；②实践学科，包括政治学、伦理学；③创造性学科，包括诗学、修辞学。古希腊晚期的斯多葛派把哲学分为逻辑学、物理学、伦理学三类，关键是他们对"人"这个起点的认识过于简单，只是一个理性的整体的"人"，而科学研究犹如马拉松赛跑，当起跑之后就忘记或不管起点了。实际上，"起点"才是最关键的，伦理学的内容之一就是对"起点"的研究。所以，伦理学既早于哲学而且是哲学的基础。

（4）"全形人体模型"假设。这种假设就成为"克莱因瓶——门格海绵——科克曲线——万有引力"型的"人体模型"，简称为"全作用人体模型"或"全形人体模型"。其除具有以往"人"的假设全部属性之外，还具有"系统性、量子性、复杂性、信息性、全息性、生态性、分形性、涌现性"等特性。

由以上分析可见，不管是从起源上、时间上来看，还是从内容的复杂程度上和研究模型的难度上来考察，伦理学都应早于哲学、难于哲学，自然就应成为哲学的基础，而哲学归入伦理并无不妥。

七、结　论

综上所述，在科技发展日新月异的信息时代、网络社会、虚拟世界的今天，冲破"哲学学说丛林"理论困境的关键在于对人之本性复杂性的认识，"信息复杂全息人"假设揭示了：凡是有人参与的系统都是"巨复杂自适应智能系统"，因此，哲学系统和社会系统都是"巨复杂自适应智能系统"。"量子信息哲学"理论与以往的"哲学理论"相比有六个方面的差异或超越，其具有五个基本属性。

参考文献：

[1] 闵家胤. 什么是哲学？[J]. 哲学分析，2011（4）：136-141.

[2] 张天波. 基于人性假设的"事"的结构分析 [J]. 教育教学论坛，2012（12）：117-119.

[3] 张天波. 高等教育质量内涵的探析 [A]. 第5届教育教学改革与管理工程学术年会论文集 [C]. 重庆理工大学，2012：5.

[4] 戴兆国. 伦理学中的悖论与悖论伦理学 [J]. 学术界（双月刊），2007（1）：167-173.

[5] 张天波，徐海娟，胡思扬，等. 基于行动体系的校内实训基地建构与探索 [J]. 实验室研究与探索，2011（8）：437-441.

[6] 张天波. 高职教育层次论视域下现代职教体系的建构探析 [A]. 第三届教学管理与课程建设学术会议论文集 [C]. 湖南工业大学法学院，2012：6.

[7] 张天波，张李良. 人性假设框架下职业教育公益性的探讨 [J]. 现代企业教育，2011（10）：50-52.

[8] 张天波. 高职教育层次论视域下现代职教体系的建构探析 [A]. 第三届教学管理与课程建设学术会议论文集 [C]. 湖南工业大学法学院，2012：6.

[9] 李德顺. 什么是哲学？——基于学科与学说视野的考察 [J]. 哲学研究，2008（7）：34-41，128-129.

[10] 钱学森. 组织管理的技术——系统工程，智慧的钥匙：钱学森论系统科学 [M]. 上海：上海交通大学出版社，2005：2.

[11] 郑荣双. "量子意识"——量子心理学对意识的新解读 [J]. 徐州师范大学学报（哲学社会科学版），2008（2）：125-128.

[12] 马庆国，付辉建，卞军. 神经工业工程：工业工程发展的新阶段 [J]. 管理世界，2012（6）：163-168，179.

[13] 龚时中. 哲学是科学吗——兼论哲学是什么和什么是哲学 [J]. 武汉理工大学学报（社会科学版），2004（2）：133-138.

浅谈海德格尔对伽达默尔解释学的影响

惠　帅 ①

摘要：海德格尔的基于其"此在"的生存论存在论思想之上的哲学解释学具有"从发生命来把握"的特点和对"人的实际生活经验"的关切。而伽达默尔的解释学中明显有着海德格尔解释学中可以说具有核心地位的"此在"生存论存在论的分析思想的印记。从伽达默尔对理解的历史性的强调，对解释学应用性突显和对解释学存在论视域（语言）的阐释都能体现出伽达默尔解释学对海德格尔哲学所受到的具体的影响，同时也展现出对"人的实际生活经验"的关切和对"此在"的生存论的"形式显示"的解释。

关键词：海德格尔　伽达默尔　解释学

海德格尔的"实际性的解释学"是基于其"此在"的生存论存在论思想之上，其研究的主题乃是每一"本己的此在"，而"此在""这种存在者的'本质'在于它去存在 [Zu-sein]"。人（"此在"）没有任何现成的本性，而总活在一种要"去……"超越性的"势能域"之中，因此，"实际性的解释学"并不是要获得"知识"，而是要达到一种"生存状态"的认识。"在解释学中，对于'此在'来说所发展的是一种以它自己的理解方式自为地生成和存在的可能性。"在此"理解"不是对另一个生命作认知态度上的理解，也不是任何意义上的"指向……的态度"（"意向性"），而是此在本身的一种"如何"，也即是"此在"的一种存在方式。"实际性的解释学"的存在方式就包含一种"向前跳跃"，这种"向前跳跃"不设置一个终点，而是要将"走向途中的存在"即"此在"所筹划的可能性考虑进来，使它释放、展现，牢牢地把握"能在"，这也就体现出了海德格尔哲学"从发生命来把握"的特点和对"人的实际生活经验"的关切。

伽达默尔的哲学解释学中明显有着海德格尔哲学解释学（或前期哲学）中可以说具有核心地位的"此在"生存论存在论的分析思想的印记，他在讲明其哲学解释学的《真理与方法》中就曾说："面对对此在的这样一种生存论的背景，以及这种分析对于一般形而上学的要求所带来的一切深远的和不可测量的后果，精神科学的诠释学问题圈就突然显得不一样。本书就是致力于探究诠释学问题这种新的方向。"下面笔者就在对伽达默尔的哲学解释学的阐释中具体说明海德格尔对他的极其重要的影响。

一、解释学的原则——理解的历史性

伽达默尔对海德格尔的哲学诠释学有着非常深刻和准确的把握，他继承了海德格尔对"理解"的生存论存在论的分析的核心思想，将"此在"理解为在世界中的存在的"原始完成方式"，"在理解按照各种不同的实践的兴趣或理论的兴趣被区分之前，理解就是此在的存在方式，因为理解就是能存在（Seik·nnen）和'可能性'"。据此，伽达默尔认为自己的诠释学问题获得了某种普遍的框架，甚至增加了新的向度。海德格尔在对"理解"的生存论的分析中揭示了"理解"其中的一种"'先'结构"，

---

① 作者简介：惠帅（1989—　），男，汉族，山东省济宁市人，山东大学文艺美学研究中心在读硕士研究生，研究方向为文艺学。

进而延展出了一种"解释学的循环"，并曾指出这种"循环"中包含着最原始认识的一种积极的可能性，但要从"事情本身"出发处理这些"前有"、"前见"、"前把握"。伽达默尔非常重视这种理解的前结构，并认为"事情本身"在语文学家那里就是充满意义的"文本"，进而在对文本的理解中，他强调"前见"的积极作用，认为"前见"并非意味着一种错误的判断，一切的理解都必然包含某种"前见"，"我们必须认识自己的先入之见（Voreingenom menheit），使得文本表现自身在另一种存在中，并因而有可能去肯定它实际的真理以反对我们自己的前见解"。

在对启蒙运动对前见的贬斥的分析中，伽达默尔又得出结论认为启蒙运动的总要求即消除一切前见实际上反而已是一种支配我们历史意识的前见，"其实历史并不隶属于我们的，而是我们隶属于历史。早在我们通过自我反思理解我们自己之前，我们就以某种明显的方式在我们所生活的家庭、社会和国家中理解了我们自己……因此，个人的前见比起个人的判断来说，更是个人存在的历史实在"。这实际上已是把"前见"理解为了一种"理解的条件"。"此在"本就是一种"时间性"、"历史性"的存在，伽达默尔就认为"历史意识"并非一种全新的东西，而是向来构成人类和过去的关系的东西里的一个新要素，在精神科学里"传统因素"总在起着作用，"理解"于是是一种置自身于传统过程中的行动，在其中，过去和现在经常得以中介。虽然，"前见"在伽达默尔的哲学诠释学中已成为一种理解的积极条件，但他认为占据解释者意识的"前见"和"前见解"并不是由解释者自身支配的，也就是说解释者不能事先就把那些使理解得以实现的"生产性的前见"与阻碍理解或导致误解的"前见"区分开来。在看到了海德格尔对"此在"的存在方式做出的"时间性"的解释之后，伽达默尔"时间距离"恰是使"前见"得以区分的理解的一种积极的创造性的可能性，"时间距离"虽然使"文本"或"流传物"的长生的历史环境消失不复，但也使其真正本性和意义得以显现。因此，对"流传物"或"文本"的研究就不能只是研究他们本身，还要注意他们在历史上所产生的效果。而这种"效果历史意识"就是强调"理解"实是一个"视域"不断融合的过程，"历史既是理解的前提，又是理解的产物，它表现为理解的处境与界域之间相互作用的合理"，因此，"理解"本质上就是一种历史性的理解。

二、解释学的基本问题——应用性

解释学问题曾经被划分为"理解"、"解释"和"应用"三种要素，但是显然伽达默尔更强调三者之间的内在统一性，尤其应用问题似乎总被理解为一种理解后的应用。伽达默尔在《真理与方法》中特别重视解释学的应用问题，认为在理解中总会出现要把理解的文本应用于解释者的目前境况这种事情，因此，"应用"和"理解"、"解释"一样是解释学过程的一个不可或缺的组成部分。这在法学的和神学的解释学中体现得清楚，即不管是法律还是布道文作为文本如果要正确地被理解就一定要在任何具体的处境中以不同的方式被重新理解，而这时理解总已经是一种应用。所以，"应用"并非理解现象的一个随后的和偶然的成分，而是从一开始就整个地规定着理解活动。

在对亚里士多德道德现象的描述中，伽达默尔进一步指出"应用"并非某个预先给出的普遍东西对某个特殊情况的关系，即文本对于解释者被作为普遍东西被给出和理解，然后再在具体特殊的情况中得到应用。通过法学解释学，伽达默尔强调了解释者所要理解的就只是"文本"而不是其他的东西，且在理解中必须把"文本"和自己的"解释学处境"联系起来。因此，要理解的意义只有在解释的过程中才能"具体化"和臻于完善，解释学的任务就是"使某种普遍的东西具体化并把它应用于自身"。

伽达默尔关于"应用问题"的思考中显然隐含着效果历史意识，"效果"本身就是理解过程中应用的体现，而"效果"又会被应用于再一次的理解。所以，"应用绝不是把我们自身首先理解的某种所与的普遍东西事后应用于某个具体情况，而是那种对我们来说就是所与本文的普遍东西自身的实际理解。理解被证明是一种效果（Wirkung），并知道自身是这样一种效果"。

伽达默尔关于"应用"的观点与海德格尔的关键"在于把对一个概念的把握直接改变为一种当下个体化的存在的阐释,'推动'、'激发'向来个体化的实际生命或实存(生存)"的"形式显示"的方法似乎有着很大的牵连,两者在理解和解释的过程中都重在对普遍的事物作一种具体化和处境化的理解。从两人的历史交汇和伽达默尔对海德格尔的长期关注与继承来看,相信伽达默尔是实在地接触过海德格尔的"形式显示"的方法。其实,仅从伽达默尔对海德格尔"实际性的解释学"尤其是还有对"此在"生存论的分析的理解看,已足够使伽达默尔把"应用"视为自己哲学解释学的关键问题,更何况两人都还有"从生命来把握"的共同特征。

三、解释学存在论的视域——语言性

伽达默尔通过"谈话"证明了在理解和解释中语言能让某种东西显露出来和涌现出来,而显然语言更是对解释学的对象的规定,最好的解释对象是具有语言性质的东西。理解又是在语言上取得相互一致的,文本如果不以其他人也可以理解的语言说话,那它们就是无法言说的,解释者在表述文本时必须寻找正确的语言,因此,整个理解的过程就是一种语言过程。在文本的语言和解释者的语言之间的区别恰好体现出语言表达问题总已经是理解本身的问题。"一切的理解都是解释(Auslegung),而一切解释都是通过语言的媒介而进行的,这种语言媒介既要把对象表述出来,同时又是解释者自己的语言。"

伽达默尔同海德格尔一样排斥语言的工具说,他认为"世界"是这样一种把所有相互说话的人联结在一起共同性的东西("共同基地"),一切人类生活共同体的形式都是语言共同体的形式,因此,"世界"在语言性的相互理解中得以显现,"在共同生活中向我们显现的、包容一切东西的并且我们的相互理解所指向的正是世界,而语言手段并不是语言的自为对象",毋宁说人类"世界经验"就具有一种语言性。事实上,从我们前面的分析中也能推出"人类世界经验的语言性",在伽达默尔看来"理解"已是"此在"的存在方式,人总是生活在对某某事物的理解之中,而语言又是理解的媒介,因此,人就栖居在语言所筑之家中。

事实上,在对语言的理解之中,伽达默尔更是将"语言"提升到一种存在论的层次,"能被理解的存在就是语言",语言就是解释学存在论的"视域",而我们知道"视域"在解释学中有着极其重要的地位,理解就是一个"视域"的获得显然,伽达默尔哲学解释学中的语言观深受海德格尔后期哲学的影响。从海德格尔后期的著作中对"语言"的广泛提及和"语言"与"Ereignis"之间的关系特别是他常提到的"语言是存在之家"来看,"语言"在其后期思想中确实具有与"时间性"在《存在与时间》中相似相通之处。海德格尔在《同一律》中曾说"语言是在本有的飘荡着的建筑中最温柔的,但也是最无力的、忍住一切的颤动。只要我们的本质归本于语言,那么我们就居住在本有中","语言"存在论域的含义昭然若揭。

参考文献:

[1][德]海德格尔.存在与时间(修订译本)[M].陈嘉映,王庆节合译.北京:生活·读书·新知三联书店,2011:45,49.

[2][德]海德格尔.形式显示的现象学:海德格尔早期弗莱堡文选[M].孙周兴译.上海:同济大学出版社,2006:19,234.

[3][德]海德格尔.同一与差异[M].孙周兴,陈小文,余明锋译.北京:商务印书馆,2011:156.

[4][德]加达默尔.真理与方法[M].洪汉鼎译.上海:上海译文出版社,2004:78,336,348,357,442,502-503,579.

[5][德]伽达默尔.伽达默尔集[M].邓安庆译.上海:上海远东出版社,2002:123.

[6]赵敦华.现代西方哲学新编[M].北京:北京大学出版社,2001:116.

[7][德]海德格尔.本体论——实际性的解释学(节译)[J].何卫平译.世界哲学,2009(1):34-37.

从列维纳斯的"形而上学"视域看西方哲学的危机

李金见　项溢煦 [1]

摘要：在胡塞尔、海德格尔、维特根斯坦等哲学家论及哲学危机、终结的背景下，列维纳斯认为上述危机—终结论都是在奠基于"存有"的本体论意义上的哲学可能性的穷尽。但哲学首先并非是本体论的，他者先于自我，负责任的伦理学意义上的形而上学先于本体论。所以，已有的哲学危机论事实上反过来为哲学向他者的升越提供了契机。

关键词：形而上学　哲学危机　存有　他者　责任

哲学似乎正经历着危机。现代西方哲学的巨擘海德格尔和维特根斯坦在各自的语境内言说着"哲学的终结"。自此以降，书的终结、人的终结、历史的终结等等，各色的"终结"、"危机"论不绝于耳，乃至声势浩大。但"终结"的到底是什么，或者说是什么处于即将终结的"危机"之中呢？很显然，在西方文明依旧扩张的当今，以"西方"一词为标识的这一切的所谓"终结"不可能是在政治实践意义上的"终结"。当然，这不是说，这种标识为"西方"的模式在其运作过程中没有问题，恰恰相反的是，"危机—终结"论说明这种模式及其所造就的问题得到了思考——来自其自身内部的反思和来自自身之外的批判。而这种对"危机—终结"的回馈，事实上已经触及了西方哲学的根本；从而，从某种程度上加深了，或者说强化了"危机"。

而在20世纪60年代，法国犹太裔哲学家列维纳斯（Emmanuel Levinas）[2] 以其特有的视域出版了《整体与无限》一书。其中，开篇"形而上学与超越"一章即对传统西方哲学进行了反思。其后，一种被标识为"伦理学"的"为他者"的"形而上学"便一发而不可收拾。甚至，本世纪被称为"列维纳斯的世纪"[3]。那么，列维纳斯的"形而上学"或者说"第一哲学"对"西方哲学"及其危机到底意味着什么呢？这个"危机"是否就此找到了出路？或者说，是否找到了应对危机的"启示"？

一、哲学危机论的形态

虽然"危机"似乎已成共识，但是具体来看，诸"危机"却不尽相同。在胡塞尔（Edmund Husserl）看来，西方哲学危机事实上乃是欧洲科学的危机。胡塞尔在《欧洲科学的危机和超越论的现象学》一书中写道：

---

① 作者简介：李金见（1989—　），男，浙江省乐清市人，汉族，硕士，中共台州市黄岩区委党校助教，研究方向为现代哲学与马克思主义中国化研究；项溢煦（1987—　），男，浙江省奉化市人，汉族，国立政治大学宗教研究所博士在读，研究方向为法国哲学与宗教理论。

② Emmanuel Levinas，中译名有"列维纳斯"、"勒维纳斯"等，为行文统一起见，本文一概采用"列维纳斯"的译名——包括对引文的处理。

③ 2006年，即列维纳斯诞辰一百周年，世界各地举行了以"与列维纳斯共度一世纪"各类纪念研讨活动，其中浙江大学举办了杭州列维纳斯国际学术研讨会，并以"列维纳斯的世纪或他者的命运"之名出版了研讨会上的论文。详情可见《法兰西思想评论》（第三卷）高宣扬先生的《从"存在"到"他者"：论列维纳斯现象学的伦理学转向》一文。

"哲学的危机就意味着作为哲学的多方面性的诸环节的一切近代科学的危机，这是一种最初是潜伏的，但后来却越来越显露出来的欧洲人性本身在其文化生活的整个意义方面，在其整个'实存'方面的危机。"[1]而胡塞尔毕生所追求的，乃是"作为严格科学的哲学"[2]。可见，对胡塞尔而言，哲学的危机根本上是人性的危机，表现为整个"实存"方面之科学性的危机。这并不难理解，自笛卡尔发现"我思故我在"的不可怀疑以来，人性事实上即为"我思"（并逐步演化为人的理性）；人性的危机也就因此变成了理性的危机，或者说是人理性地解释世界之可靠性的动摇。胡塞尔认为："笛卡尔本人在发现自我面前感到震惊这一点也许意味着向我们这些较小的心灵表明：这里预示着真正伟大甚至真正最伟大的东西。终于有一天它将在经历了一切错误和混淆之后站出来作为任何真正的哲学的'阿基米德点'。"[2]但是，一方面，在现实层面，盛行的实证主义哲学指导下的实证科学并没有很好地坚持这个"阿基米德点"；另一方面，在哲思层面，自明的普遍的真理观受到了严重的冲击，比如休谟的怀疑主义。所以，要解决哲学的危机，就是要重新为实为理性的人性奠基；找到自明的、普遍的真理，从而为具体的科学奠基。胡塞尔提出的药方是：用现象学的方法"回到实事本身"；这个"实事"对胡塞尔而言，乃是自我的"意识"——只要把"意识"清理清楚了，科学危机乃至西方哲学的危机也就不复存在了。

与胡塞尔处理"危机"的视角截然不同的是维特根斯坦（Ludwig Wittgenstein）。维特根斯坦并不认为西方哲学的困境是人性的危机，或者说是理性本身的合法性、合理性需要阐明、奠基；他认为，传统哲学，或者说形而上学的困境，在于传统哲学在用"词"上的混乱。"当我们听、说、看、写词语的时候，我们被它们的整齐外表所迷惑了，但是，它们的用法并没有那么清楚，尤其是当人们在从事哲学的时候。"[4]所以，现下哲学的任务，乃是分析这些曾经混乱的"词语"。维特根斯坦的观点事实上乃是把哲学曾经无所不包的研究指向进行置换，局限在或者说转移到语言分析上。这一观点，就其实质而言，乃是把哲学当作一门特殊的科学学科——具有既定的研究对象和研究方法。赵敦华先生把西方哲学的危机界定为哲学"失去自身研究对象的危机"[5]。亦为此类。当然，在具体科学，尤其是自然科学大踏步前进的当下，以自然科学的标准、方法来规划哲学，自然不失为一种走出危机的大胆尝试。但是，哲学自其诞生以来的，就其"爱智"意义上的本意是否也就因此被狭隘了呢？

同上述两种"危机论"不同，还有一种比较彻底的"哲学终结论"。比如黑格尔（Georg Wilhelm Friedrich Hegel）的精神哲学。黑格尔的著作似乎暗示我们，哲学是有其终点的：从主观精神到客观精神，最后阶段乃是绝对精神；而其本人恰恰已经达至了这一"最后阶段"。同是这一取向但比较曲折地表达这一观点的是海德格尔（Martin Heidegger）。在《哲学的终结和思的任务》一文及相关著作中，海德格尔认为，哲学已然穷尽了"可能性"[6]，接下来，"思想的任务就应该是：放弃对以往关于思的事情的规定的思"[6]。这里，我们有必要弄清两个问题：①何以说传统哲学已然穷尽了可能性；②"放弃对以往关于思的事情的规定的思"如何行进。对于第一个问题，海德格尔事实上是从两个层面来处理的。首先，就其学理层面而言，"纵观整个哲学史，柏拉图的思想以有所变化的形态始终起着决定作用。形而上学就是柏拉图主义。尼采把自己的哲学标示为颠倒了的柏拉图主义……哲学达到了最极端的可能性。"[6]这里的关键，是弄清楚"柏拉图的思想"及其"有所变化的形态"。我们知道，海德格尔认为西方哲学史乃是"存在"被遗忘的历史，所以，不难推断，柏拉图的思想及其有所变化的形态即是这种遗忘"存在"的哲学；存在既然已被遗忘，那么柏拉图主义诉诸的是什么呢？存在者之存在，或者说存在的存在者，比如理念。因此，海德格尔认为形而上学必然有五个基本的标识：本质（即存在者本身之存在）、实存（即存在者整体的存在方式）、真理、历史和人类[7]，而这一切无一不是围绕"存在者"而展开的。而尼采只是在这一形而上学的框架内，颠倒了柏拉图主义传统中本质的事物与本质展现之物的关系。因此，海德格尔在这一层面，认为这种围绕"存在者"的形而上学已然达至了"最极端的可能性"。进而，在实践层面，海德格尔认为，围绕"存在者"的哲学之可能性的穷尽导致"哲学之发展为独立的诸科学……哲学在现时代正在走向终结"[6]。可以想见，诸科学即是具体的围绕某一存在者的"哲学之发展"。基于这一现状分析，海德格尔对第二个问题，即"放弃对以往关于思的事情的规定的思"如何行进的问题的回答也就清晰了起来："以往关于思的事情的规定"即是一种遗忘"存在"而诉诸于"存在者"的思；"放弃对以往关于思的事情的规定的思"乃是思及"为澄明的那种圆满丰沛的无蔽本身"[6]。可见，对海德格尔而言，放弃在"存在者"中打转，回归"存在"，乃是"思"的最终形态。

二、哲学危机论的实质

通过上文对哲学危机论的形态分析，我们不难得出如下结论。应对哲学危机，大致有三种取向可选：①如胡塞尔（包括哈贝马斯等人）所愿，恢复进而修补完善近代哲学以来的核心理念，如人本主义、理性主义；②如维特根斯坦等所言，把哲学当作某一特殊科学，确定对象与方法，进而发展——比如分析哲学意义上的"语言学转向"；③承认哲学的终结，在黑格尔或海德格尔的视域内，践行他们的思想。但是，如果我们仔细分析会发现，以上三种对哲学危机的态度，其实质乃是共通的——尤其是在列维纳斯的"形而上学"视域中——都试图维护"有限整体"意义上的"哲学"，或者说，都是广义上的"本体论"哲学。其中，列维纳斯认为，"存有"（there is）、"自我"（ego）和"同一"（the same）三个词语乃是本体论的关键。

先来看"存有"（there is），即法文"il y a"。这个词语一般用来指示无人称状态下的某种事物的在场（呈现）。而在列维纳斯的作品中，事实上是一个标示传统本体论之根基的词汇。换句话说，本体论以此为出发点并以此作为基质。至此，我们就要回答三个问题：①这个存有为什么能够是本体论的根基；②这个根基本身具有什么样的秉性；③围绕这个根基（出发点、基质）本体论是被如何构建起来的。

事实上，列维纳斯认为（如海德格尔）"哲学沉思无法不考虑实存的事物和实存本身的区别"[8]。确实，如果哲学被认定为探求事物之确定之根本的学说，那么，显然实存的事物是纷繁复杂的，在实存事物之中（或者说在实存者中）非但无所谓确定之根本，而且恰恰需要确定之根本予以给出；而反过来，实存事物之实存，或者说存在本身不但是无可置疑的，而且实存者皆"是（存在）"。所以，亚里士多德在《形而上学》中认为，哲学（形而上学）区别于其他学科的根本就是因为它研究"实是①之所以为实是"以及"实是由于其本性所应有的禀赋"[9]。海德格尔也正是基于这种对于"确定之根本"的诉求，尤其是后期海德格尔，把"存在的给出"当作主题。[10]而存在的这种根本性的给出，就是列维纳斯意义上的"il y a"，或者更准确地说是海德格尔意义上的"es gibt"。当然，就这个"存在的给出"，也就是存有，列维纳斯和海德格尔在本体论的层面上虽对其根本性具有一致的看法，但其意味却大相径庭，或者说，正如我们提出的第二个关于"秉性"的问题，它们的秉性是有巨大差异的。

首先，存有的匿名性，在海德格尔那里，说明的是其直接性、根本性——不是谁给出，不是在存有背后还有什么更为本源的支撑着的事物，而是直接被给予的——所以，"存有不仅作为馈送是匿名，而毋宁说，存有之为存有就是匿名"[11]；但是，就列维纳斯而言，正是这种匿名性，导致了"任何事物都可以等量齐观"[8]。这是不难理解的，有人称，也就是在非匿名状态中，事物对于不同人称的意义就会不同，从而无法达至"等量齐观"，所以，反过来说，探求事物之确定性之根本的本体论，必然以这种匿名的存有为根基。其次，对海德格尔而言，存有是"慷慨的"、"丰富的"[12]，因为"它给出一切"[10]；而在列维纳斯那里，这个存有是如黑夜般的压制，因为它"让我们想象到的所有事物，存在着的物和人，都归于无"[13]。当然，这也是基于存有的匿名性而言的。

而诉求于本体论的哲学，正是在这个基础上展开的，这也就是我们要回答的第三个问题：本体论是如何被构建起来的。如果说哲学乃是这种基于存有的实现，那么存有对其本身的领会，或者说意识乃是第一位的。存有不可能直接凭空地生产实存者，只能把自身意识为实存者。因此，"il y a"的实显"是

---

① 这里的"实是"和本文中的"存在"、"是"这几个词语在英文中对应为"being"；实存对应的英文是"existence"，实存者对应的英文为"existent"；存有对应的是"there is"。

一种意识";通过这一事件,"无法被命名的系词'是'变形为实词"[8]。而这个对于存有本身的意识,我们称为"我",当然,就其基于存有而言,"我最初不是实存者"[8],因为归根结底"我"是匿名的,或者说是非对称性的,没有与"我"相对的任何事物。也正因如此,虽然存有是匿名的,"存在并不赐予存在"[14],但是通过对存有本身的拒绝、逃避,本体论由"自我"构成实存者。因此,基于"任何事物可以等量齐观"的存有之上的自我的创造过程,或者说是构建实存者的过程,表面上是一个变异过程,但其实质乃是"保持其自我的一致性"[15],或者说"同一性"的过程。所以,"本体论中,存在间的关系将实存者中立化,以便理解或掌握它。"[15]。

以此为视域,我们就不难得出结论,事实上,胡塞尔、海德格尔和维特根斯坦对哲学及其危机理解的差异性并不是根本性的,而是同一问题的不同阶段而已。海德格尔,尤其是后期海德格尔着重于存有本身,胡塞尔着重于作为意识的自我,而维特根斯坦则着力于对实存者的言说。因此,我们也可以这样说,现下的哲学危机论,毋宁说,只是本体论危机。而这个危机乃是本体论先天所决定的。因为,在列维纳斯那里,存有身上本身的匿名性、压制性已然决定了本体论的哲学是"有限的"而不是"慷慨的"、"丰富的",或者说是有其"极限可能性"的,而这也就是西方哲学危机的实质。所以,海德格尔提出的"放弃对以往关于思的事情的规定的思"非但不是哲学终结后的思的任务,反过来,乃是哲学危机的根本缘由。

三、"负责任"的哲学

可见,以往的哲学危机论及其出路的提出,事实上是基于存有的本体论哲学的一种自我修复或者说完善,是本体论哲学进一步明确其自身根基,从而试图重新获得统摄力的一种尝试。但是这种来自内部的修复尝试是有问题的,或者说,恰恰是本体论其基于存有的秉性导致了哲思可能性的枯竭,那么一种非本体论的哲学(形而上学)是否可能呢?

列维纳斯的答案是肯定的。回到列维纳斯的理路,我们会发现,"我"虽然具有整合事物的能力,但是这种整合并非没有"缺口"[15]:在日常生活中"万事万物皆任我处置"[15],处于"认同"的结构之中"为我所用";但是只要我们回顾哲学的发展就会发现,哲学或者说形而上学不仅仅是日常生活的提炼,而且是对日常生活之升越的诉求,对形而上学而言的事物的出现"先于每一个行动,先于所有同者的霸权"[15]。以区别于同者,这些事物,列维纳斯称为"他者"。对此,我们可以从两个方面进行理解.

(1)对形而上学而言,他者是先于本质的:"形而上学的欲望不满足于这种同化,而倾向接近某个全然不同者,即绝对他者"[15],这种欲望并不以"滋养",或者说"对我有用"为目的,是一种"难以被满足"的欲望,是"欲望的欲望"[15]。虽然亚里士多德在列维纳斯看来最终导向了"本体论",但他对哲学起于惊异的论述佐证了这一观点。事物之为他者,或者说绝对他者,哲学才是有必要。一旦他者被同化,哲思也就真正丧失了对象。也正是在这个意义上,这种"不可回归的欲望"[15],这种形而上学能够成为具体科学的先行,而一旦落入具体科学的探究之中,也就无所谓"形而上"了。所以,用列维纳斯的话来说,"形而上的移动即是一种超越的追寻——此超越性的性质与形而上欲望及不对应的性质一样,必须是种升越"[15]。因此,真正的形而上学"先于本体论"[15]。

第二,更为重要的是,他者不但先于本质,而且先于"自我"。列维纳斯在论及自我,或者说同者与他者时,很喜欢用"应答"、"呼唤"、"责任"这些词语。那么这些词语到底表明了什么呢?对此,我们不得不提到"语言"问题。根据日本学者港道隆的分析,列维纳斯的自我与他者关系可以从奥斯汀(Austin)的"语旨力"的角度进行理解:他者的话语是我无法无视的。比如,"过来!",面对如是呼唤,我可以选择"应答",也可以选择"拒绝",甚至"无视",但是不管是如何选择,话语"过来!"已先行产生了效用,所以,作为所说的他者先行于我的自由选择,而且恰恰为我的选择奠定了基石。因此,"我服从于他者"[12],我对他者必然地负有责任,我与他者的关系根本上是责任关系。事实上,这种观点也可以从拉康（Lacan）的"自我即是他者的话语"中得到心理学上的佐证。当然，列维纳斯意义上的他者"并不否定同者……这种呈现明显是非暴力的，因为它没有侵犯我的自由，反而是使我负起责任并给我提供了基础"[15]。所以，形而上学在列维纳斯那里，因其责任，最终是"伦理学"[15]的。以此，我们可以区别于后现代的一些哲思状况。

因此，通过上述分析，我们可以说，哲学的生命力恰恰孕育在以往哲学危机论中的"危机"之中，因为危机意味着不可同化的"他者"，意味着向他者的"升越"欲望；因为"危机"，他者向我们提供了"负责"的契机，哲思作为负责的自我才有了自由选择的可能。最后，我们可以用德里达对列维纳斯的论文中的开篇做出如下结语："哲学是否昨日已死，自黑格尔或马克思、尼采或海德格尔以降——也许它仍向着其死亡之意义方向游荡——或者它是否一直就活在对垂死的自觉之中，即一直靠着那在沉默中、在宣布了哲学永恒的那句言语带来的阴影中被招认的东西活着；哲学是否有一天会在历史中完结，或者它总是活在末日之中，靠着对抗作为其反衬色、其前身（指前哲学思维）或其经验事实，其死亡及其资源的非哲学而获得自己的可能性以便去猛烈地打开历史而活着；是否在哲学的这种死亡或必死性之外，也许甚至是多亏了它，思想才有了一个未来，甚至如人们今日所言，思想才会因此从仍被哲学所储存的东西中全面地来临……"[16]

参考文献：

[1][德]胡塞尔.欧洲科学的危机和超越论的现象学[M].王炳文译.北京：商务印书馆，2001.

[2][德]胡塞尔.哲学作为严格的科学[C]//胡塞尔选集.吕祥译.上海：上海三联书店，1997.

[3][德]胡塞尔.欧洲科学的危机与先验现象学[C]//胡塞尔选集.张庆熊译.上海：上海三联书店，1997.

[4] Wittgenstein.Translated by G. E. M. Anscombe.Philosophical Investigations[M]. Britain：Basil Blackwell Ltd.，1958.

[5]赵敦华.20世纪西方哲学的危机和出路[J].北京大学学报，1993（1）：51-59.

[6][德]海德格尔.哲学的终结和思的任务[C]//海德格尔选集.孙周兴译.上海：上海三联书店，1996.

[7][德]海德格尔.尼采[M].孙周兴译.北京：商务印书馆，2008.

[8]Levinas, De l'existence à l'existant[M]. Paris：Librairie Philosophique J. Vrin, 1963.

[9][古希腊]亚里士多德.形而上学[M].吴寿彭译.北京：商务印书馆，1997.

[10]王恒.时间性：自身与他者——从胡塞尔、海德格尔到列维纳斯[M].南京：江苏人民出版社，2008.

[11][德]海德格尔.一个关于存在与时间的研究班的记录[C]//海德格尔选集.孙周兴译.上海：上海三联书店，1996.

[12]Levinas.Translanted by Richard A.Cohen.Ethics and Infinity[M]. Duquensne University Press, 1985：30.

[13]Levinas.Le temps et l'autre[M]. Paris：Fata Morgana, 1979.

[14]孙小玲.从绝对自我到绝对他者——胡塞尔与列维纳斯哲学中的主体际性问题[M].上海：上海人民出版社，2009.

[15] Levinas.Totalité et Infini[M]. Paris：Martinus Nijhoff, 1971：24.

[16][法]德里达.形而上学与暴力——论埃马纽埃尔·列维纳斯的思想[C]//书写与差异.张宁译.北京：生活·读书·新知三联书店，2001.

基于哲学认知的因果陈述逻辑研究

王　磊[①]

摘要：随着科学技术的日新月异和人类实践的不断发展，逻辑认知已经成为学界持续关注的一个热点问题。因果陈述逻辑以其独特的哲学意蕴和认知价值，构成了现代归纳逻辑的重要内容。无论从理论基础、核心概念，还是从形式系统的逻辑构建，都体现了它的学科交叉和包容性，而这一点也是它具有知识创新从而发挥正能量作用的根本原因。

关键词：因果陈述逻辑　归纳逻辑　哲学认知　因果蕴涵

美国哲学家阿瑟·勃克斯（Arthur Walter Burks）的因果陈述逻辑理论，以"因果蕴涵"[1]和"因果可能世界"[2]为核心，建构了一个公理化的逻辑体系。它所蕴涵的哲学性质及其认知价值为现代归纳逻辑的研究奠定了坚实的基础，也为人们的认知实践活动提供了一种重要的哲学分析工具。同时，在因果陈述逻辑方面，勃克斯做出了开拓性的贡献。在他之前，不少逻辑学家从逻辑的角度研究"原因"，探讨因果律的逻辑处理方法，而勃克斯则另辟蹊径，将因果关系和归纳法相联系，从哲学的角度为必然算子作了归纳意义的解释。尽管这种解释离不开一阶逻辑和模态逻辑的有力支撑，但更重要的是，贯穿因果陈述逻辑系统始终的则是勃克斯对归纳推理哲学问题的有益探索和能够提供日常和科学中现实原型的正确映像和摹写。由于现实世界本身就是概率世界，既有或然性、不确定性，又有规则性，那么勃克斯将因果、概率和归纳三者的有机结合（通过因果陈述逻辑表现）便是人的认知过程的具体体现。

一、因果陈述逻辑：归纳和认知的交叉与融合

哲学逻辑是在哲学思考的方向上成长起来的逻辑学科。戈布尔说："哲学逻辑由那些引起哲学家极大兴趣的逻辑种类组成。哲学逻辑建立起形式系统和形式结构，并用于分析作为哲学研究核心的概念和论证。"[3]面对人类的复杂认知，现代归纳逻辑无论从获取新知识，还是从对科学知识的预测方面，都具有不可替代性。而为了符合自然科学和社会科学的思维实际，为了探索更为有效的解决科学实际的方法和方式，因果陈述逻辑应运而生。勃克斯构建的这一公理化的形式系统，恰恰印证了戈布尔的上述论证。这一点，从因果陈述逻辑产生的知识背景中就能够体现出来。

一方面，随着近代自然科学的产生，尤其是到了17、18世纪，科学家、哲学家们普遍认为科学发现是一个逻辑的过程，这种发现的逻辑是科学理性的体现，即他们都确信科学发现有逻辑，差别仅仅在于，归纳派认为科学发现是归纳逻辑过程，而演绎派则认为科学发现是演绎逻辑过程。19世纪初期，由于科学研究的领域发生了变化，由宏观进入微观，科学研究的方式也随之发生了改变，从以收集材料为主转变为以理论概括为主。于是，假说—演绎法，特别是理论的后验评价开始流行起来。这种研究方法本质上是假说的提出及验证过程，即根据事实先对某一科学现象进行大胆的猜测，提出假说，并引出一些逻

---

①　作者简介：王磊（1983—　），女，河北省邢台市人，博士，燕山大学文法学院讲师，主要从事哲学研究。

辑结果，然后将这些结果与实验事实相对照，从而对所做出的假说予以一定的验证。到了 19 世纪中期，赫舍尔、惠威尔、皮尔士、卡尔纳普等人都否认科学发现有逻辑，认为科学定理的真理性只能通过理论的后验评价来加以证明。因果陈述逻辑就是在这一科学研究方法发生重大变化的背景中产生的。

勃克斯认为，科学家在研究自然界到底受何种因果必然性规律支配时，会猜测到很多可能的因果必然律，而传统的归纳推理对因果必然性的证明是不严格的，很多是赋予经验的直观形式，于是，勃克斯给出了一套证明因果必然性规律的方法，称为勃克斯方法，它的最大特点就是因果必然性规律先验概率的确定。勃克斯用标准归纳逻辑的因果模型测定因果必然性规律的先验概率，然后利用勃克斯公式解决它的确证问题。可见，勃克斯的因果陈述逻辑乃至他的归纳逻辑理论的提出，完全是出于证明的需要，是一种检验或者证明的逻辑。也就是说，在勃克斯的理念中，他已经将归纳推理和认知逻辑进行了碰撞和融合，科学的求律性和逻辑的求真性在因果陈述逻辑中已经开始互相渗透了。当传统的推理方式无法满足哲学认知的实现时，现代归纳逻辑发挥了它的作用，因果陈述逻辑以其特有的追求科学认知的性质来完成了对因果必然性的推理和证明，这不能不说是逻辑和知识的一种进步。

另一方面，逻辑哲学是一种分析新逻辑如何产生、发展的最有力的工具，这对因果陈述逻辑也不例外。逻辑哲学的中心问题是形式系统内外的恰当相符性。[4]这就涉及因果陈述逻辑产生的"直接动因"——"因果条件句"（又称为反事实条件句、因果虚拟句）。反事实条件句是人类日常推理中必不可少的一个成分，如何用形式语言去恰当地描述"反事实条件句"中的实际推理原型，一度是逻辑学家们争论的焦点问题。比如，"如果他不乘坐这架飞机，那么他不会出事"。很显然，该语句陈述的情况与事实是相反的。实际的情况是，"他乘坐了这架飞机，因此出事了"。那么，对这类陈述我们应当如何运用逻辑工具对其形式化呢？我们最想知道的是，"如果他真的没有乘坐这架飞机"，那么"他不会出事"为真，而"他会出事"则为假。但是在这类陈述中，用真值联结词"⊃"（实质蕴涵）来替换"如果，那么"，能否正确地表达上述语句的含义呢？答案是否定的。如果他事实上乘坐了这架飞机，那么下列两个陈述都是真的：①（他没有乘坐这架飞机）⊃（他不会出事）。②（他没有乘坐这架飞机）⊃（他出事了）。根据实质蕴涵的特性，假命题蕴涵一切命题，"他没有乘坐这架飞机"为假，所以，①和②都是真命题。由此可以看出，实质蕴涵"⊃"与反事实条件句所表达的含义完全不同。也就是说，当面对这类语句的时候，罗素的实质蕴涵也会显得束手无策。为了解决这一问题，必须找到一种新的蕴涵形式，能够恰当地刻画反事实条件句。不难看出，反事实条件句反映的是原因（条件）和结果之间的因果关系，而对因果关系的研究不仅仅是对原因和结果之间辩证关系的探讨，更是对认识论意义上的一个深层次哲学问题的挖掘。逻辑是求真的学科，当实质蕴涵式无法保证反事实条件句的真值时，它被替换的命运也是必然的了。这一点，也验证了金岳霖的价值观：努力追随科学发展提出的新问题。于是，一种新的归纳逻辑形式系统出现了，它标志着一种新认知的诞生。

现代模态逻辑的发展和完善为因果陈述逻辑提供了可供利用的技术手段。现代模态逻辑的真正创始人是刘易斯，他于 1912 年发表《蕴涵和逻辑代数》一文，分析了罗素和怀特海的《数学原理》中的系统，断言实质蕴涵不符合日常的蕴涵意义，因此，他主张采用严格蕴涵。20 世纪 40 年代初，卡尔纳普开始对模态逻辑的语义方面进行研究；50 年代起，坎格尔、欣迪卡和克里普克等人提出了完整的模态逻辑语义理论。可能世界语义学理论的提出，不仅使模态逻辑的抽象性得到了解释，也为因果陈述逻辑的因果可能世界理论的解释提供了有利的工具。尽管刘易斯的模态逻辑对经典逻辑来说是一种进步，它能够对包含"必然"、"可能"这样模态算子的模态语句进行阐释。但是，勃克斯指出，模态逻辑对日常推理中大量存在的"因果必然性"陈述句是没有办法解释的，它只能处理"逻辑必然性"的模态语句。于是，勃克斯对可能世界进行了扩展，提出了"因果可能世界"，"以'因果必然性'这种较弱的必然性为桥梁，沟通了归纳逻辑与演绎逻辑，使得原先在一般模态逻辑中行之有效的整套演算和可能世界语义学，都顺利地类推到因果陈述句即因果模态句中去。一句话，他用模态逻辑工具'将归纳划归为演绎'"。[5]而这一点，也正是勃克斯因果陈述逻辑的独到之处，他将可能世界理论与因果必然性相结合，从而对因果虚拟句这类条件句进行逻辑处理。实际上，"因果可能世界"是勃克斯利用类比这一强大的方法论武器将归纳逻辑和演绎逻辑进行了完美的结合，从而实现了逻辑结构和系统的新飞跃。由此可以看出，归纳不仅是逻辑问题，更是哲学问题，在科学发现和科学检验中总是和认知相伴而行。而因果陈述逻辑作为多学科交叉的、新兴的逻辑类型，它在科学认识论中的作用将会越来越明显。

二、因果蕴涵和因果可能世界：两种新的哲学思考模式

任何一个逻辑系统或者逻辑理论都必须包含蕴涵，也就是说，没有无蕴涵的逻辑系统或理论，勃克斯构建的因果陈述逻辑系统也不例外。在因果陈述逻辑理论中，因果蕴涵是该形式系统的重要内容，也是它区别于其他形式系统的主要标志。勃克斯对因果陈述逻辑的构造就是从对因果蕴涵的描述和刻画开始的。因此，分析因果陈述逻辑的哲学基础，关键就在于正确地理解和把握因果蕴涵的哲学性质。

因果蕴涵（$\Phi \to {}_c\Psi$）反映了事物情况 Φ 和事物情况 Ψ 之间的一种因果条件联系，Φ 是原因，Ψ 是结果。所谓原因，是指这样的现象：它产生某一现象并先于某一现象。所谓结果，是指原因发生作用的后果。[6] 同时，Φ 和 Ψ 之间也是一种蕴涵关系，这种蕴涵不是传统意义上的实质蕴涵、严格蕴涵等蕴涵形式，而是能够刻画反事实条件句的蕴涵类型。因果蕴涵的定义是：$\Phi \to {}_c\Psi =_{df} \square^c (\Phi \supset \Psi)$，根据勃克斯的因果陈述逻辑理论，因果蕴涵的蕴涵强度介于逻辑蕴涵（严格蕴涵）和实质蕴涵之间，这一点也是勃克斯对包含"因果"算子在内的诸如因果等值、因果必然、因果可能概念进行强度界定以及因果陈述逻辑系统中对某些公理、定理及公式进行排序的基础和来源。从这一意义上说，因果蕴涵不仅是因果陈述逻辑系统中的一个重要概念，而且由于它兼有因果性和蕴涵性这样的双重特性，因此，对因果蕴涵的哲学特征进行分析，具有重要的意义和作用。

在勃克斯看来，因果蕴涵克服了传统蕴涵类型的缺点，能够准确地对因果虚拟句进行形式化地表述。我们认为，它之所以具有这样的作用，根本原因在于它的两个特性——因果性和蕴涵性，这也是我们对因果蕴涵进行哲学分析的两个切入点。

（1）因果性是因果蕴涵区别于其他蕴涵类型的哲学本质。事物之间的因果联系是普遍的联系，也是必然的联系，原因和结果在时间上总是前后相继的，这是科学中的因果律，是不能更改的。对于日常生活中大量出现的因果虚拟句（反事实条件句），其前件是假的，但前件与后件之间却有着真实的联系，即已知的一个空类与另一个类之间有真实联系。我们认为，这种真实的联系就是因果联系，符合因果联系的普遍性。正因为用自然语言表达的因果虚拟句需要我们用与其相符合的人工语言（逻辑语言）进行刻画，而实质蕴涵等蕴涵类型的前后件并不能恰当地表达这种反事实的因果联系，于是勃克斯对这些经典蕴涵形式进行了改造，提出了因果蕴涵。也就是说，在反事实条件句中，如果某个事物情况 Φ 不发生，那么另外的事物情况 Ψ 就一定会发生。Φ 与 Ψ 之间的这种因果联系决定了前后件之间纯粹的充分必要联系已经不再适合对它形式化和符号化的需要，于是勃克斯找到了因果蕴涵这样一种新的蕴涵类型。

（2）蕴涵性是因果蕴涵的一般哲学特征。如前所述，蕴涵总是逻辑系统中的蕴涵，从这一意义上说，逻辑系统的区分就在于它所包含的蕴涵词的区分。因此，因果蕴涵是因果陈述逻辑系统的主要标志。勃克斯以"必然性是分等级的"这一哲学思想为指导，对因果蕴涵以及因果必然性等概念按照强弱进行了等级划分，这也是他构建因果陈述逻辑的语形结构的基础，这是蕴涵性所具有的一个哲学表现。另外，因果蕴涵所具有的蕴涵的一般性质，比如前后件的真假对蕴涵式真假的制约情况等，是勃克斯能够将它与逻辑蕴涵、实质蕴涵进行比较的理论依据。我们对因果蕴涵进行哲学考察，其蕴涵式前后件之间的真假制约关系是很重要的一个方面。通常人们都认为，蕴涵是对实际推理中"条件命题前后件关系"的刻画或反映，不同的蕴涵词所刻画的是条件命题前后件关系的不同侧面。其中实质蕴涵就是条件命题前后件之间的真假关系的逻辑抽象。[7] 也就是说，与实质蕴涵相比，因果蕴涵能够运用其蕴涵形式来刻画反

映反事实条件命题前后件之间的真假制约关系，它是这类命题前后件之间真假关系的逻辑抽象。

综上所述，因果性和蕴涵性是构成因果蕴涵的两个元素，也是因果蕴涵具有哲学性质的具体表现。在勃克斯的因果陈述逻辑理论中，随着因果蕴涵的应用性不断增强，其内在的哲学性也会越来越明显地体现出来。

如前所述，因果陈述逻辑系统的语义解释是以可能世界语义学为基础的因果可能世界理论。莱布尼茨最早使用"可能世界"来定义必然性，他认为必然就是在一切可能世界中都是真的。后来的逻辑学家从不同的角度对这一观点进行了发展。现代模态逻辑的创始人刘易斯运用莱布尼茨的可能世界学说构建了其模态系统的语义解释。美国逻辑学家克里普克在可能世界的基础上，建立了模态逻辑形式语义学。他认为：一个命题在某一个可能世界中必然真，当且仅当，该命题在与该可能世界有可通达关系的所有可能世界中的取值都为真。之后，必然性概念便有了更为准确的刻画和更为直观的哲学背景。而可能世界语义学理论对必然性、可能性这类哲学概念提供了一种新颖的、准确的分析方法，可以说是现代模态逻辑为哲学做出的最大贡献。

建立在可能世界语义学理论基础之上的因果陈述逻辑语义部分，是勃克斯对其进行大胆地改造之后提出的创新性概念——因果可能世界语义学。从勃克斯对其命名的方式可以看出，这一用来解释因果陈述逻辑系统的语义学理论是将可能世界语义学与"因果性"相结合的产物。勃克斯将"因果性"的思想贯穿到用来解释因果陈述逻辑的模态模型，从而使得该模型除了包含"现实世界"和"一般逻辑（可能）世界"之外，还包括了"因果可能世界"。另外，勃克斯还对"□Φ"和"□ᶜΦ"以及"◇Φ"和"◇ᶜΦ"进行了新的定义，尤其是将"□ᶜΦ"定义为"□ᶜΦ为真当且仅当Φ在所有的因果可能世界上都为真"，将"◇ᶜΦ"定义为"◇ᶜΦ为真当且仅当Φ在某个因果可能世界上为真"，都体现出他对因果可能世界描述的准确刻画。如果说可能世界语义学作为哲学分析的新方法使我们对"必然性"、"可能性"概念的描述更加具体化、精确化，那么因果可能世界的提出及其在因果陈述逻辑系统中的应用则使得"因果必然"、"因果可能"概念更加清晰、明确，从而使得在因果陈述逻辑系统中，对"真"和"假"的界定进一步地合理化。

无论是可能世界，还是因果可能世界，都从哲学上为我们提供了准确的分析方法。勃克斯将世界描述分为逻辑可能世界、因果可能世界、现实世界，本身就是一种具有哲学意义的理论飞跃。也就是说，因果可能世界与因果蕴涵类似，具有承上启下的联结作用，使我们看到了一种新的可能世界模式，其哲学意蕴主要表现在：尽管从目前来看，因果可能世界理论仅适用于因果陈述逻辑系统，但是这种解释方式的提出为该系统对"什么是逻辑真"奠定了理论基础，从而使得该系统的因果模态性得到了加强。我们知道，"逻辑真"在不同的逻辑系统中具有不同的哲学含义，它与命题的必然性也有着密切的联系。在因果陈述逻辑系统中，我们可以运用因果可能世界理论来判定和区分逻辑真理、具有因果性的逻辑真理以及事实真理。[8]在因果陈述逻辑系统中，根据因果可能世界的思想，"逻辑真"（具有因果性的逻辑真理）就是在所有的因果可能世界中都为真的命题，它（或它们）就是一种因果必然性，即所有的因果可能性。相对应的，逻辑真理就是一种逻辑必然性，即所有的逻辑可能性，它在（逻辑）可能世界中，无论怎么解释都是为真的命题。事实真理则是在一种特殊的可能世界（其实我们也可以将因果可能世界看作可能世界的一种特殊形态）——现实世界中具有必然性，而在因果可能世界及逻辑可能世界中具有偶然性，即在这两种世界形态中有可能为假的命题。从这一意义上说，因果可能世界的哲学含义是通过对逻辑真理、事实真理的哲学分析来实现的，同时，因果可能世界也为我们进行关于"必然性"的思考提供了一种新的理论工具。

三、因果陈述逻辑的哲学意蕴：科学认知的新途径

因果陈述逻辑的深层次问题在其哲学方面，具体而言，它表现为因果蕴涵的普遍适用性问题。我们

知道，科学中的因果律指的是原因和结果在时间上总是前后相继的，原因总是在结果之前，结果总是在原因之后。但是，有先后关系的现象之间并不一定都有因果联系，关键在于结果必须与原因之间具有必然的联系。因此，寻求现象之间的因果联系是一个十分复杂的过程，涉及各种各样的因素，而勃克斯的因果蕴涵不可能涵盖所有的因果联系样式，即它不可能反映如此丰富的因果联系内容，它只能反映因果联系中最一般的本质特征，主要表现为因果律。从时间的角度看，因果关系的内在特点是：原因在时间上要先于结果。而勃克斯已经意识到了这一点，于是他构建的因果陈述逻辑是将因果关系的这一时间因素包括在内的，这一点通过他对因果模型的构建就可以看出来。这充分说明勃克斯将因果联系与一般的条件联系严格地区分开来，定义了因果律、因果倾向句、自然律，并分别对它们进行了形式刻画，从而丰富了他的归纳逻辑思想，使其归纳逻辑理论向全面化的方向迈出了重要的一步。

从认知方法论的角度看，归纳推理比演绎推理更具有认知趋向与价值，它不仅能帮助人们拓宽自己的认知视野，还能对知识前景进行科学预测，从而在知识创新方面具有巨大的优越性。与古典归纳逻辑所擅长的性质判断相比，现代归纳逻辑尤其是因果陈述逻辑在知识认知与科学理论创新方面的价值更为突出，主要体现在三个方面。

（1）因果陈述逻辑对于解释或者预见事实具有重要意义。它可以从理论命题推演出事实命题，或者是解释已知的事实，或者是预见未知的事实。这种推演的步骤是以公理、定理、假说等作为理论前提，再加上某些初始条件的陈述，逐步推导出一个描述事实的命题。

（2）因果陈述逻辑的核心概念是因果蕴涵。比较重要的逻辑推导关系是从逻辑蕴涵推导因果蕴涵，再从因果蕴涵推导出实质蕴涵。也就是说，这种推导过程就是从具有逻辑必然性的规律或者理论陈述中推导出具有因果必然性的因果律陈述，进而推导出事实陈述，其本质就是一种科学理论的创新。

（3）因果陈述逻辑的语义解释奠基于可能世界语义学，而正是借助于这种关于可能性的逻辑工具，才使得人类的知识认知范围得以扩充，科学理论的创新得以可能。因果陈述逻辑将逻辑可能世界扩充到包括因果可能世界，这使得逻辑学的科学认知功能大大加强。因为相对于比较纯化的数学领域，仅仅考虑逻辑可能世界已经无法满足不那么纯化的自然科学领域的要求，还必须考虑与自然科学中的自然律、因果律密切相关的因果可能世界，而因果陈述逻辑比狭义的模态逻辑在人类认知方面的作用更大、功能更强。

四、结　语

莱欣巴赫对培根的归纳法做过这样的评价："培根看到，单独的理性并不具有任何预言能力，它只在与观察相结合时才获得这种能力。理性的预言方法包含在逻辑推导中，我们运用逻辑推导构造一个秩序，把它放在观察到的材料中，然后，从中推导出结论。我们通过逻辑推导的工具而达到预言。培根又进一步看出，如果逻辑推导应为预言目的服务，那么，它不可能局限于演绎逻辑；它必须包括一种归纳逻辑方法。"[9]也就是说，莱欣巴赫看到了归纳通过对经验的详细研究，求得层层定律而达到分析性，从而能够使得科学思维从分析性去确保和提高确定性。这样才能"达到预言"，实现科学认知的创新目的，勃克斯构建的因果陈述逻辑便具有这样的功能和价值。从总体上看，因果陈述逻辑乃至现代归纳逻辑必将和自然认知、社会认知以及实践认知进一步结合，形成多学科交叉和互动的趋势，这样才能在哲学和认知的指引下发挥更重要的作用。

参考文献：

[1]Arthur W. Burks. Chance, Cause, Reason[M]. Chicago: The University of Chicago Press, 1977: 344.

[2]Arthur W. Burks. Chance, Cause, Reason[M]. Chicago: The University of Chicago Press, 1977: 344.

[3]Lou Goble (Ed.). The Blackwell Guide to Philosophical Logic[M]. Blachwell Publishers, 2001: 1.

[4] 桂起权，任晓明，朱志芳. 机遇与冒险的逻辑 [M]. 东营：石油大学出版社，1996：53.

[5] 桂起权，任晓明，朱志芳. 机遇与冒险的逻辑 [M]. 东营：石油大学出版社，1996：57.

[6] 张清宇. 逻辑哲学九章 [M]. 南京：江苏人民出版社，2004：164.

[7] 陈波. 逻辑哲学引论 [M]. 北京：人民出版社，1990：57.

[8] 陈伟. 论可能世界语义学的影响 [J]. 重庆社会科学，2000（4）：41.

[9][德] 莱欣巴赫. 科学哲学的兴起 [M]. 伯尼译. 商务印书馆，1983：67.

现代佛学研究背景下的汉地因明研究

张　瑾[①]

摘要：本文对现代佛学研究背景下的汉地因明研究进行了简单的回顾。近现代佛学研究的可以从三个方面进行概括，分别是欧洲佛学研究范式、日本佛学研究范式和中国佛学研究范式。在此基础上，中国的因明研究呈现出蓬勃的趋向，佛教复兴运动和佛教学术研究都得到了一定程度的发展。

关键词：因明　现代佛学　佛教复兴　佛教学术

一、近现代佛学研究的范式

（一）欧洲佛学研究范式

西欧地区佛学研究的起源，通常认为是 1826 年法国学者俄热纳·布尔奴夫（Eugène Burnouff，1801—1852）与德国学者列森（C. Lassen，1800—1876）合作出版的一部巴利语法书。虽然此前早有人开始对佛教进行研究，特别是送给布尔奴夫梵文佛典、被认为西方学术界知道有梵文佛典存在第一人的英国人何德逊（B. Hodgson，1800—1894），他撰写佛教方面的专题论文，后来结集出版。但佛教研究在西方作为一门独立学科以及欧美佛教学术研究规范的确立，都是来自俄热纳·布尔奴夫的努力。欧美的佛教研究，最初是在"东方学"（Orientology）、"印度学"（Indology）下进行的，布尔奴夫的研究主要集中在印度佛教方面，他于 1844 年出版了《印度佛教史概论》，对佛教文献作了总体的概观，奠定了欧美的印度佛教史研究基础。此后，"西方学者通过各种途径搜集到了大量的巴利文、梵文、汉文与藏文佛典，编纂了这些语言的语法和辞典，并且校勘翻译了一批佛典，在各类科研机构与大学里为佛教研究争取到了职位。佛教研究进入西方的学术体制，渐渐成为一门学科"[1]。他对印度佛教的研究，是基于比较语言学（Philology）与历史文献学（Textual-historical criticism），以对梵、巴、汉、藏与中亚等语文的兴趣为起点，将掌握原典文献作为首要任务，再者参考现存译本或考古资料，以进行校勘、翻译、注释与解题等研究工作，非常注重目录、辞典、索引、语法书的编纂与出版，为后续研究奠定了深厚的资料整理工作，遂逐渐形成现代佛学的研究典范。这一时期欧洲的佛学研究主要是对梵文与巴利文系藏经的研究。[1-2]

20 世纪，欧洲佛学研逐渐成熟，形成了各有特色的不同学派——古典英德学派（Older Anglo-German school）、列宁格勒学派（Leningrad school）与法比学派（Franco-Belgian school）三种主要的研究典范。[3]其中，古典英德学派致力于巴利语系佛教之研究，以英国的戴维斯和德国的奥登伯格为代表，1933 年托马斯（E. J. Thomas）发表的《佛教思想史》（*History of Buddhist Thought*）为这一学派的代表作。列宁格勒学派大约形成于 1916 年，领军人物是舍尔巴茨基，他与罗森伯格（Otto Rosenburg，1888—

① 作者简介：张瑾（1983— ），女，山西省晋中市榆次区人，燕山大学文法学院逻辑学硕士研究生，现就职于燕山大学文法学院。

1919）和奥贝米勒（Eugene Obermiller，1901—1935）等将研究的范围扩展至阿毗达磨论藏。他们主张，要比欧洲学者那种"野蛮的重构"更接近于佛教的原始教义。[1] 这个学派试图给出许多佛教术语的准确意义，他们的解释不完全依赖印度的注释，同时还兼顾藏传佛教、汉传佛教的解释传统。同时援引西方哲学的术语及概念作为义理分析的工具。法比学派主要由列维、布桑、拉摩等人组成，以文献学、哲学分析为基础，结合民族学、社会学等方法，舍弃建构纯正或根本佛教的设想，转而相信佛教的丰富多样性，试图发现这一宗教的不同层面、部派或宗派，从而给出更为完整的佛教形象。扩大考察对象，研究文献不但包括上座部佛教还扩展至大乘佛教文献，并将二者等量齐观，酌用社会学、考古学、心理学方法辅助语言文献与哲学思想之分析。欧美佛学研究，发端于东方学、印度学的研究之中，是伴随着欧洲人不断向东方的扩展而逐步发展建立起来的，是基于比较语言学、历史文献学的，试图通过文献的整理重构佛教以及佛教史的本来面貌，注重梵、巴、藏、汉以及各种中亚语言及文献的比较研究，注重对原典的掌握，同时参考现存译本及考古资料，对文本进行校勘、翻译、注解等工作，以此来掌握关于文献的第一手资料。他们以文献研究为主，非常注重目录、辞典、索引、语法书的编写与出版，以考古发现为第二重证据，共同构拟佛教的精神面貌与发展历程[4]。

（二）日本近现代佛学研究方法

佛教于 6 世纪经由汉地传入日本。而现代学术意义上的佛教研究，则是在明治时代（1868—1911）开始的。南条文雄与高楠顺次郎赴欧洲学习语言学与文献学知识，在日本国内激起了仿效西学的热潮；许多学者纷纷研究梵文、巴利语、佛教史、印度哲学，日本开始将佛学当作一门现代学科来进行研究。日本学术界于佛教原典方面，有南条文雄、荻原云来、高楠顺次郎等梵文学者，河口慧海、寺本婉雅等西藏文学者，长井真琴、高楠顺次郎等巴利文学者执掌教席；于佛教史方面，则以村上专精为祭酒。同时，所谓的佛教宗门大学亦纷纷于此时宣告成立。

大正年间（1912—1925），东京大学"印度哲学"及京都大学"佛教学"讲座相继成立，象征佛学研究跨入崭新之阶段。这一时期虽保有明治期注重原典研究之倾向，然不再以有限佛教原典之解读为满足，故积极着手整理三藏圣典，进行包括大正新修大藏经在内之文献的编纂与出版。昭和前期（1926—1944），由于渡边海旭之奔走与推动，"日本佛教学协会"（后更名位"日本佛教学会"）宣告成立，并有汉文大藏经、巴利文三藏之翻译与刊行。昭和后期（1945—1987），宫本正尊倡议成立"日本印度学佛教学会"以促进日本佛教学术机构之横向交流，自后学界对综合研究、分工研究等方法之重视与日俱增，并有铃木学术财团之成立，以及藏文大藏经之刊行等创举。[4]

就近代日本佛学论述所呈现的整体学风与趋势而言，其宗教信念与学术研究已逐渐脱离传统汉地佛教之影响，并认为在欧洲比较语言学与历史文献学的引导之下，将比以往更能掌握到佛教之真义，而不必透过由汉地"间接"传入日本的佛教典籍带来解佛教思想之内容。直言之，这个趋势多少反映了日本学者亟欲摆脱汉地佛教影响之心态，希冀佛教学研究得以和其他文明建设同步，遥呼维新派精神导师福泽谕吉所倡导的"脱亚入欧论"。因此，若说 6 世纪中叶以降由汉地传入日本的佛教是绾合学术与信仰一起带入东洋文化圈的，那么，日本于 19 世纪末叶向欧洲仿效的，就仅是学术研究方法而已，其中属于宗教信仰的成分，可谓相当淡薄了。

（三）迎拒之间的中国佛学研究

在 20 世纪扰攘不安的政治环境里，中国与佛教有关的学术研究乃是伴随着一连串的佛教改革运动与佛学复兴运动而展开的，在此借用台湾学者朱文光女士《现代佛学研究方法》的分类①，将这一阶段的研究约略区分为四种趋向或类型：

---

① 笔者认为朱文光女士的分析并非恰切，但对现代佛学研究的分类颇值得借鉴。

（1）信仰传统佛教，强调宗教信仰以及佛教的伦理实践意义，在此基础上进行佛学研究，认为佛学研究应以学佛为正鹄，如此方能体会佛教之真正意图。

（2）致力于佛学复兴运动的僧侣的研究。如太虚法师不只以深邃的实践工夫来融会传统佛学思想，而且胸涵时代意识，主张以世界性的眼光来重构佛教知识体系；此外又提出"人生佛教"的构想，作为擘划现代佛教蓝图之依据。虽然其佛教改革运动并未成功，但门下的法尊、法舫、芝峰、大勇与印顺等学僧，于密法修正、经典翻译、义理判摄、教史研究等方面各具独到之处。

（3）在家居士所开展的佛学研究。如支那内学院的欧阳渐，系近代唯识学的复兴功臣，虽然其判教立场曾经掀起阵阵法海波涛，然其弟子如吕澄、王恩洋、黄忏华等人，著作甚多，对后学影响颇深。另外，北京三时会的韩清静与周叔迦等人，亦为此系之代表人物。

（4）学术取向之佛学研究。如熊十力、梁启超、陈援庵、胡适、汤用彤、方东美、唐钧毅、牟宗三等人，或是撰有关于佛教哲理或历史考证之著作，或是于作品中涉及佛学义理之探讨；无论其学术立场如何，亦无论其是否有佛教信仰，此等研究于形上哲学、历史考证与文化思想等方面所展现的丰富成绩，对现代汉语佛学研究在史料搜集、思路引导、义理判摄等方面，洵有相当程度的刺激与启迪。

以上四种取向之间，并非截然可分，而是着眼于面对佛教的态度，以及处理佛学课题时所采取研究方法，予以权宜性的划分。第一种取向的佛学研究以其非客观性而不入现代研究之法眼，而只能将之视为佛学研究的题材，而此题材在现代社会影响下尤为可贵，尤其是实践哲学视野下的佛学研究。而第二类乃至第四类的佛学研究成果，在知识内容与表述形态上都可谓是现代佛学研究，故成为现代汉语佛学研究的重要思想资源。

二、基于现代佛学背景下的因明研究

（一）佛教复兴运动从教内、学界两个方面展开

而到了晚清，禅宗自宋代起成为中国佛教之主流，禅宗不立文字、心心相印的传授方式，为崇尚理性的知识分子所不能信服，再加上禅宗末流行径颇惹人不满，真伪横出，却无从指摘，令教界学界颇有整顿风气、重振精神之感。宋恕（平子）在《留别杭州求是书院诸生诗》中说道："宋后魔禅亡义学，欧西切讲振华风。"就表达了明末清初，随佛教的衰落，义学不振，佛学研究凋零不堪的感想。虽称"魔禅"也颇有偏激且值得商榷之处，但是其所表达的不满是真切的。太平天国运动带来的战乱使中国学人深刻认识到基督教扩张的威胁，身居南方的杨文会就深受其害，辗转流离数载。而且太平天国运动的战乱使得大批的经书被毁，佛经难觅，而版本精良的佛经更是稀少。以是，杨文会与一批志同道合的文人居士在南京商讨重兴佛教之道，主张"教宗贤首（华严），行在弥陀（净土）"，发愿广求经典、刻印流通，遂有了清末民初的佛教复兴运动。

1866年，杨文会创办金陵刻经处，刊印了第一部《净土四经》。1878年，随曾纪泽出访欧洲，与日僧南条文雄结缘，嘱其从日本找回隋唐大德所著注疏，《中论疏》、《百论疏》、《唯识述记》、《因明述记》、《因明论疏》等300余种，挑选出一部分陆续刊行。1896年，金陵刻经处刻印了窥基的《因明大疏》。汉地学者"然后圭臬不遗，奘基之研讨有路"，促成了近代法相唯识学研究的开展，杨文会开办祇洹精舍，办学授课，培育佛教人才，一代佛教义学之风由此而得以开启。因明随着法相唯识宗的兴起而兴起。杨文会将因明、唯识看作"振兴佛法之要门"，其门下弟子多人致力于因明的研究。杨文会佛法研究兼及诸宗，修为更是博大精深，"故门下多材：谭嗣同善华严，桂柏华善密宗，黎端甫善三论，而唯识法相之学有章太炎、孙少侯、梅撷芸、李证刚、蒯若木、欧阳渐等，亦云夥矣"。杨文会临终前将将"一切法事乃付托于唯识学之欧阳渐，是亦可以见居士心欤"。

欧阳渐（欧阳竟无）在金陵刻经处的基础上更筹设了支那内学院，以法相唯识学为重点，讲学培养人才，同时组织校堪刻印大量的唐人法相唯识要籍，并刻印了校勘精良的《藏要》。《藏要》收入了玄奘所译的汉传达室因明最重要的两部论典，即陈那的《因明正理门论》和商羯罗主的《因明入正理论》，欧阳竟无亲自撰写了《因明正理门论叙》。欧阳竟无明确了《正理门论》在陈那八论中的地位，认识到法称因明的重要性，并将法称与陈那的因明研究进行比较，对《成唯识论》进行了系统的研究和讲解，对后人理解因明的运用有极大的启发。欧阳渐的研究成果固然重要，但是更大的成就在于开办内学院，潜心经营刻经处，并以此为中心，聚集了一大批教界、学界的文化精英经营研究佛学，促进佛教界的改革和研究，如吕澂、梁启超、桂伯华等。

太虚法师，杨仁山的另一位弟子，是教界改革的倡导者。太虚主张革新佛教，1918 年与章太炎组织觉社，出版佛教月刊《海潮音》。法相唯识的造诣颇深，认为"法相必唯识，唯识即摄法相"与欧阳竟无所主张法相与唯识实为二宗的主张相对峙，促进了唯识学的研究。1922 年创办武昌佛学院，尝赴欧美讲学，推动佛学发展。1922 年，太虚法师在武昌中华大学的讲稿《因明概论》收于其《法相唯识学》下集，1936 年由商务印书馆出版发行。此《因明概论》为中国第一本因明专著，该书也是太虚法师在武昌佛学院的因明讲义。该书参考了谢无量的《佛教论理学》，但讲解更简明、精确。全书共分四章，前三章阐述《入论》及窥基的《大疏》思想，第四章讲解因明的源流、革新等。对"因明"二字的解释，对能立二义、体义四名的解释、因三相之逻辑含义、三支论式的分析，过的解读，现别传等的解释，陈那对因明的贡献评述等多为原创性的发挥，为后人采纳或予以启发，他指出因明是研读佛法所必备的基础知识，"欲读《成唯识》及《掌珍》等论，非诣因明必不能读"，"因明与佛法有不相离之势"。慧圆居士，原名史一如，毕业于东京帝国大学，精通英语、日语，对于哲学亦有相当的研究，曾于北京各大学执教，1918 年参与筹备太虚大师等发起的觉社，后负责《海潮音》的编辑，应太虚大师之邀到武昌佛学院讲学，精研佛教思想史和因明，因明方面著有《佛教论理学》、《因明入正理论讲义》，与南京支那内学院的王恩洋、聂耦耕讨论因明理论。

杨仁山的另一位弟子章太炎推崇三支论式，章太炎因明研究的基点即是因明论式之研究，1906 年著的《诸子论学》中首次提到三支论式，1909 年撰写《原名》将墨家名辩、西洋逻辑、印度因明进行比较，分析三者异同，指出因明是思辨的论证逻辑，三支论式是论证逻辑的完善辩式。喻依在论证中有重要作用，用喻依来解释喻体，从而将归纳和演绎同时用来进行论证，对因明论式予以高度评价。章太炎早年师从俞樾先生研究古文经学，1894 年与夏曾佑、宋平子（宋恕）相交而始与佛学结缘。后来成为杨文会的弟子。章太炎先生研究佛学不单是要求解脱，而是与革命实践紧密结合起来，写了大量熔冶因明、政治、学术、道德、宗教于一炉的文章。

（二）现代佛教学术研究开始在中国的兴起

进入 20 世纪，佛教界的改革逐步深入，大批佛学院建立，佛教日兴，同时，整个中国思想界、知识界学术研究风气之日盛，佛学研究一度勃兴，成为近半个世纪时间里的热门课题之一。当时文史哲领域的一流学者，如胡适、陈垣、汤用彤、陈寅恪、冯友兰、熊十力等，无不参与佛学研究。伴随着佛学研究的勃兴，因明研究也日盛。"五四"之后的现代中国，因明研究掀起了一个新的高潮。佛学院越来越多，在佛学院开设因明的也越来越多，同时，因明研究进入大学讲堂，如南京支那内学院（吕澂）、武昌内学院（慧园）、中国佛学院（王森）、苏州觉社（王季同）、常熟净光觉社（慧三）、北平三时学会（韩清净）。大学开设因明课程的有：武昌中华大学（太虚）、北京大学（熊十力、周叔迦、熊绍堃）、民国大学（周叔迦）、清华大学（王森）、私立中国大学（王森）、复旦大学（陈望道）等。另一方面，国际上 20 世纪兴起的"东方学"研究，使得国际一流学者都在研究东方宗教——佛教，使得藏地的佛教研究进入汉地知识分子的视野。同时，佛教界，藏密东传也日益兴盛，藏传佛教在汉地佛教界也引起不小的震动。与西方逻辑学十分接近的印度因明，也随着逻辑学在中国的传播日渐传播，被更多的知识分子所熟悉。到了 20 世纪三四十年代，因明的研究达到了一个高潮，大批的经典被翻译，高水平的研究论文与著作相继问世。其中，吕澂、陈大齐的因明研究达到了举世公认的高度，代表当时中国因明研究的最高水平。

提到清末民初的佛教复兴运动，不得不提的是清代的朴学研究传统。明末清初，宋明理学到了尽头，有清一代，不再崇尚儒家义理的阐明，转而向更加实际的两汉小学传统看齐，词章考据之学颇兴，训诂学成为清代的显学。这种治学方法以文献的版本对勘、字义考训为核心，认为只能从文字中求得文本含义，如果文献的版本源流与文献的字义的原始义及其流变弄清楚了，文献所传达的意义也就一目了然了。这种治学方法深刻影响了中国知识分子研究问题解决问题的路径。

伴随着学界朴学风气的盛行，唯识学也作为对治禅宗末流的武器，开始逐渐被知识分子所认识，由于战乱频仍且唯识不兴多年，隋唐大德所著注疏都已散佚不见，因明之学本就深奥，后人解释龃龉难通，颇有隔靴搔痒之憾。在杨文会等的努力下，佛教研究有经典可以凭依。唯识学的兴起与注重考据的朴学传统密不可分，唯识学对心理认识的研究达到了无以复加之繁密程度，深刻契合了当时中国知识分子的要求。

通过对西方文明的研习与幻想，由于第一次世界大战的影响，一部分知识分子认为西方文明即将破产，以梁启超为《欧游心影录》为代表，认为唯科学论即将破产，发现东方文明的可贵之处，在学界与胡适等崇尚科学与理性者形成对峙，在现在看来，这个局面并不是西方文明的破产，而恰恰是将西方文化中一直就有的对科学与人文的争斗，进行了中国文化中的翻版——科学与玄学之争。这场肇始于 20世纪 20 年代的轰轰烈烈科玄大战，促进了佛教的复兴运动。

从客观角度来说，西方的哲学研究在近代有明显的认识论转向，而佛教里，特别是法相唯识宗有着极其多的认识论方面的原创资源可供借鉴，这也是不争的事实。故科玄之争的双方都对佛教进行了学术研究，只是立场有不同甚至分歧罢了。梁启超《佛学研究十八篇》、沈曾植的《海日楼札丛》与罗振玉的《宋元释藏刊本考》等著作将现代学术理念及文献学和历史学的方法用于佛学研究几乎可以视为现代佛学研究之开端，而佛学研究在清末民初也成为文史哲研究的热门课题之一。当时文史哲领域的一流学者，如胡适、陈垣、汤用彤、陈寅恪等，全部参与到佛学研究中。佛教界从事佛学研究的僧俗学者，阵容更为庞大。客观求是的清代学风，和西方文献学、史学治学方法有极大的相似之处，使得这种学术研究的方法更容易传入中国并为广大知识分子所率先接受。清末明初，对佛教的学术研究在知识分子中间大热。

吕澂的因明研究、陈大齐的因明研究代表了现代中国因明研究的两个最高峰，一人从佛法的角度，一人从逻辑的角度来研究因明，达到和代表了当时中国因明研究的最高水平。吕澂是欧阳竟无门下弟子，原就读于南京民国大学经济系，1915 年赴日修读美学，后于金陵刻经处研究部学习，1918 年参与筹办内学院，1944—1952 年主持内学院工作。吕澂精通梵文、藏文，翻译了大量藏文因明典籍，又据梵文、藏文、汉文各译本对因明典籍进行比较对勘，著作多本高质量因明专著，发表多篇高水平因明论文都收在《因明论文集》（甘肃人民出版社 1982 年版）中，吕澂先生于佛家义理的研究博大精深，对于西方哲学亦有相当的了解，精通印度佛典、藏文文献，他的因明研究沟通了欧日梵藏汉，不但开辟了因明研究的新境界，更使得汉地因明研究者研究梵藏因明有典籍可循。

陈大齐，生于 1886 年，1900 年进广方言馆，1903 年赴日求学专攻因明，1912 年回国任教，1921 年赴德国学习，1922 年回国任北京大学哲学系主任，历任北京大学教务长、文学院院长、代理校长等职，1949 年任台湾大学教授、台湾政治大学教授、校长。陈大齐（陈百年）的因明著作《因明大疏蠡测》是我国学者用现代方法研究印度因明的第一部专著，学术价值为学界所推崇。其《印度理则学》叙述印度理则学的全貌；《大众理则学》将希腊的逻辑、中国的名辩、印度的因明结合起来，做了将三种传统逻辑熔冶于一炉的尝试，具有极高的学术价值。陈望道，生于 1891 年，1915 年赴日留学，先后在东洋大学、早稻田大学、中央大学等学校学习法律、文学、哲学等专业，20 世纪 20 年代中期著《因明学概略》，是他在复旦大学的讲稿，1931 年出版，它吸收了日本学者村上专精、大西祝等的研究成果，用现代逻辑为工具来研究分析因明义理，用了多幅图表，通俗易懂，在当时颇具影响，也被石村盛赞，谓其为不落佛学研究之窠臼。另一本《因明学》是我国首部用白话文写成的因明学通论。

周叔迦是韩清净的弟子，1918 年同济大学工科肄业，1927 年起，潜心佛学，遍读经律论三藏，1930 年起先后在北京大学、清华大学、中国人民大学等高校哲学系讲解中国佛教史、唯识论、因明、佛教文学等课程，是王森教授在北大读书期间因明课程的授课教师。在佛学方面著述甚多，关于因明方面的著作主要有《因明入正理论释》、《因明新例》、《因明学表解》，2001 年由台湾智者出版社合并刊印为《因明新例等三种》。《因明入正理论释》为周叔迦在北京大学时的讲义，1989 年该书重印，为社会科学文献出版社出版发行。该书依据窥基《因明入正理论疏》，全书分为三大部分：题解、入论原文、对入论全文的逐章解析。他的弟子王森在 1989 年出版该书的跋中评价概述如下"汰其繁文旁论，取其精当正解，义稍晦者，更为阐明，名相之间，加以图解，以便初学。又参酌基疏详科，析为一十九章，举全书纲目也。逐章解释入论原文，阐述全书要义也。纲目举，则全书脉络见，辞义明，则因明义蕴可以无复疑滞己。初学习此，可以进而研几基疏沼记，可以评论唐贤诸疏之异同得失。"采用方法为传统的注疏式，但是作者受现代西方教育影响亦可见于注疏之中。《因明新例》由商务印书馆 1936 年出版，全书共分 46 章，除对因明基本理论用现代白话文进行介绍之外，还加入了大量新例，条分缕析，基本上对每一种情况都进行了例证，所举新例更贴合现代人的理解，使原来局限于佛经中的例子、不懂佛经就看不懂例子、不懂例子就更不懂理论的弊端得到改善，对现代人的初学颇有益处。《因明新例》、《因明学表解》均大量采用了表解的方法，书中将因明各个概念的来龙去脉、各自时期的特点内容、所依典籍等进行了横向、纵向的比较研究，让读者一目了然。

许地山的因明研究独与众异，这与他的学习经历、独特的学识有密切的关系。1917 年，许地山考入燕京大学文学院，1920 年获文学学士学位后留校任教，做过周作人等几位教授的助教，在燕京大学神学院读神学。1922 年，许地山前往美国哥伦比亚大学研究宗教史和比较宗教学，1924 年获文学硕士学位，转英国牛津大学研究宗教史学、印度学、梵文等，1926 年获牛津大学文学学士学位，离开英国后到印度研究印度学。1927 年回国任燕京大学教授，另在北京大学和清华大学兼课。许地山是 20 世纪里第一位在大学开梵文课的华人。许地山的《陈那以前中观派和瑜伽派之因明》是一篇长达 6 万字的因明史专论。

三、小　结

因明的研究，很大程度上是基于佛教的研究。19 世纪以来的因明研究呈现出明显的文化交融的特色，是各种文化突破地理限制进行着主动或被动交流碰撞的结果。欧美的佛学研究伴随着欧洲人向东方的扩展，是与埃及学等相类似的"博物馆"式的资料研究，所以，在起点上就注重语言学、文献学、目录学的研究，这种研究是纯然将佛教作为对象的研究，因为欧美文化中另有宗教和文化的存在。这点也是与以佛教作为信仰者东方人的研究最大的不同之处。

日僧南条文雄与高楠顺次郎等先后赴欧洲学习语言学与文献学知识，对日本佛教界的影响是巨大的。佛教的典籍不再局限于汉地所传佛经，而是将目光放在巴利文、梵文等更古老的接近佛教原始面貌的佛教典籍之上，眼界、研究水平都得到了极大的提升。日本人对此的主张与日本整个民族急于摆脱中国文化的影响，跨入世界一流民族之列的意图有极大关系，日本的佛学研究呈现出了显著的欧美化特征。但是作为信仰的研究有主体参与的存在，这与纯然资料的客观化、对象化研究有本质不同，这也是后来日本与欧美佛学研究分道扬镳的重要原因。

汉地对佛教的研究，在教内和学界两个层次展开，教界的佛教复兴运动，强调佛学院的重要作用，强调因明在修习次第中的重要作用等，这些手段的要求都是教内试图接近原本纯真佛法的诉求的体现。这种对本真佛法（究竟佛法）的追求使得教内与学界同样注重文献考据的功夫，在求真这一点上，达到了与欧美、日本等所谓现代佛学的一致。

这一时期的汉地因明研究以支那内学院为主要基地展开，逐渐辐射到佛学院和大学校园，以支那内学院的吕澂与北京大学的陈大齐的因明研究为典型代表。吕澂的因明研究有深厚的语言学文献学功底，通晓梵藏日英等多种文字，对佛教典籍亦有精深的研究，在文化解读的基础上加上文字考据的功夫常能有发人所未见、未思、未想之处，且论证严密，考核有章。因明的研究方法主要是对典籍的翻译和整理、考据和辨伪。《大藏经目录》更是佛教文献研究的集大成之作。陈大齐的因明研究代表作《因明大疏蠡测》试着用西方逻辑来解读因明，取得了很好的效果，但本质上，还是传统经学似的对因明文献的注疏。而许地山的因明研究独与众异，这与他具有熟谙神学、宗教学且精通梵文的学术背景息息相关。

要之，现代佛学背景下的因明研究在国人自发的现代学术化与引入欧美日本现代学术研究下共同进行着，注重语言学、文献学等现代西方学术特征，强调对文献的翻译与整理，另一方面，仍然采用传统的注疏式学习因明典籍，虽然采用了逻辑、图标等新手段，但骨子里仍然是中国传统注疏式研习，依托经典而对经典进行注解。

参考文献：

[1] 李四龙.论欧美佛教研究的分期与转型 [J].世界宗教研究，2007（9）：15，65-72.

[2] 陈兵.中国 20 世纪佛学研究的成果 [J].宗教学研究，1999（3）：57-65.

[3] 孙婷.佛教量论因明的发展历史 [D].贵阳：贵州大学，2011：63-65.

[4] 冯焕珍.现代中国佛学研究的方法论反省 [C]// 回归本觉：净影寺慧远的真识心缘起思想研究.北京：中国社会科学出版社，2006：1-25.

论西方非理性主义的兴起及其价值取向

王晓萍①

摘要：20 世纪的西方哲学呈现出一种内转态势，逐渐从关注对世界终极知识的追求转到对人自身奥秘的探寻。在这个过程中，传统理性主义受到前所未有的冲撞，非理性主义则以其旺盛的生命力迅速崛起。非理性主义从人的存在出发，以人本主义为其最终的文化归属，主张超越理性，从整体性的意义上加深对于人的生命的理解，寻求人、人生的价值和意义。非理性主义与理性主义并非共时性的简单对立，而是一种历时性的辩证转化，总的趋势是走向统一。

关键词：理性主义　非理性主义　价值取向

19 世纪后半期，西方社会发生了急剧的变化，资本主义文明日益显露出难以克服的内在矛盾和危机，同时这种矛盾和危机也深刻地反映到文化层面上。20 世纪以来在西方哲学领域普遍流行的非理性主义就是这些问题和后果的反映，尤其是非理性主义思潮迅猛发展成为一百多年来在西方世界影响最大的思潮。它不仅直接反映在哲学领域，而且也影响到现代西方文学、艺术、社会生活等各个领域，成为现代西方文化的思想根源和核心内容。

一、理性主义的思想渊源与近代发展

理性是人类智慧的象征，是人猿分野的重要标志。在理性光芒的照耀下，人类社会结束了蒙昧的渔猎时代，从农业文明发展到工业文明，又从工业文明逐渐向生态文明迈进。

作为一个概念，"理性"是哲学中的重要范畴，但国内外的辞典中却少有对这一概念的规范性诠释，究其原因是不同哲学家对这一概念的理解和运用都不尽相同。在《简明不列颠百科全书》中，有一种略显狭窄的定义：理性是"哲学中进行逻辑推理的能力和过程"。上海辞书出版社 1979 年版本《辞海》对其解释为：理性"一般指概念、判断、推理等思维形式或思维活动"。显然，《辞海》的这一定义更符合现代人对理性本质的认知，也概括出了不同哲学流派对理性不同理解的通义。

理性主义作为一种"主义"早期又称为"唯理论"，与"经验论"或"经验主义"相对应，是一种认为唯有理性才可靠、片面强调理性认识作用的哲学学说。当代学术界所说的理性主义，主要指与非理性主义对应的哲学学说，泛指相信科学、信仰理论的思想倾向。事实上，理性主义并不是对理性的绝对化以至否定和排斥非理性的因素，它只是一种具有阐述、坚信和弘扬人的理性能力的思想倾向的理论，表明了它对客观世界的一种理论态度。

传统的理性主义发端于古希腊哲学。早在古希腊时期人们就开始了对世界本质和本原的探寻，产生了古希腊哲学。古希腊哲学中，"逻各斯"、"努斯"等概念和思想中所展现出的对于世界秩序的把握显现出了理性的早期端倪形态。

---

① 作者简介：王晓萍，女，硕士，燕山大学里仁学院教师。

泰勒斯作为西方哲学史上公认的第一位哲学家,第一个提出了"什么是世界本原"这个有意义的哲学问题。他认为水是万物的本原,并试图用经验观察和理性思维来解释世界。赫拉克利特认为,火是世界的本源。到了毕达哥拉斯学派,就将万物的本原归结为数,而且数是众多的、不变的。在对世界本源的探索中,显示了人类理性能力的强大,导致了早期的人类中心主义。例如,普罗泰戈拉认为"人是万物的尺度"。后来,柏拉图转述普罗泰戈拉的话说:"我们每一个人都是存在或不存在的尺度,世界中的一切对于一个人来说不同于另一个人,正因为对一个人来说存在着并向他显现的东西不同于对另一个人来说存在着并向他显现的东西。"[1]最终,该理论以"人是万物的尺度"走向了自己的反面。同时,由于古希腊哲学的神学因素,致使后来理性的发展走上迷途,发生了变异。直到文艺复兴和启蒙运动对宗教的批判及其对理性的呼唤,理性才重新注入生命活力,主导西方精神世界达几个世纪之久。到德国古典哲学时期,理性的概念从认识领域扩大到审美领域、道德领域以及历史领域,而不再局限于主体的抽象思维能力及其发挥。

人类早期的理性思索虽然在当代人看来有些是过于简单、过于绝对。可是不管怎样,那都是人类思维水平不断提高的体现,证明人类正在逐渐摆脱童年时代的无知与木讷,逐渐在对自己生存的这个世界产生兴趣。这种思考本身具有一种积极的、乐观的意义,因为它表明人类没有单纯地等待,而是勇敢地向未知前进。近代西方的工业化之所以能够以前所未有的速度发展,一方面是因为机器大工业的出现,另一方面就是启蒙运动所标榜的理性主义。从笛卡尔到黑格尔,可以说是人类理性觉醒的疯狂时代。笛卡尔的"我思故我在"从理论上确立了人的理性相对于物的优先地位,并确立了人的主体意识,即自我意识。培根的"知识就是力量"则宣告人可以依靠自身的理智在强大的自然面前立足,并可以改变自然的面目。后来,斯宾诺莎企图用理性来解释一切,休谟更是进一步弘扬理性。把理性推向顶峰的当属黑格尔,他认为理性就是上帝,就是宇宙的实体,甚至连世界也成了自我推演的逻辑范畴。理性思维一步步成为人们头脑中占统治地位的思维方式,理性的地位被人们推向了顶峰,一时间思维着的悟性成了衡量一切的唯一尺度,一切似乎都必须在理性的法庭面前为自己的存在作辩护或者放弃存在的权利。

二、理性主义的困境与非理性主义的兴起

工业社会的特点决定资产阶级只有按照理性的规定才能实现其利益最大化,他们"制订了一系列旨在使整个社会处在有序化运动中的原则、规范、法律和秩序,使理性主义的精神渗透到社会生活中的各个方面"[2],人们几乎"都同时起床,同时吃饭、乘车、劳动,同时回家、上床、睡觉"[3]。这种一致性压抑了人的个性,必然会遭到人们的反抗。马克思指出:"因为每一个企图取代旧统治阶级的新阶级,为了达到自己的目的不得不把自己的利益说成是社会全体成员的共同利益,就是说,这在观念上的表达就是:赋予自己的思想以普遍的形式,把它描绘成唯一合乎理性的、有普遍意义的思想。"[4]这样,普遍的理性与个人主义就以一种奇妙的方式结合了,而资产阶级的思想家们最终就是以理性的制约来保证这种结合的稳定性的。因此,"理性的王国不过是资产阶级的理想化的王国"[5]。被学术界公认为理性主义集大成者的黑格尔断言:"凡是合乎理性的东西都是现实的,凡是现实的东西都是合乎理性的。"[6]并得出"'理性',是世界是主宰"[7]的结论。这样,个性最终为普遍理性所吞食。

20世纪英国著名政治哲学家欧克肖特更是从政治学的视角描绘了理性主义者的基本气质和特征,认为他们的思维中除了"理性"不存在其他,"理性"就是权威。当然欧克肖特所指的理性不是一般的理性,而是近代以来开始流行的技术理性,这种理性形态是启蒙理性发展到极端的一种表现形式。

可见,理性逐渐褪去了人性的光环而变成了仅仅是联系人与外部世界的一种工具,它将人类的注意力引向了外部世界而忽视了人的内心生活。在这种情况下,非理性主义则以对理性主义的批判和解构以及对自身的诠释和重构而崛起。尤其是在 19 世纪中后期,随着工业革命在欧洲的不断发展,科技进步

所带来的巨大物质财富令每个人感到惊叹，人们麻木地追求着物质的富足却在不知不觉间丢失了内心的充实与情感体验。出生于 19 世纪中前期（1844）生活于 19 世纪中后期（1844—1900）的尼采，敏锐地感受到现代西方社会的精神危机，以其超人的意志开始了向传统理性主义的挑战。

在近代，非理性主义对于处于主流的理性主义而言只是一股暗流，这是毫无疑问的。而 20 世纪非理性主义以其旺盛的生命力以及对于时代特征的精准把握已经主导了现代西方社会，这也是无可争辩的。非理性主义从附庸于理性主义到自身独立的迅猛发展，非常充分地展现了它对传统价值的反叛，对生命、对人生意义和价值的追求。

非理性主义思潮的兴起有着深刻的社会历史背景。米特洛欣认为："在十九世纪中期以前的资产阶级哲学中，明朗而安定的理性主义占统治地位，并使资产阶级哲学作为确定的思想现象获得严整性。这一历史时期的界标绝不是偶然形成的。这时，资产阶级上升阶段正在结束，社会发展的灾难性和毁灭性清楚地显现出来，不可克服的社会矛盾越来越明显。"[8] 可见，非理性主义思潮的兴起是对资本主义社会现实的一种折射。另一方面，自然科学的发展是促使非理性主义思潮产生的重要现实基础。按照巴雷特的说法，"二十世纪的科学已经提供了使得理性主义的雄心显得过于自负的答案，这种答案本身表明人必须改进他那传统的理性概念"[9]。可以说，爱因斯坦的相对论使人类思想观念发生了重大转变。因为这一理论的提出，使得一直被奉为经典的牛顿力学体系遭受冲击，使得绝对的时空观和机械的因果论受到质疑，更使得任何自称发现绝对的、终极的知识成为不可能。

传统理性主义者把运用概念和推理所抽象出来的世界的本原和存在当作一般的真实，而把感性世界当成虚幻。这在非理性主义者看来是不可理解的，因为在他们看来，人类史上最大的谎言就是逻辑对我们身处其中的"真实世界"的虚构。尼采认为，造成这种境况的原因就是"哲学的迷误"，而这种迷误的根源就是理性。在他看来，理性就是通过对外在世界的条理化和秩序化来安顿人生。存在主义哲学家克尔凯郭尔认为："思辨哲学的不幸恰就在于每每忘却了认识者是一个生存着的个人。"[10] 虽然不同的存在主义哲学家对"存在"的概念有着不同的规定，但他们都把"存在"看成是主体的、个别的。而且，他们还从这种主体的、个别的存在出发来说明人的活动以及整个世界，把个人的意志、情绪、本能、冲动等非理性的因素上升到本体的高度，这充分表现出他们理论中批判理性的实质。

传统理性主义者认为达到确定性的知识是毋庸置疑的。这本身无可厚非，但是他们却把这种确定看作是绝对，这一点在非理性主义者看来就不可接受。因为，主体对客体的反映必然受到复杂条件的制约。首先是客观条件，因为客观对象不是如传统理性主义者所想象的那样一成不变，而是不断发展变化的。这样，它的本质的显现也将是一个过程，所以人们对它的认识只能够有相对正确的性质。其次是主观条件，因为主体在反映对象的过程中，不可避免地要带有一定的目的、愿望、需要、情感等非理性因素，所以对客观对象的认识不可能达到纯粹的客观性质。在这一点上，尼采最早从"视角主义"的观点论述知识的相对性，否定知识的绝对性，从而把认识论引向了相对主义。

非理性主义对于传统理性主义将个人消融在整体和普遍之中感到极为不满。德国哲学家施蒂纳指出，"一旦理性占有统治地位，个性就要甘拜下风。"[11] 在非理性主义者看来，任何的个体都有其独特性，都是经历特殊的历史形成的，他的情感、体验、愿望等都是独特的、不可取代的。

三、当代西方非理性主义的价值取向

一般认为，"现代西方非理性主义主要指 19 世纪末 20 纪初继西方近代理性主义之后兴起的一股反对和批判理性主义的哲学思潮或哲学倾向"[12]。也有学者认为，"在西方哲学史上非理性主义一直伴随着理性主义，但是非理性主义更多的是作为陪衬而存在。直到 20 世纪才出现转变，非理性主义开始兴起"[13]。现代西方非理性主义是人类思想史上最集中、最全面表述非理性主义的思想形态，它的理论形式主要表现为意志主义、直觉主义、存在主义、弗洛伊德主义和后现代非理性主义。总体来说，呈现出两个主要特点：①把非理性因素，诸如本能、欲望、情感、意志，信念等，设定为人的乃至世界的本质；②主要从认识论的角度来取消理性的统治地位。非理性主义哲学实际上都是一种关于生命体验的哲学，他们认为逻辑的、规范的理性形式是不能把握独特的、内在的生命体验的。正是这样的思想形态和价值取向，迎合了人们在上帝折磨和理性困扰下对现实生活的诉求，从而推动着非理性主义成为一股势不可挡的社会与哲学思潮。

非理性主义从人的存在出发，竭力克服和批判传统理性主义的形而上学性，主张超越理性，从整体性的意义上来加深对于人的生命的理解。它从完整的人、现实的人以及人的存在的角度来研究人、人类社会和人类历史，将哲学的研究从抽象、绝对的形而上学性理性思辨的空气稀薄的高空拉回到人的现实之中。

非理性主义思维的目标和任务就是寻求人、人生的价值和意义。换句话说，非理性主义的思维模式就是求价值、求意义的思维方式。它打破了传统理性主义主客二分的思维定势，以人、人的存在为出发点，以人的情感、欲望、意志为动力，去复活被理性压抑的人性，探寻人的灵魂的归宿，追寻人的自由，从而确立人在世界中的独特地位和人生意义。主客二分的思维模式是自文艺复兴以来，人从神的统治下解放出来，主体性得以确立，哲学研究的重心从本体论转向认识论的时候确立的。它必然会导致和强化对于终极原因的追求，形成寻本溯源的思维定势。而非理性主义从价值、意义的角度来规定世界，从而确立人在世界中的独特地位和人生意义。

非理性主义是循着"人是什么"——"世界是什么及怎样"——"人的存在、人的意义和价值"等这样一个问题秩序来展开和延伸的，它将人作为自身的出发点和归宿点，认为人是内在于世界的，世界与人自身以及此二者之间的关系不是随意自在的，而是由于人的意义存在与价值存在而赋予的。

非理性主义认为主客二分的思维模式完全站在了物的立场，而将人置于认识对象以外，使得人仅仅成为认识的载体，沦为客观世界中一个无足轻重的旁观者。所以，它主张世界是人的世界，与人的欲望、情感、意志、生命是密不可分的，世界与人是一体的，不应该脱离人去单纯地探究世界，从而建构人与世界一体化的思维模式。

从非理性主义的目标和出发点来分析，我们不难得出一个结论，即非理性主义是以人本主义为其最终的文化价值归属的。它有感于世界对人自身的吞没以及对人的存在的威胁，体味到人的价值、意义的丧失以及命运的不可预测和无法把握，着重强调了情感、意志、本能、欲望、人格等才是人的生命之本，呼唤人的尊严的回归，追求人的自由以及整体发展，实现了一种对于人的人本关怀。但是，我们不能简单地谈论理性主义和非理性主义的对立，更不能把二者关系视为不共戴天。

从发展过程看，非理性主义的崛起并没有形成与理性主义的简单对立，它们之间一直存在着相互渗透、相互包含、共存共荣的关系。正如有的学者所言："自从毕达哥拉斯以来，许多哲学家的身上都有着一种理性与非理性的密切交织。"[14]20 世纪前理性主义片面发展本身就意味着人类认识中存在着严重的非理性状态，20 世纪以来非理性主义的兴起本身恰恰是人类理性不断升华的结果。

从现实状况看，非理性主义的盛行并没有对人类理性进行完全否定，不能武断地斥其为"反理性主义"，它否定的只是过分强调理性的倾向及其带来的诸多弊端。非理性主义"承认人是非理性的实体，而理性则是它的文化或生活方式的一个方面或工具"[15]。正是由于非理性主义的抗争，有可能使人类的理性和非理性获得均衡发展的时空，最终形成人类认识王国的有机统一的整体。

从未来走向看，非理性主义的发展并不意味着人类理性的危机，相反，它将把人类理性推到一个更为恰切的位置。非理性主义没有因战胜理性主义而抢占统治地位，也不可能把人类重新带入一种无理性的蒙昧时代。

纵观人类社会文明史，非理性主义与理性主义的产生都具有客观必然性。人类脱离原始的蒙昧状态，必然会产生对理性的珍视和崇拜；当理性崇拜达到巅峰而几乎要忽略非理性的时候，也必然产生物极必反效应，导致非理性主义以批判者的姿态异军突起。虽然非理性主义的崛起带有一定程度的"矫枉必须过正"的态势，但是非理性主义与理性主义并非共时性的简单对立，而是一种历时性的辩证转化，总的趋势是走向统一。

参考文献：

[1][古希腊]柏拉图.柏拉图全集（普罗泰戈拉篇）[M].王晓朝译.北京：人民出版社，2002：427.

[2]白雪晖，杨淑琴.论理性转向非理性的实践基础[J].北华大学学报（社会科学版），2004（2）：51.

[3][美]阿尔温·托夫勒.第三次浪潮[M].朱志焱，等译.上海：上海三联书店，1984：108.

[4]马克思恩格斯选集（第1卷）[M].北京：人民出版社，1995：100.

[5]马克思恩格斯选集（第3卷）[M].北京：人民出版社，1995：57.

[6][德]黑格尔.法哲学原理[M].范扬，张企泰译.北京：商务印书馆，1982：11.

[7][德]黑格尔.历史哲学[M].王造时译.北京：生活·读书·新知三联书店，1956：492-493.

[8][苏]米特洛欣等编.二十世纪资产阶级哲学[M].李昭时，等译.北京：商务印书馆，1983：1.

[9][美]巴雷特.非理性的人[M].段德智译.北京：商务印书馆，1995：36.

[10]熊伟.存在主义哲学资料选辑（上卷）[M].北京：商务印书馆，1997：29.

[11][德]施蒂纳.唯一者及其所有物[M].金海民译.北京：商务印书馆，1989：113.

[12]王智敏.浅析非理性主义的形成及其意义[J].法制与社会，2008（6）：211-212.

[13]于莲.理性主义、非理性主义和科学进步[J].湖北社会科学，2013（2）：106.

[14]金林.西方非理性主义发展的内在逻辑初探[J].合肥工业大学学报（社会科学版），2005（6）：103-108.

[15]李龙海.现代非理性主义的本质及其主要形态[J].学术交流，2009（5）：13-17.

"主体"概念的演进历程

——从阿那克萨戈拉到齐泽克

徐 俊[①]

摘要：哲学乃时代精神的精华，而主体则是这种精华的浓缩与展现，因此，系统探究主体概念的演进历程对于深入了解和把握哲学主题的历史变迁与时代关照将大有裨益。主体是人类自我意识觉醒与形成的重要标志，是有别于"他者"的角色确认和符号身份。长期以来，主体的概念几经嬗变，从萌芽、雏形到确立，再经其合法性的危机到遭致批判、解构与重建，主体演变的曲折历程充分印证了哲学始终是一项关照现实的神圣而艰辛的事业。

关键词：主体 演变 反思 建构

主体是人之为人的一种特殊身份，是人类意识觉醒与形成的重要标志。自哲学诞生以来，主体便以不同的形态蕴含在哲学的发展与变迁之中，充当着哲学主题时代转换的"晴雨表"。千百年来，人类主体的身份由萌芽、觉醒到成熟，再到主体弊端的暴露，直至在某种程度上遭到批判、解构与重建，主体范畴如同人类的命运一样在历经磨难和艰辛的过程中，彰显着不同时代哲学的本色与关切。受篇幅所限，本文拟以西方哲学为探讨视域，采用概览式的谱系梳理，深入探究自古希腊阿那克萨戈拉（Anaxagoras）至齐泽克（Slavoj Zizek）这一历史时期主体概念的演进历程。

一

主体概念源于古希腊自然哲学的"理智"。"理智"即希腊文的"奴斯"（Nous）或"心灵"（Mind），是一种无形的、纯粹的实体，它虽贯穿于宇宙万物却能保持自身统一。"理智"在古希腊万物有灵论传统的影响下，融入人类的灵魂之中，从而在使人类分享这"理性之神"的绝对与不朽的同时，又统摄着人类灵魂在内的一切精神活动。人类因分有"理智"之神的灵性和自觉而与万物相区别，在此意义上阿那克萨戈拉首次发出了"心灵是万物运动的本原"[1]的主体性宣言。如果说主体在古希腊自然哲学阶段仅以"理智"、"心灵"抑或"灵魂"的原初形态存在的话，那么前苏格拉底时期"人是万物的尺度"的提出则使主体的概念越加明确起来。

虽然古希腊自然哲学已蕴涵人类自我意识——主体性的朴素因子，但世界本原问题仍然是其关注的核心，这就在无形中忽视或遮蔽了人类自身的问题。主体仍以朴素的意识蕴涵在智者运动的怀疑主义等批判精神中，直至苏格拉底提出"德性就是知识"[2]时才使主体问题演变为相对独立的问题意识。不可否认，一方面，普罗泰戈拉"人是万物的尺度"的洞见，使哲学关注的对象由自然转向了人自身，致使一种真正的认识论成为可能[3]；另一方面，苏格拉底将"德性"视为"知识"即"善"的做法，尽管仍有明显的伦理学意味，但其却蕴含了主体即"德性"（知识）的思想。

---

① 作者简介：徐俊（1978— ），安徽省怀远县人，蚌埠学院人文社科部讲师，博士，研究方向为西方哲学。

实现主体身份的确证,苏格拉底所诉诸于的不是封闭式的抽象思索,而是通过与"他者"的开放式"对话"（即辩证法）。借助于这种方式,可以使人意识到自己的无知,进而放弃自己的傲慢与自负,在互动中达到对自我的认识。正如策勒尔所言:"屈辱,羞耻,认识到自己的短处并渴望改善,激昂地抗拒使自己的自负屈从于苏格拉底咄咄逼人的优越……那些话就像一条蛇的利牙入肉体一样透入灵魂。"[4]由于苏格拉底的"辩证法"主要通过在人的心灵内部寻找规约外部世界的内在规则,这就使他面临一系列无法解决的问题,譬如,这种内在规则如何才能与外部世界相对应,如何才能确保人类所获得的知识是真理而不是谬误。

针对上述问题,柏拉图将心灵的内在原则加以外化为"理念型相",使其脱离于个别、具体的感性事物,上升为一切知识、真理的终极来源。基于此,他把世界划分为"可感领域"与"理智领域"两个相分离的世界。前者是个别的、具体的、多样的与变动不居的世界,在此世界中人只能获得似是而非、含糊不清的"意见";而后者则是普遍的、抽象的、同一的和不变的世界,在此世界所能获得的却是确定不移、普遍有效的"知识"或曰"真理"。"可感领域"与"意见"、"理智领域"与"知识"彼此对应,并且分属于不同的层次。由于感性世界可以"分有"理性世界的特征与本性,所以在感性世界中获得的"意见"在某种程度上也具有"知识"或"真理"的成分。这样,上述四者之间在"分有"功能的作用下,便形成了"可感领域"→"意见"←"分有"→"理智领域"→"知识"的逻辑进路。

在柏拉图的世界中,人类所具有的"灵魂"也因是对"理念型相"的分有而在整体上显现不朽的特性,这种不朽的特性在本质上体现在灵魂对"理念型相"的自我关照上,其结果便是以"知识"的形式积淀于人类灵魂的深处。"知识"与人的灵魂常青永驻,当人类的肉体得到净化或消失时,"知识"便与灵魂一道回归"理念"的世界。因此,人们对"知识"的学习便是对原初知识的"摹本"或"回忆",也就是柏拉图所说的"实践死亡"[5]。通过"实践死亡"的回忆,人们实现了从感性中个别的、相对的东西向理性中普遍的、绝对的"主体"的转变。很显然,在柏拉图那里,主体即"理念"或"灵魂"、客体即"肉体"或"感性世界"等的思想已十分明显。至此,从某种意义上说,影响西方由苏格拉底、柏拉图到黑格尔两千多年的"主客二分式"的哲学追问方式便初步形成,恰如海德格尔所言,"这一长期占统治地位的哲学基本上是柏拉图主义"[6],尽管主体的概念还未真正被提出。

继柏拉图将世界划分为感性世界与理性世界之后,亚里士多德在对其批判与扬弃的基础上,将哲学研究的第一对象归结为"是者"（其核心意义是"实体"或称"本体"）,并首次提出了"主体"这一概念。他在《范畴篇》里论述"实体"时曾说:"就最本真、最本原和最优先的意义上而言,本体就是既不能用来述说[陈述]一个主体[主位者],也不存在于一个主体里面的东西,比如一个特定的人或一匹特定的马。"[7]不可否认,此处亚里士多德所说的"主体"主要是指作为描述对象或承载对象意义上的主体,而"客体"则潜在地被确定为描述者或被承载者,其外延明显超出了苏格拉底与柏拉图所论及的类似"主体"与"客体"概念的内涵。但即便如此,它却为主体范畴的进一步解读与演进做出了富有里程碑意义的贡献。

二

自阿那克萨戈拉首次提出"心灵是万物运动的本原"始,至亚里士多德对主体范畴的明确提出时止,主体概念随着人类认识与改造自然能力的不断提高和实践范围的日益扩大,其认识与反思对象先后锁定在人类自身的理性以及与自身相对的外界对象即"他者"上,其中"主体"常以"实体"的形式存在于世。正因如此,人类常以"唯一理性者"自居而傲视"他者",即便是在基督教统治千年的中世纪时期,仍可以窥见人类充当主体傲慢的一面。

476年,随着西罗马帝国的灭亡,西方社会开始步入宗教统治的千年世纪。从此,人便匍匐在上帝的脚下，成为上帝耶和华随便役使的忠实奴仆，致使人类理性的化身——主体也一同沉沦。这便是多数人对中世纪时期"主体"命运的基本看法。然而，事实上，"主体"却并未沉沦，而是以另一种更具有人格形式的绝对化身——"上帝"的形象，在实施着"主体"所被赋予的神圣使命。

当面临威胁或恐惧而又无法摆脱时，人类通常会诉诸于一种非常规的方式来表达对"他者"的抗拒，即将自身的各种优点与能力汇聚于一个至高无上的虚幻的"实体"上，宗教的诞生即是如此。"宗教正是以间接的方法承认人。通过一个中介者……人把自己的全部神性、自己的全部宗教约束性都加在他身上。"[8]"我们的宗教幻想所创造出来的那些最高存在物只是我们自己的本质的虚幻反映。"[9]宗教的本性表明，正是因为人类将自身的智慧、勇敢、毅力等精神特性部分让与了全知、全能、全善的人格化的"上帝"，所以才甘愿对其俯首称臣、逆来顺受。故此，就基督教而言，至高无上的"上帝"在本质上只不过是自古希腊以来尤其是柏拉图以来所推崇的理性的人格化。可以说，由虚幻实体"上帝"所表征的"主体"代表了所有信徒孜孜以求的"大写"主体，而信徒自身却是与其对应的物质与精神结合的"小写"主体。前者因汇聚人类所有智慧与美德而受到其信徒的膜拜，后者因生来为各种物欲所困扰而遭到自我的批判与贬低。人在宗教氛围中的这种"理性"行为，终因教会自身的衰落而产生合法化危机，成为"文艺复兴"与"宗教改革"的牺牲品。

至此，"小写"主体从"大写"主体的阴影下凸显出来，"人性"得到张扬，"神性"受到批判。"人性"与"神性"在本质上其实都是人类自身本性的两极，前者得到张扬，源于人类自身对"此岸"世界以及人类自身的"发现"；后者受到批判，则归于人类自身对"彼岸"世界的过于倾注而远离了现实生活，成为空中楼阁遥不可及，致使人疲于奔命、悲观失望。在此意义上，我们可以说西方现当代哲学尤其是后现代主义，所竭力批判与解构的"逻各斯中心主义"、"人类中心主义"、"主体中心主义"等，事实上始于对中世纪"大写"主体——上帝的质疑与批判，而西方近代哲学在对"绝对主体"的关注上其实仍处于对"大写"主体的朝圣之旅上。

如果说主体在西方中世纪时期主要以"上帝"这一"大写"主体的形式徜徉于人类信仰史的长河之上的话，那么在西方近代时期主体则主要以"思维"、"精神"、"自我意识"的样式横亘于人类"我思"的求索历程之中。"知识就是力量"与"我思故我在"，既是西方近代哲学所开启的两条探索真理的不同进路，又是主体由"上帝"形象回归于人类"理性"形式的历史转折点。从此，人类自身开始脱离于上帝的佑护而独自踏上真理求索之路，主客体意义的理解也便被限制在思维与存在、精神与物质、主观与客观、"心与物"等主客二分式的逻辑框架之中。与苏格拉底、柏拉图以及宗教意义上的初始主客二分思想相比，西方近代意义上的主客二分思想基本上完全剥离了人与宇宙万物的浑然联系。人是宇宙万物的主人，是其存在的价值依据，在其不断发展的科学面前，宇宙万物不再神秘，一切皆因人的存在方有意义。在此意义上，"主体"便可与"理性"划上等号，而"客体"则可与"非理性"的"他者"划上等号。至此，"理性"便能以"新上帝"的身份来发号施令，用自己的标准去判定善恶。

物极必反。当由弗兰西斯·培根和勒内·笛卡尔所开启的近代意义上的"理性"主体，极度张扬、盲目拔高自身的地位之时，其衰微的命运便为期不远矣。尽管几经洛克、休谟和康德等人对"理性"的绝对性、天赋性进行质疑、批判或限制，但仍无法阻挡游离于黑格尔意义上的"否定辩证法"规律限制的"绝对主体"（"绝对精神"）的产生。在黑格尔那里，主体不仅是指康德视域下具有综合统一能力的自我意识活动，而且还指经过客观唯心论所改造过的斯宾诺莎式的一元"精神实体"，但是又不同于笛卡尔所说的与"物质实体"相并列的"精神实体"，而是融精神性或观念性、客观性或存在性于一身的"绝对观念"或"绝对精神"。用黑格尔自己的话说，即为"实体就是主体"[10]，抑或"理性是自在而自为的绝对实体"[11]。主体在经黑格尔的阐发之后已完全跳出"三界"之内，成为绝对永恒的宇宙精神，从而似乎实现了康德曾经所设定的"人为自然界立法"[12]的预言。

然而，主体为自然界立法却未必是幸事，相反，随着肇始于弗兰西斯·培根的工具理性精神的极度张扬及其现代性问题的出现，"大写"主体便逐渐湮没于"上帝死了"和"人死了"的批判声中。从此，以"新上帝"身份所出现的近代理性，便消融于多元、差异的微观主体的汪洋大海之中。

三

"大写"主体的离心化、功能化与多样化，是西方现当代哲学的主要特征，以理性为核心的自我意识并不能涵盖"小写"主体五彩斑斓的哲学内涵，在此意义下，主体与客体之间的界限已模糊甚或消融于彼此之间的互动与转变之中。主体的上述转变从尼采、福柯和哈贝马斯对其的诠释即可窥见一斑。

主体与客体在尼采那里已从传统意义上的永恒实体降格为各种关系尤其是权力意志虚构的产物。[13]在内涵上，主体被诠释的立足点只是我们人类自身[14]，它是用以称谓"我们认为最高现实感的一切不同要素存在某种统一性"这一信仰的术语[15]，因为我们认为这种信仰乃是源于一种看似我们所具有的若干相同状态的一致性的结果，在此意义上，所谓的"真理"、"实体性"、"现实性"等概念也便随之产生。主体的外延变幻不定，一方面，其中心点不断漂移，当该机体丧失统摄群体的能力时，便会一分为多；另一方面，该机体针对弱势的主体不是消灭而是将其改造为自己服务的活动分子，"并且直至某种程度上同后者一起构成一个新的统一体"[16]。如果说主体等同于"自我"、"统一性"、"灵魂"等概念只是一种假说或虚构的话，那么作为其逻辑学上的对应概念——客体便也只是一种方便式的假说或虚构，其内涵则可大体锁定为"他者"、"差异性"、"肉体"、"物质"等对象。故此，尼采指出，倘若人们放弃了"主体"的概念，那么也就等于放弃了"客体"的概念及其所派生出来的"物质"、"精神"、"物质的永恒性和不变性"等其他假说式的本质。[17]正是由于洞察到主体与客体虚构的缘故，尼采才将终生的旨趣寄托在那涌动不息、真实而具体的权力意志的实施与满足上。

作为尼采的信徒，福柯在秉承其对"大写"主体（工具理性）的批判与解构精神的同时，以自己阐发过的权力思想将对主体概念的诠释又往前推进了一步。如果说主体在尼采那里还以"权力意志"为最后的"附体"的话，那么在福柯这里主体则完全成为一个任何人都能加以填补的"空缺"，"大写"的主体已随同"人的死亡"一起灰飞烟灭，如同画在海边沙滩上的脸已杳无印迹。"大写"主体的"退场"使长期以来被普遍理性所压抑或排挤的那些处于边缘或底层的"精神病患者"、"罪犯"、"鸡奸者"、"流浪者"等微观主体得以"出场"。这些多样化的、拥有各自利益的微观主体却并不是天然如此，而是由类似"社会准则、规范话语和知识体系"[18]等构成的各种权力关系建构的产物，它们是在西方18世纪末19世纪初伴随精神病学、刑法学、心理学等人文科学的诞生一同产生的。当"人"成为语文学、国民经济学、生物学等人文科学研究对象的时候，它已成为各种权力机制及其符号所分析、解剖与重组的概念性对象，丧失了拥有各种利益诉求的活生生的"存在者"的生命力和特性。"人"的对象化及其死亡使"主体"如同脱壳的灵魂，成为无所依从的"孤魂野鬼"，貌似生而实则死。在"主体"命运终结的同时，与之相对的"客体"的存在也失去了生存的根基。然而，就在福柯宣称"大写"主体死亡的同时，却又在为"微观主体"（或曰"微观客体"）的诞生而欢呼雀跃。正是通过这种特殊的"死亡辩证法"，福柯在权力的场域中实现了由"知识主体"到"权力主体"再到"伦理主体"的信仰转变。

如果说福柯是在对以普遍理性为标志的现代性实施解构性批判的基础上，在使西方近现代意义上的传统主客体概念遭到消解的同时，才促使秉承本真意义上的理性特性的"微观主体"得以凸显并受到关注的话，那么，哈贝马斯则首先是在认同西方现当代哲学尤其是后现代主义对工具理性和科学主义所做的批判的前提下，在以被其矫正过的"理性"精神来对现代性进行辩护的过程中，推动了以"主体间性"[19]为特殊身份的"交往主体"的"在世"。从表面上看，似乎福柯的"微观主体"与哈贝马斯的"交往主体"是分别处于两个不同的"世界"，但实质上却不然。首先，两者都是对以工具理性为主导的普遍理性进行批判的产物，都更加关注微观主体的特殊利益。其次，两者实现或维护自身利益的方式都是以置身于特殊境域中的"具体自我"为出发点，借助周遭的各种权力关系在彼此互动中达到其设定目标。只不过福柯的"微观主体"是通过各自在权力网络的不同节点（结点）上的具体抗争，由下自上形成普遍化的权力效应而实现的；而哈贝马斯的"交往主体"却是借助彼此都认可的语言或言语，通过沟通而在互动中达至其目标的。[20]最后，两种主体的身份都处在不断的转变之中，既是主体又是客体。当然，二者之间的区别也是明显的。如果说"主体"在福柯那里是指任何人都能加以填补的"空缺"的话，那么，在哈贝马斯这里则是指在以语言为中介的互动网络中，通过依靠"他者自我"来确证"自我"的实践行为"言语者"。[21]

四

突破主客二分的思维框架，在多元、微观、互动中来诠释并确证主体，可谓是继尼采、福柯乃至哈贝马斯以来西方现当代学者的主要特征。然而，这并不表明有关主体的话语就"终结"了，相反，主体依然是马克思主义话语及其衍生话语形态的主要论题，并持续发挥着引领"他者"话语的效用。

马克思主义话语对主体的诠释首先是基于对人的本质的科学论断，即"在其现实性上，它是一切社会关系的总和"[22]。故此，在马克思主义话语中，主体并不是抽象、思辨的主观意识产物，更不是语言游戏建构的对象，而是基于特定的历史条件下，从事认识和改造自然、社会以及人自身的实践活动的主观能动的存在者。这种主体，因为是在既定的历史条件下生产和生活，所以它是具体的、有限的存在者，从而避免了以往主体被非历史化的异化厄运；又因为是针对自然、社会以及人自身的认识和改造活动，所以它是真实的、客观的存在者，从而避免了以往主体被虚幻化的悬空状态；还因为其具有智慧、情感、意志、实践和信仰等特性，所以它是自主自抉、富有创造性与超越性的存在者，从而避免了以往主体被机械化、物质化的僵死境遇。可见，马克思主义话语的主体观是在坚持历史性原则、实践性原则、社会性原则和价值性原则的基础上的一种有机统一，其统一的结点便是置身于特定时空场域下的积极能动的实践活动者。

马克思主义话语的主体观，既是对近现代以来西方哲学主体观的批判性继承，又是立足于一种更高层次的创造性阐发。如果说主体概念的演进在西方近代之后发生了历史性的大分裂的话，那么马克思主义话语的主体观无疑是其中最富有影响力的一种进路。苏东剧变后，尽管马克思主义话语曾经一度被"历史终结论"等"他者"话语所攻击、诽谤甚至判为"死刑"，其主体观也一度遭致遮蔽而在哲学话语界的影响力有所式微，但以社会主义中国为代表的蓬勃发展的社会主义实践，不仅用铁的事实有力地回击了"他者"话语的自信、狂傲或悲观，而且也再次催生了一批以"后马克思主义者"为代表的、以"阐发"马克思主义话语主体性思想为历史使命的新的衍生话语形态。这些话语对主体诠释的方法和特征，可从拉克劳（Ernesto Laclau）和墨菲（Chantal Mouffe）的"话语立场主体"以及齐泽克的"无意识主体"而窥见一斑。

拉克劳和墨菲通过对精神分析与语言分析理论成果的借鉴和运用，将主体理解为一种由话语情境构造的多元、分散的"主体立场"[23]，以此来拆解那种传统、固定、统一的主体对社会过程的支配性局面，进而凸显去中心化的多元主体在日益复杂化的政治斗争中的重要作用。这种"话语立场"的主体观尽管在充分肯定主体在社会身份认同上的多样性的同时，力图通过以文化研究来取代政治经济批判的方式去建立连接多种政治实践的激进民主策略[24]，但是它并未越出阿尔都塞所解读的"意识形态质询"主体的框架[25]。

齐泽克则从话语秩序的内在冲突和对抗出发，将主体解读为不能被话语符号秩序所整合的统一的无意识主体。[26]这样由多元决定的"话语立场"主体便回归到统一对抗的"阶级斗争"主体，从而使主体彻底摆脱了意识形态的统治。当然，齐泽克所指的"阶级斗争"并不同于马克思所论及的阶级斗争，它是指以拉康的"实在界"理论（"符号界的内部界限"）为内在逻辑支撑的话语符号内部的"创伤性限制"。"它是某种限制，某种纯粹的否定性，某个创伤性限制，它阻止社会意识形态领域的最后集聚。'阶级斗争'只能呈现于其结果之中，呈现于下列事实之中——努力集聚社会领域，努力给社会现象在社会结构中分配一定的位置，每一次这样的努力，都是注定要失败的。"[27]换言之，齐泽克视角下的阶级斗争所强调的只是社会秩序尤其是话语秩序之内的一种永无休止的相互对抗，它阻止社会形成一个和谐的整体。相比较于拉克劳和墨菲的"话语立场"主体观而言，齐泽克的"不能被话语符号秩序所整合的无意识主体"更多地突出了以整体形式所参与的"阶级斗争"的重要性。尽管这种斗争已在很大程度上偏离了传统马克思主义意义上的阶级斗争，但是它毕竟是在资本主义社会发生新变化的背景下所做出的一种理论上的新解读，对于分析正处于社会转型期以及全球化浪潮中的当代中国来说无疑具有很强的启发性。

反观主体概念的演进过程可知，由包容、渗透于宇宙万物的无形、纯粹的"心灵实体"，到具有人格化的、至高无上的"虚幻实体"（上帝），再到物我二分的、主客有别的、绝对永恒的"普遍理性主体"（自我意识），最后到多元、具体、功能化的"具体理性主体"，主体的身份经历了由自在自为的绝对实体到受多种权力因素决定的功能化的微观主体的转变。尽管这种转变并不能代表人们在主体概念理解与诠释上的所有观点，但是它们大致勾勒了主体概念在哲学发展历程中的主要演变轨迹，一定程度上展现了哲学主题的时代转换与现实关切。

参考文献：

[1][2] 赵敦华.西方哲学简史 [M].北京：北京大学出版社，2001：8，40.

[3][4][德]E·策勒尔.古希腊哲学史纲 [M].翁绍军译.济南：山东人民出版社，1992：87，106-107.

[5][古希腊]柏拉图.柏拉图全集（第一卷）[M].王晓朝译.北京：人民出版社，2002：85.

[6]张世英.新哲学讲演录 [M].桂林：广西师范大学出版社，2004：60.

[7][古希腊]亚里士多德.范畴篇 [M].方书春译.北京：京商务印书馆，1959：12.

[8]马克思恩格斯全集（第4卷）[M].北京：人民出版社，2002：171.

[9]马克思恩格斯选集（第4卷）[M].北京：人民出版社，1995：222.

[10]西方哲学原著选读（下册）[M].北京：商务印书馆，1982：366.

[11][德]黑格尔.哲学科学全书纲要 [M].薛华译.上海：上海人民出版社，2002：268.

[12][德]康德.任何一种能够作为科学出现的未来形而上学导论.[M].庞景仁译.北京：商务印书馆，1982：92.

[13][德]尼采.权力意志 [M].贺骥译.桂林：漓江出版社，2000：288.

[14][15][16][17][德]尼采.权力意志——重估一切价值的尝试 [M].张念东，等译.北京：商务印书馆，1991：255，366，255，260.

[18]莫伟民.主体的命运——福柯哲学思想研究 [M].上海：上海三联书店，1996：310.

[19][20][21][德]哈贝马斯.后形而上学思想 [M].曹卫东，等译.南京：译林出版社，2001：74，53-82，191-192.

[22]马克思恩格斯选集（第一卷）[M].北京：人民出版社，1996：56.

[23][英]拉克劳，墨菲.领导权与社会主义的策略——走向激进民主政治 [M].树广，等译.哈尔滨：黑龙江人民出版社，2003：128.

[24][斯洛文尼亚]齐泽克.敏感的主体——政治本体论的缺席中心 [M].应奇，等译.南京：江苏人民出版社，2006：4.

[25][英]拉克劳.我们时代革命的新反思 [M].哈尔滨：黑龙江人民出版社，2006：303-304.

[26]莫雷.后马克思主义的主体概念 [J].学习与探索，2010（2）：38-40.

[27][斯洛文尼亚]齐泽克.意识形态的崇高客体 [M].季广茂译.北京：中央编译出版社，2001：224.

评斯洛特"纯粹"的美德伦理学①

赵永刚②

摘要：斯洛特是当代西方美德伦理学的重要代表。出于对亚里士多德伦理学行为评价标准的客观主义和理论结构上的幸福主义的不满，斯洛特的美德伦理学转向休谟等人的情感主义。以关怀和仁慈等内在动机为基础，他构建了一个具有现代伦理理论结构的"纯粹的"美德伦理学。但这种美德伦理学在实践上难以操作，道德行为的评价标准不够合理。斯洛特美德伦理学的局限性可能源于一种普遍主义情怀。伦理学家在构建普遍化体系时须谨慎。

关键词：斯洛特　美德伦理学　情感主义　普遍主义

一、从新亚里士多德主义到新休谟主义

迈克尔·斯洛特（Michael Slote）是当代西方美德伦理学的重要代表，其情感主义（新休谟主义）美德伦理学是当今西方美德伦理学最为重要的类型之一。斯洛特最初是一个亚里士多德主义者，后来转变为一个休谟式的情感主义者，这一转变体现在 Agent-based Virtue Ethics、Morals from Motive 等文献中，它源于斯洛特对亚里士多德美德伦理学的以下两个方面的批评。

首先，在斯洛特看来，亚里士多德伦理学道德价值的最终来源不是行动者的品格特征，而是某些外在于行动者的东西。亚里士多德把美德定义为一种关于选择的品质，它"存在于相对于我们的适度之中"[1]，美德就在于对"适度"的把握，而"适度""是由逻各斯规定的"[1]。所以，美德就在于行动者对逻各斯所规定的外在客观事实的把握。这就是说，有德之人的美德在于他对具体情境下道德要求的知觉，即在行动者之外存在着客观的道德知识，而美德就在于行动者能理解和把握这些道德知识。因此，斯洛特认为，亚里士多德没有把道德价值完全归于行动者的内在品格和动机，而是归于行动者之外的尺度，因而其伦理学是不彻底、不纯粹的美德伦理学。

其次，斯洛特认为亚里士多德美德伦理学的幸福主义弱化了其美德伦理学的纯粹性。作为一种目的论体系，亚里士多德伦理学将幸福视为最高善，虽然美德是幸福的内容之一，但并非唯一的内容。因而，从理论结构上看，美德并非亚里士多德伦理学的唯一基石。据斯洛特的分析，亚里士多德伦理学由有德之人特有的行为以及美德的本质来评价行动者的道德行为，但随后又将合乎美德的行为和美德建立在幸福这一概念基础上。[2]因此，亚里士多德主义伦理学的基础是行动者的幸福而不是行动者本身的内在品格，因而就不是彻底的、纯粹的美德伦理学。

对亚里士多德伦理学的上述两个批评展现了斯洛特关于美德伦理学的基本立场：真正的美德伦理学

①　基金项目：本文为国家社科基金西部项目《美德的实在性研究》（12XZX017）以及湖南省教育厅青年项目《美德概念的心理学基础研究》（12B105）的阶段性研究成果。

②　作者简介：赵永刚（1978— ），男，博士，吉首大学哲学研究所副教授、硕士研究生导师，主要从事当代西方美德伦理学研究。

只能完全以行动者的动机、情感等内在特征为基础，并以内在特征作为行为评价的依据。斯洛特的这一立场实质上是对休谟观点的重申，休谟认为："当我们赞扬任何一种行为的时候，我们考虑的只是产生这些行为的动机，并把这些行为看作是心灵和性情中某些原则的标志和表现。外在的表现没有价值……我们赞扬和嘉许的最终对象是产生行为的动机。"[3] 显然，在休谟这里，道德价值的源泉与道德评价的依据是行动者的动机，这是斯洛特转向新休谟主义的一个重要原因。

另一个重要原因是，斯洛特认为美德的价值最终应当诉诸休谟等情感主义者所强调的普遍仁慈和关怀。在他看来，在亚里士多德等人的伦理学中，人们追寻美德的动机是追求人类"功能的卓越"，虽然能够表现人的卓越与高尚，但缺乏关怀他人的"温暖"，显得比较冷峻。而休谟等情感主义者将同情、仁慈作为动机，把利他主义的关怀作为伦理学的基础，因而体现了一种温情。斯洛特明确表示，普遍的仁慈是独立于行为后果的、令人钦佩的道德理想，建立在此基础上的美德伦理学方案反映了对人类的普遍关怀，因而"是近期最有希望的当代美德伦理学复兴的方式。"[2]

二、斯洛特"纯粹的"美德伦理学

斯洛特把美德伦理学划分为三种类型："以行动者为焦点的"（Agent-focused）、"行动者优先的"（Agent-prior）以及"以行动者为基础的"（Agent-based）。"以行动者为焦点"的美德伦理学强调个体美德和品格而非个别道德行为的对错的道德价值和重要性，也就是说，这种美德伦理学最为关注的是"具有美德的个体以及使其成为有德之人的内在特征、倾向与动机"[2]。但这种美德伦理学只是强调美德以及相关概念的重要性，并不一定在理论的概念结构上体现出来，它可能仍然以一种外在于美德的标准来评价行为的道德价值。比如，"公正"这一美德部分地基于行动者能够理解"什么是公正的？"这一问题，因而"公正"的美德要依赖于对这一品格以及公正行为的道德价值的独立解释。[4] 换言之，无论是从概念结构上还是从价值上看，在美德之外存在着独立的元素。所以，按照斯洛特对美德伦理学的设想，这种美德伦理学是最不纯粹的。

相比之下，"行动者优先的"美德伦理学更为纯粹。因为它与"以行动者为焦点的"美德伦理学的区别在于，它不仅主张行动者的内在品格相对于行为的重要性，而且它主张行为的道德价值是从行动者的品格特征派生出来的。但是，这种美德伦理学没有将品格评价视为最根本的，而是被建立在关于行动者的幸福、福祉、好生活等外在的非道德的价值判断上。因此，按照斯洛特的观点，幸福主义的美德伦理学都属于"行动者优先的"美德伦理学。

在斯洛特建构的"以行动者为基础的"美德伦理学中，行为的道德价值完全来源于关于行动者的动机、倾向等内在活动的事实与判断，而这些关于动机和行动者内在状态的事实是独立的、根本的伦理事实。在其美德伦理学理论体系中，行动者或道德主体的内在特征是整个理论体系的唯一基础，任何外在于行动者的概念和价值都是派生性的。这种美德伦理学无疑是一种激进的美德伦理学，也是一种最纯粹的美德伦理学。斯洛特认为，既然许多哲学家都是通过将伦理学的三个最主要的伦理概念（善、正当与美德）中的一个视为解释上首要的概念来区分伦理学理论类型，那么只有"以行动者为基础的"美德伦理学将美德视为解释上首要的概念，因而是真正的、名副其实的美德伦理学。[2]

由此可见，斯洛特的美德伦理学具有两个根本特征：①斯洛特的美德伦理学从利他主义出发，其出发点是对"他者"的关怀，而非"以自我为中心"的道德主体的自身完善，后者是大多数非情感主义美德伦理学的共同特征；②斯洛特的美德伦理学体系则以道德情感作为美德的基础，在道德动机和道德情感的基础上建构起一个一元论的、还原论的现代伦理学理论体系。

三、斯洛特美德伦理学的局限

从现代理论的结构体系这一角度看，斯洛特的美德伦理学完全独立于义务论和后果主义，因而是一种独立的美德伦理学体系，这正是斯洛特构建其"纯粹的"美德伦理学的主要动机之一。但斯洛特的这种理论结构在获取独立性的同时丧失了解决诸多实质性的伦理问题的能力，同时斯洛特构建这种激进的美德伦理学的一个基本预设是承认现代伦理理论结构特征（一元论、还原论）的合理性，但这也存在问题。

首先，斯洛特将行动者的内在品格和动机视为道德行为评价的唯一依据，但我们在实际的道德生活中难以实现这一评价机制。斯洛特认为，我们要评价一个行动者的行为关键要看行动者的动机性质。然而，问题是我们如何能够知道行动者的动机呢？当然只能通过行动者的行为和表现。然而，如果对动机和品格的认识要依赖对外在行为的评价，那么斯洛特美德伦理学的独立性就仅仅是价值论和本体论意义上的，而不是认识论意义上的。实际上斯洛特也承认行动者的动机要通过其行为或表现来把握，而且他在许多地方都是通过具体的行为来证明行动者的动机的。所以，从认识论的角度看，斯洛特的理论在实践上必须依赖外在行为。除非我们可以在抛开行动者的外在行为的情况下认识到行动者的内在动机，否则斯洛特的伦理学就不能运用到实践中来。这个问题是斯洛特伦理学无法解决的。对动机和内在特征的直接认识已经不是一个伦理学问题了，它在伦理学之内无法得到解决。

其次，斯洛特的理论不能区分"正确的行动"与"出于正确理由的正确行动"。根据斯洛特的观点，只有出于美德的行为才是正确的。然而，这是斯洛特理论的一个重大缺陷，因为它没有为这样一种可能性留下余地：不是出于美德的或者具有高尚动机的行为也可以是正确的。这似乎抹去了我们常识意义上的区分："正确的行为"与"出于正确理由的正确行为"。在斯洛特这里，如果理由（动机）是不正确的，行为也将是不正确的。

我们通常都会认为这种常识意义上的区分是合理的，但斯洛特认为，这种区分并不合理，他坚持认为正确的行为应当出于正确的理由或动机。[2] 不过，我们至少有一个理由来肯定这一区分的合理性。我们之所以要进行道德上的自我完善或者道德修养就是因为我们内在的品格状态、情感和动机不够完美，如果基于这种不完美的内在状态所做出的正确行动不具备道德价值，那么道德修养或者道德上的自我完善也将不具有道德价值。[5] 所以，我们必须从理论上区分"正确的行动"与"出于正确理由的正确行动"，并在某种程度上肯定前者的道德价值，但这并不妨碍我们区别对待二者的道德价值，后一种行为更值得我们赞扬与推崇。我们对于"正确的行为"的理解不能过于严苛，虽然某些"正确的行为"背后的动机不够好，比如，害怕舆论和法律的制裁等，但它们仍然具有一定的道德价值。

斯洛特建构的美德伦理学体系只具有形式上的独立性，但存在许多现实的不合理性，问题的根源在于他主张一元论、还原论的现代伦理学结构观，片面强调了内在动机和道德情感的道德价值，忽视了道德价值的多元性。这也许是因为斯洛特怀有一种普遍主义情怀，普遍主义情怀是情有可原的，因为一种值得我们欣赏的理论为了强有力地表达其观点，往往会采取一种激进的、不合常理的表达方式。正如赵汀阳所言："……从来没有一种人文思想能够是完全无可置疑的真理，优点和缺点一定是搭配着的，说对的地方总是以说错的事情为代价的……哲学尤其如此……为了保留优点，只能同时保留缺点。"[6] 然而，伦理学作为一种哲学样态，既要追寻普遍性，同时伦理学作为一种实践哲学，还要关照伦理现实，寻求可操作性。

要真正做到这一点谈何容易！不过我们至少需要持有一种审慎的态度：我们在进行理论化时，要节制普遍化的冲动。对于许多从事哲学事业的人来说，普遍化是一个难以抑制的情怀。但我们要保持一种理性的冷静。我们须明白普遍化事业的艰难，具有普遍性的观点和判断应当有充分的现实依据。伦理学作为一种哲学理论形态，是对人类自身存在、存在方式和生存环境的理论自觉和反思。因此，我们应当充分地、准确地把握和理解与我们的生存有关的事实。而关于我们生存的事实的研究现在已经相当专业化，所以我们必须正确处理伦理学与其他非哲学学科的关系，了解它们的研究成果。在此基础上才能有较好的理论把握，同时也才能更好地关照现实生活。

参考文献：

[1][古希腊]亚里士多德.尼各马可伦理学[M].廖申白译.北京：商务印书馆，2003：47-48，124.

[2]Michael Slote.Morals from Motives[M].New York：Oxford University Press，2001：3，4，6，7，15.

[3][英]休谟.人性论[M].关文运，郑之骧译.北京：商务印书馆，2005：517.

[4]Damian Cox.Agent-based Theories of Right Action[J].Ethic Theory and Moral Practice，2006（9）：506.

[5]Robert Johson.Virtue and Right[J].Ethics，2003（113）：810-834.

[6]赵汀阳.论可能生活[M].北京：中国人民大学出版社，2004：2-3.

论哲学思想如何渗透在中国作曲家的音乐作品中

陈润萱①

摘要： 本文介绍了哲学思想在中国作曲家创作的钢琴作品中重要的影响性，笔者认为作曲家们的创造性思维是以人与大自然为基础，合二为一。而中国带有印象派风格特点音乐作品的形成则是结合了印象派美学的特点以及中国民族文化的特点，讲述了印象派音乐在中国音乐史上的地位以及它的表现性。

关键词： 哲学思想　中国钢琴音乐　印象派美学　心态　五声音阶

中国是个有着五千多年悠久文化历史的国家，在这个有着这么浓厚文化气息的国度里哲学也一直被文人们探讨研究。中华民族的哲学致力于研究世界的本原和古今历史演变的规律，形成了自己独具特色的自然观、历史观、伦理观、认识论和方法论。[1]

在我国艺术发展史中，不难发现钢琴作品的创作里都会出现民族音乐以及传统戏剧的影子，而这些传统音乐或多或少会受到当时的哲学思想观念的影响。通过深入的探索研究可以发现我国的部分钢琴音乐作品都带有浓烈的哲学及宗教思想色彩，为什么会这样呢？因为不管是道教，还是儒家思想、佛教等，它们都有着一个共同的理念，那就是人和大自然是紧密联系在一起的，它们之间有着不可分割的潜在联系。[2]而音乐艺术也是如此，作曲家通过"音乐"这种独特的表达形式阐述了这个理念。

著名作家冯友兰在其所著的《中国哲学简史》中提到："儒家以艺术为道德教育的工具。道家虽没有论艺术的专著，但是他们对于精神自由运动的赞美，对于自然的理想化，使中国的艺术大师们受到深刻的启示。[3]正因为如此，难怪中国的艺术大师们大都以自然为主题。中国画的杰作大都画的是山水、翎毛、花卉、树木、竹子。一幅山水画里，在山脚下，或是在河岸边，总可以看到有个人坐在那里欣赏自然美，参悟超越天人的妙道。"

中国文化一直都属于静态发展，不会因外界带来的破坏性而影响其稳定性。这样的发展其本质也是源于哲学的基本理念，我国道家思想首先独创了朴素唯物主义本体论学说，他以"道"为至高信仰，"道"是化生宇宙万物的本原。[4]道家的"无为而治"、"以静制动"思想已经成为中国文化的基本思想理念，这与西方的积极观背道而驰。受到民族文化的熏陶，一些中国作曲家在自己的音乐作品中虽然也会借鉴欧洲的创作风格特点，但是更多的还是融合了带有浓烈民族色彩的元素。

衡量一切事物的标准不是个人，而是大自然，因为人是有限的个人，而大自然是无限的宏观整体，正因为大自然的无限性所以决定了它的未知性。在宗教理论中讲述到生活的艺术性是需要人们保持一种谦逊的态度并与大自然和谐共处，我国古代伟大的哲学家老子与庄子在诠释道家思想中多次提到"天地与我并生，而万物与我为一"[5]。受到我国哲学家思想的影响，中国近现代作曲家们将他们对于哲学的理解表现到了自己音乐作品之中，例如作曲家江文也创作的《浔阳月色》、《江南风光》，陈培勋的《平湖秋月》，王建中的《浏阳河》，等等。这些作曲家们将自己的内心精神世界通过音乐表达了出来，运用了不寻常的音乐处理方式，突出了钢琴多样化的音色特点，让我们的眼前浮现出一幅幅宏伟的画面。

① 作者简介：陈润萱（1988—　），女，湖北省武汉市人，乌克兰哈尔科夫国立艺术大学博士研究生，研究方向为古代哲学与音乐研究。

艺术家们在创造自己的艺术作品时，大多数都会带着一个乐观向上的思想状态，会向人们诉说着人与大自然的和谐相处，传递着正能量，而不是更多地突出社会给我们带来的负面影响甚至于毁灭性。他们的乐观性其实都与我们的心理以及对于艺术的审美眼光吻合，我们都是向往美好的事物；偶尔通过一些强烈的对比也能够让我们更好地了解到原始的美感，认识到自己的快乐源泉。带有印象派特点的艺术作品能更好地诠释这类情感，中国音乐家们通过印象派音乐为我们架起了这座沟通的桥梁，让我们能够更深刻地体会到"我"客观个体在宇宙中的渺小。

印象派风格特点在音乐中的应用突出表现在对于"时间"的刻画，这就意味着作曲家们在创作的时候通过运用音色、技巧、符号等来让我们体会到"时间"的魅力所在。

在中国文化发展史中，太极也占有相当重要的地位，著名作曲家赵晓生在1987年所创作的钢琴曲《太极》在音乐界备受瞩目，作曲家将自己对于"太极"的理解融入到了音乐之中，他探求着一个蕴含丰富秩序井然的天地。[6]"太极"所强调的就是阴阳之说，而在我国哲学史中也早有记载，其中最早的应该可以追溯到《易经》。在其他的钢琴作品中我们也可以找寻到阴阳之说的影子，例如作曲家王建中的《百鸟朝凤》（1973），黎英海的《夕阳箫鼓》（1975）、《阳关三叠》（1978），等等。

通过深入研究这些音乐作品，我们可以发现中国作曲家们是如何将印象派风格的特点融入到自己的音乐之中。我们看到这些钢琴作品中透露着作曲家们最真实的情感，时而让人进入到一种沉思状态，时而让人热情澎湃，时而又虚幻缥缈；通过音符传递让我们体会到了大自然中的明媚阳光、雨后湿润润的空气，也让我们感受到了最直观的听觉冲击。作曲家运用了五声调式，宽厚而沉重的低音，不同的音色处理，平行的音程移动，行云流水般的旋律来凸显出整首作品的生命线条，这就是最典型的印象派风格。[7]不得不强调的是，中国作曲家们在创作自己的作品时并不是一味地模仿欧洲的创作方式，而是将他们与中国的民族艺术以及传统思想相结合，建立了自己独特的创作风格。例如，他们不仅运用了平行音程，而且还运用在了大三和弦、七和弦、九和弦等；不仅如此，还将中国特有的五声调式融入其中，添加了音程的不稳定性，增加了音律的流动性，让人们感受到了古色古香的中国特色旋律，让这些音乐作品蒙上了一层神秘的面纱。[8]

这么多年来中国音乐家们创作了许多不同风格的音乐作品，丰富了我国钢琴音乐的多样性，通过这些作品表现了音乐家们的内心世界，体现了他们最真实的情感，同时也表达了对祖国大好河山的赞美以及对民族艺术文化深厚的敬意。

参考文献

[1] 汪毓和. 中国近代音乐家评传（下册）[M]. 北京：文化艺术出版社，1992：216.

[2] 邹学熹. 易经 [M]. 北京：中医古籍出版社，2006：510.

[3] 吴国翥，高小光，吴琼. 钢琴艺术博览 [M]. 北京：奥林匹克出版社，1999：257.

[4] 冯友兰. 中国哲学简史 [M]. 北京：北京大学出版社，1985：276.

[5] 蔡仲德. 中国音乐美学史 [M]. 北京：人民音乐出版社，2004：866.

[6] 张卫中. 论语 [M]. 杭州：浙江教育出版社，2011：226.

[7] 文选德.《道德经》诠释 [M]. 长沙：湖南人民出版社，2005：300.

[8] 陈润萱. 带有印象派风格特点的中国钢琴音乐是如何形成的 [J]. 北方音乐，2013（2）：32-33.

孔子哲学思想对中国钢琴发展的影响

白　夜 [①]

摘要：文章以中国钢琴的发展为例，折射出古代儒家学的思想对民族艺术的基础作用，并且强调了孔子的哲学思想与古代音乐文化之间的联系。当代中国作曲家的最重要的任务，是让中国民族艺术在全球经济、文化一体化的历史背景下得到大力的推广与传承。

关键词：孔子哲学思想　中国的钢琴音乐　全球一体化　中国作曲家　推广与传承

在中国这片幅员辽阔的土地上，生活着 56 个民族和亿万的人民群众，这个多民族国家的文化经过源远流长的历史沉淀，逐渐形成了中国民族艺术的结晶。在过去的十几年中，中国作曲家对中国民族文化的深入研究，在很大程度上对民族音乐语言和表现手法进行了再一次创新与拓展。这种创造性的思维，与中国作曲家根深蒂固的民族情怀紧密相连。时至今日，在中国钢琴艺术的发展过程中，很好地理解民族精神意识和继承民族音乐文化传统，是我们研究的重要课题。

中国民族钢琴音乐的精髓，首先体现在中国古代的哲学和美学思想。中国民族音乐发展的历史，是随着中国人不同社会状态下的民族价值观、世界观的改变而改变，每一个历史时期的音乐作品都不同程度地映射了当前社会的文化、政治、经济的现状。很多哲学方向的文学作品都在讨论着儒家爱国思想对促进社会文化的进步和人们对民族的认同感的重要作用。

两千年前时至今日，孔子的儒家思想对中国文化中的传统价值观的形成做出了最大的贡献，它一直在民族艺术、文化以及道德的发展方向起着重要的领导作用，作为一个先进的思想学说，它仍然在不断变化的社会形态中规范着人们的道德行为的标准。儒家思想是一个有效治理国家的理论根据，它在规范人们道德行为的同时，也促进了社会的繁荣发展，它所提倡建立的政治体制也在补充着各个时期国家法律不完善的缺陷。孔子的儒家学说对人们灵魂的洗礼，使得中国这个多民族的国家保持统一和团结，因此，遵守儒家思想的礼仪，它不仅延续着中华民族的传统美德，也是人与自然、社会与国家和谐相处的重要保证。

儒家思想对中国社会的影响力一直非常的显著，它涵盖了所有政治、经济和文化领域，此外，它是中国民族传统在世界舞台上迅速发展的基础。孔夫子是中国人心中的圣人，它如影随形般孜孜不倦地教诲着每一个人，使得人们坚守正确的行为道德准则。在两千年以前的中国，并不是只有孔子的儒家学说独树一帜，道家、法家、儒家、墨家呈现诸子百家争鸣的局面。但是，在所有学说中，孔子的儒家思想最大的历史意义是为中国各民族的文化统一、社会安定团结的发展提供了坚实的理论基础。

在中国社会转型时期，国家局势的重大变化，加深了人们对民族历史的记忆。例如，当本民族的文化和语言将要丧失的时刻，当人们都发动政治独立斗争而建立新的国家和政权的时刻，这些斗争时期的历史记忆，更加坚定了人们的民族自尊心和克服战胜一切困难的决心。

在白战存的《浅谈孔子的爱国主义情怀及影响》中我们可以发现，作者着重强调民族和国家的统一

---

① 作者简介：白夜（1984—　），黑龙江省哈尔滨市人，乌克兰哈尔科夫国立艺术大学在读博士，研究方向为古代哲学与钢琴发展。

取决于政治关系和社会和谐的程度。孔子的爱国主义思想对中国社会的发展产生了巨大的影响，并获得了民族的认同感，它最大的历史意义在于保持了各民族文化的统一和发展。民族和文化的取向来自于世界各民族不同价值观的民众需求，很多哲学家都认为国家民族文化的认同感是教育领域重要的组成部分之一。

每一个民族都有着自己风俗和礼仪的核心文化，这些都是每个人内心世界追求真理的产物。经过人们的不断追求，每个人规范着自己的行为标准，认清自己在这个世界中应该扮演怎样的角色，这样一来，人们之间的关系才可以称作为完整的社会关系，人们才可以深刻地体会到自己属于整个国家的一个部分。中国的民族传统已经建立在人们长期生活所积累经验所衍生出的民族共同体的规则，这种规则是人类必须遵循的一种社会形式。这种固定的民族传统一直延续在历史的发展过程中，它已经被无数次地证明对社会发展有着积极的作用，并且正确地引导人民的价值观和世界观。

中国的钢琴音乐在实现民族风格中可以从中国美学的角度来分析。由于美学是哲学的一个分支，它包含了两大中国哲学流派——儒家和道家，以及这两个流派伟大的思想家和哲学家所倡导的审美标准。这些学派通过两种不同的方式，来解释和分析人与人、人与社会之间的相互关系和基本概念。在很多中国美学、哲学的书刊里，都记载着儒家和道家探讨中国美学的理论实践。最有名的是：冯玉兰的《中国哲学简史》，姜小东、姜万宝的《中国美学家评传》，蔡仲德的《中国音乐美学史》。

孔子的儒家学说的最重要意义是解析了人与社会、人与天之间的关系。北京中央音乐学院音乐学专家蔡仲德教授认为：孔夫子的美学思想可以分为："礼"、"乐"、"仁"和"中庸"。"礼"的概念是指个人的社会角色在社会分工中所扮演的角色。"乐"（音乐，美术）的概念在周朝形成，它反映了艺术文化在国家社会生活中的重要地位。

据史学书记载，儒家思想成型于汉代（前206—前220）。孔子把音乐、艺术和美学归结为"中庸"与"和谐"，"和谐优美的音乐可以连接人与人的心灵，形成人们自己独特的个性，时刻滋润着它们"（蔡仲德）。

中国音乐文化的发展一直受到儒家、道家和佛教学说的影响。这些思想学派认为：音乐有助于人类感情的流露，并可以使人与大自然结合。由此可见，道家、儒家和佛教有一个共同的交汇点：它们结合统一了人与自然的关系。这种思想概念影响了很多中国钢琴作品的创作思维。例如：江文也的《台湾舞曲》（1934），刘东阳的钢琴协奏曲《森林协奏曲》（1979），杜鸣心的钢琴协奏曲《春天的风景》（1986），汪立三的《东山魁夷画意组曲》（1979）。

很多作曲家遵循着"天人合一"、"太极"、"阴阳"的哲学核心思想，创作出极具特色的民族风格的钢琴作品。例如：《太极》（1987）赵晓生，《百鸟朝凤》（1973）和《梅花三弄》王建中（1973），《阳关三叠》（1978）和《夕阳箫鼓》（1975）黎英海，等等。

现如今的中国的哲学思想依然保持着良好的民族传统，不断地帮助我们解决思想意识形态相关的问题。几个世纪以来，中国一直保留这一民族传统，用哲学思想规范着每个人的道德准则。这种哲学思想永不停息地传承至今，让我们完整地保留了古代文明的结晶。

在21世纪开始，中国已经慢慢成为一个领引世界经济、文化的大国，今天的中国还要在全球化的发展背景下发挥自己最大的潜力。中国的发展正面临着三个基本问题：以西方的全球化模式为典范；民族艺术的独立性；在加紧实现现代化的同时，保持传统民族文化。

在21世纪的全球化一体环境中，各个国家的经济、政治、文化交流日趋频繁，其中，音乐艺术的交流在文化交流中占有极其重要的位置。在艺术交流的过程中，西方后现代艺术和中国当代艺术的结合是一个既复杂又矛盾的过程。随着改革开放的到来，中国和其他国家每天在文化领域的交流变得更加激烈，中国的音乐艺术的发展吸引了更多国家的关注和学习。中国钢琴音乐蕴含的儒家思想，也越来越成为世界音乐学者研究的重要课题，它已经被世界艺术领域认可和借鉴。

参考文献：

[1]Ван Ин. Претворение национальных традиций в фортепианной музыке китайских композиторов XX XXI веков: автореф. дис. на соиск. учен. степени канд. искусствовед.: спец. 17.00.02 музык. искусство/Ван Ин. СПб., 2009: 24 .

[2]Цинь Тянь. Образ родного края в фортепианных сочинениях китайских композиторов Китае : дис. ...канд. искусствовед. : 17.00.03/Цинь Тянь. Харьков, 2012:245.

[3] 白战存.浅谈孔子的爱国情怀及其影响 [J].湖北电大学刊，1994：34-38.

[4] 刘希里.孔子的音乐人生 [J].新闻爱好者，2009（12）：120-121 .

[5] 谢军.儒家思想与民族精神 [J].发展论坛，1996（9）：60-61 .

[6] 冯友兰.中国哲学简史 [M].北京：北京大学出版社，1985：276 .

[7] 蔡仲德.中国音乐美学史 [M].北京：人民音乐出版社，1995：866 .

[8] 江文也.孔子的乐论 [M].上海：华东师范大学出版社，2008：137.

[9] 姜小东.中国美学家评传 [M].长春：吉林教育出版社，1993：566 .

[10] 陈四海.孔子音乐思想综论 [J].西安音乐学院学报（季刊），2007：29-33.

同一与差异

——章太炎《齐物论释》探微

丁海虎[①]

摘要：章太炎《齐物论释》的主题是围绕同一与差异展开的。在探讨同一与差异的关系方面，《齐物论释》集结了道家的玄理、佛教的唯识以及源于儒家经学研究的古典语文学等多种思想资源，在整合上述资源的过程中，《齐物论释》构建了一套可以称为"新齐物论"的形而上学。应当指出，在艰涩的文字背后隐藏着的是章太炎对中国同盟会革命政治实践的理性反思，从这个意义上说，章太炎关于差异与同一的思考不仅是关乎文本学与解释学，更关乎中国现代性的实践和理论困境。

关键词：同一　差异　齐物论　唯识学

20 世纪 40 年代以来，有关我国现代哲学思想史的研究曾经取得了丰硕成果。尽管如此，一些主题仍有待深化，一些领域仍存在明显空白，章太炎及其《齐物论释》就是一例。[1] 当代学人有关现代中国哲学的讨论往往仅涉及新儒家或新经学话语，却忽略了章太炎的新玄学，一些论断涉及《齐物论释》却并未注意其独立性与特殊性。实际上，无论就作者的自我期许还是就文本的自身脉络而言，被章太炎许为"一字千金"的《齐物论释》完全是围绕同一与差异这对范畴展开的"新玄学"话语。这种新玄学既不同于清儒的新经学，也不同于民国的新儒家，笔者认为，"新齐物论"可以概括章太炎在清末民初时期的理论创造[2]，差异即同一、同一即差异乃是这一理论话语的核心命题，这一命题与黑格尔《逻辑学》中的著名命题"同一性和非同一性的同一性"有异曲同工之妙。[3] 章太炎的"新齐物论"思想在同时期的论文集《国故论衡》（《原道》）中已明确揭示，《国故论衡》若视为章太炎对其学问实践的总结概括，《齐物论释》则可视作对革命实践的理论反思，二者相反相成，而贯穿其间的基本问题意识是同一与差异的辩证法。

一

《齐物论释》以同一与差异为中心与章太炎的学术背景有直接联系。章太炎是我国晚清民初时期最杰出的古典语文学家，在回顾《齐物论释》时，章太炎从未忽略过他的语文学成就。笔者要指出的是，辨析异同是章太炎语文学方法论的基本环节，而这一方法论本身渊源于清儒的经学研究传统。

在我国近现代学术史上，章太炎在语文学上的创举是对汉语同源字或字族的全面研究，这首先体现于著名语源学著作《文始》。[4] 在《自述学术次第》（1916）中，章太炎曾回顾其创作《文始》的学术历程和思想基础："余治小学，不欲为王篆友辈，滞于形体，将流为字学举隅之陋也。顾、江、戴、段、王、孔音韵之学，好之甚深，终以戴、孔为主。明本字，辨双声，则取诸钱晓徵。既通其理，犹有所歉然。在东闲暇，尝取二徐原本，读十余过，乃知戴、段而言转注犹有泛滥，由专取同训，不顾声音之异，

---

① 作者简介：丁海虎（1979—　），男，博士，南京林业大学思想政治部讲师，主要从事佛教哲学、中国哲学研究。

于是类其音训，凡说解大同而又同韵或双声得转者，则归之于转注。假借亦非同音通用，正小徐所谓引申之义也。（同音通用，治训诂者所宜知，然不得以为六书之一）转复审念：古字至少，而后代孳乳为九千，唐宋以来，字至二三万矣。自非域外之语（如伽、佉、僧、塔等字，皆因域外语言声音而造）字虽转繁，其语必有所根本。盖义相引申者，由其近似之声，转成一语，转造一字，此语言文字自然之则也。于是始作《文始》，分部为编，则孳乳渐多之理自见。"[5] 由是言之，章太炎的《文始》试图借助音韵"通转"规律把握汉语言变化的自然法则，而"通转"规则实即"同音通用"的规则。《文始》将《说文解字》中的独体字视为"初文"，将虽算是独体而实际上是由其他独体发展来的文字视为"准初文"，共得五百一十字，四百五十七条，五六千字，其中凡音义皆近者称"孳乳"，音近义通者称"变易"。《文始》的略例谓"物有同状而异所者，予之一名"，如易与蜴、雁与鴈，"有异状而同所者，予之一名"，如钜与黔，钜即金刚石，黔即煤，物质本同，黔音由钜而转。"声有阴阳，命曰对转，发自曲阜孔君，斯盖眇合殊声，同其臭味，观夫语言变迁，多以对转为枢，是故乙、燕不殊，宂、胡无别，但、裼、赢、裎，一义而声转；幽、奣、杳、晻，同类而语殊。古语有阴声者，多有阳声与之对构，由是声义互洽，不间翻忽，徒取《说文》为之省并，其数已参分减一，履端泰始，益以闿明，易简而天下之理得者，斯之谓也。"[6] 由此可知，追索汉语文之音义同异关系乃是《文始》的基本方法。

《新方言》是章太炎语文学的另一部重要代表作[7]，其方法与《文始》相同。王力先生曾指出，《新方言》十之八九是根据双声叠韵（或同音）去证明今之某音出于古之某字。"他的方法是，先博考群书，证明某字却有此种意义，然后说明现代某处口语中有某音与古籍中某字之音义皆相同或相近（音近即双声或叠韵），因而证明今之某音即古之某字。"《新方言》释言第二："《说文》：悸，心动也，其悸切，今人谓惶恐曰悸，以北音急读去声，遂误书急字为之。"[8] 依这一段文章来看，可以分析为下面的逻辑：①古"悸"字有"心动"义；②今"急"字有"惶恐"义；③古"悸"字与今"急"字音相近（"悸"，群母；"急"，见母，旁纽双声）；④古"悸"字与今"急"字字义相近（"心动"与"惶恐"同属心情之变化）；⑤故今"急"字即由古"悸"字演变而来。

①、②、③、④都是原有的判断，⑤是推出来的另一判断。像⑤这种结论，如果我们补出它的大前提成为三段论，则是：凡古字与今字音义相近者，必系同字之演变；今"悸"与"急"音义相近；故"悸"字与"急"字系同字之演变。

据王力先生的上述分析，上述大前提说不通，因为古今字音义相近者甚多，未必皆是同字之演变，若依这个大前提去研究方言，绝不能得到颠簸不破的结论，但是从这个前提却正可以看出章太炎语文学方法论的核心范畴是同一与差异。

章太炎是我国近代杰出的古典语文学家，王力先生曾指出："《文始》以原始字为纲，把同源字罗列在一个原始字的下面，依《说文解字》的字义加以解释。实际上，他是以古韵相通，字义相近为同源。这个方法比较好。"但是，"章氏为了说明《文始》，作了一个《成均图》来说明同源字的音韵相通，有近转，有近旁转，有次旁转，有正对转，有次对转，有交纽转，有隔越转，几乎无所不通，无所不转"[9]。这样看来，章太炎的古典语文学方法似乎比较偏好同一性，这和他在政治实践中对差异性的强调则刚好相反。

二

1910年，几乎与《齐物论释》同时定稿的《国故论衡·原学》曾记载章太炎建构"新齐物论"的思想历程："余向者诵其（指《庄子》——引者注）文辞，理其训诂，求其义旨，亦且二十余年矣，卒如浮海不得祈向。涉历世变，乃始谳然理解，知其剀切物情。老子五千言亦与是类。"[10] 所谓"涉历世变，乃始谳然理解"表明"新齐物论"并非"书斋里的革命"。1890—1910年，究竟"涉历"什么样的"世变"使章太炎对《齐物论》乃至整个道家玄理产生了"譔然理解"的领悟？从历史的脉络看，只能是同盟会的分歧和分裂。

直到 1897 年，章太炎才离开书斋参与晚清政治革新运动，所以在戊戌变法时期，他只是个无足轻重的小角色。章太炎在晚清政治革新运动中崭露头角始于"《苏报》案"，由于"《苏报》案"，章太炎成为革命党的同路人。由于身陷囹圄，章太炎没有亲自参加 1905 年中国同盟会的筹建，但是这位有学问的革命家却见证和"涉历"了同盟会的分歧和分裂。[11] 实际上，正是同盟会内部的分歧与分裂使章太炎对革命者之间的"同异"问题始终保持高度警惕。1928 年，晚年的章太炎作《自定年谱》记其参与晚清政治变革经历，对不同政治立场和思想观点的"同异"就多所留意。[12] 如"二十九岁"条载其参加"康梁"维新派，"然古今文经说始终不能与彼合也"。又"三十岁"条载："康氏之门又多持《明夷待访录》，余尝持船山《黄书》相角。以为不去满洲，则改政变法为虚语。宗旨渐分。"1906 年，三十七岁的章太炎参加中国同盟会，并主持《民报》，大力宣传革命，但不久即遭遇革命党内部"亦渐有同异"的现实。[13] 1909 年，以章太炎为首的光复会与同盟会公开分裂。[14] 一年之后，1910 年，章太炎完成《齐物论释》。从时间上看，《齐物论释》正是刚刚经历了革命阵营内部分裂的著作。

从思想发展来看，在同盟会尚未发生严重分歧和分裂"《民报》事件"（1908）之前，章太炎在革命党人内部主要是倡导革命精神和自我修养，为此他积极宣传建立"新佛教"，强调培养革命者的信心，如 1907 年的《建立宗教论》、《答铁铮》、《答梦庵》等论文是其明证。1908 年以降，在经历了由"《民报》事件"造成的同盟会分歧乃至分裂之后，章太炎开始与革命保持一定距离，一方面把主要精力转向古典语文学或古典文献学研究，先后完成《新方言》、《文始》、《国故论衡》等著作，另方一面则深入探讨《齐物论》的"玄理"。在探讨《齐物论》以前，章太炎对《庄子》全文还做了一些考据工作，并完成《庄子解故》一书。1909 年，《庄子解故》分期刊载于《国粹学报》，署"章绛学"，其篇首有云："庄子三十三篇，旧有《经典释文》，故世人讨治者寡。王氏《杂志》附之卷末，洪颐煊财举二十九事。挽自俞、孙二家而外，殆无有从事者。余念《庄子》疑义甚众，会与诸生讲习旧文，即以己意发正百数十事，亦或杂采诸家，音义大氐备矣。若夫九流繁会，各于其党，命世哲人，莫若庄氏。《消摇》（'消摇'二字原文如此——引者注）任万物之各适，《齐物》得彼是之环枢，以视孔、墨犹尘垢也。又况九渊、守仁之流，牵一理以宰万类者哉。微言幼眇，别为数义，非《解故》所具也。"[15] 由此可见，章太炎从语文学层面解读《齐物论》时，对其理论思考已经别有所指，对"任万物之各适"的肯定和对"牵一理以宰万类"的否定反映了章太炎对革命阵营发生分裂的基本态度。

章太炎在 19 世纪 90 年代的著作集《訄书》中曾指称庄子是"出于治乱"的哲人，自 1908 年以来一跃成为"命世哲人"，其地位远超汲于救世的儒、墨大师，直至 1916 年的《检论》，章太炎始终坚持庄子为"命世哲人"，而其所以"命世"的哲学便是"齐物论"，而基本理念即"任万物之各适"，即承认差异、尊重差异，反对"牵一理以宰万类"。1910 年的《齐物论释》"释篇题"开端称："'齐物'者，一往平等之谈，详其实义，非独等视有情，无所优劣，盖离言说相，离名字相，离心缘相，毕竟平等，乃合'齐物'之义。此即《般若》所云字平等性、语平等性也。其文皆破名家之执，而亦兼空见、相，如是乃得荡然无阂。"[16] 因此，在章太炎看来，"齐物论"也可说是平等论。"释篇题"的结尾部分特别提到关于"'尧伐三子'之问"的解释："世法差违，俗有都野，野者自安其陋，都者得意于娴，两不相伤，乃为平等。小智自私，横欲以己之娴夺人之陋，杀人劫贿行若封豨，而反宠饰徽音辞有枝叶，斯所以设'尧伐三子'之问。"[17] 在《齐物论释》中，章太炎常用"平等"来描述《齐物论释》的理论旨趣。按，"平等"本是佛典用语，在印度宗教文化中，"平等"包含诸多意义，被译为"平等"的梵文中最常见的一个是"samā"。该词亦以同形进入巴利文。在汉译佛经中"samā"又音译为"三迷"、"三昧"、"三摩"。以它为根的衍生词"samata"和"samatya"都有名词词义"equality"（平等）；短语"samam brahm"则释为"平等的婆罗门"（the equal brahman）。"samā"在梵语中的反义词则是"差异"、"特殊"。[18] 因此，所谓"平等"就是超越差别，或者说以超越的姿态面对差异，包容分歧。[19] 过去研究者多主张这表示章太炎的反帝国主义思想，在我看来，章太炎关注的主要还是革命党内部的分裂和分歧，易言之，章太炎不希望革命党人由分歧和分裂走向对抗。

章太炎一再强调要承认差异、搁置分歧，反对因为差异而互相斗争，这是《齐物论释》及其定本中反复出现的主题，如第三章借助魏晋时期两位玄学哲人郭象和王弼解释了"精入单微"的"'尧伐三子'之问"。郭象《庄子注》谓："夫物之所安，无陋也，则蓬艾为三子之妙处。""今欲夺蓬艾之愿而伐使从己，于至道岂弘哉，故不释然神解耳。若乃物畅其性，各安其所安，无有远近幽深，付之自若，皆得其极，则彼无不当而我无不怡也。"这是说，真正的同一性是每个事物都能适性而存，获得不受他者干涉的自由。王弼《易说》云："以文明之极而观至秽之物，睽之甚也。豕而负涂，秽莫过焉。至睽将合，至殊将通，恢诡谲怪，道将为一。未至于治，先见殊怪，故见豕负涂，甚可秽也，见鬼盈车，吁可怪也。先张之弧，将攻害也，后说之弧，睽怪通也。"[20]这里是说极端矛盾的事物往往是相通的，这很接近毛泽东所谓的"对立同一"法则，用章太炎的话说就是"差异平等"或者"差异同一"，所以他强调《齐物论》的平等"非世俗所谓平等"，而是"一"、是"道"、是"理"。作为"至道"的"一"包含差异性，因而能使"物畅其性"，而不是因为差异而相争。

三

在语文学上侧重共性和同一性，在政治上强调差异性和独立，这样两个相反的方面如何统一？这是章太炎思想的两个相反的面相，为了将二者统一起来，克服其逻辑上的不一致，《齐物论释》求助于佛教，求助于一种被称为"彻底唯心论"的唯识学。

章太炎一直把唯识学视为第一哲学。当然，这里的唯识学已经被章太炎改造成为一种类似于康德哲学的先验哲学，在《齐物论释》中，时（"世"）、空（"处"）、质（"相"）、量（"数"）、因果、实体（"我"）六个范畴构成世界的本源。与康德不同，章太炎并不需要先验自我来支配或支撑这些个范畴，在他看来，存在的同一性根源于经验意识，差异性也是由经验意识（分别）和教化造成的。他以时间为例说明其观点："时为人人之私器，非众人之公器。且又时分总相，有情似同，时分别相，彼我各异。童龀以往，觉时去迟，中年以来，觉时去速，淫乐戏忘者，少选而岁逝，春輠勤苦者，待限而不盈。复有种种别相，各各不同。说见知代下。"[21]亦犹人各吹竽，不度一调，或为清角，或为下徵，此应折阳，彼合下里，则无和合似一之相，虽复暑日望星，絜壶下漏，强为契约，责其同然，然觉时去迟者，其觉日星壶漏之变亦迟，觉去时速者，其觉日星壶漏之变亦速。亦犹以尺比物定其长短，然眼识汗漫者，视物长而尺亦长，眼识精谛者，视物短故迟亦短，竟无毕同之法。"[22]在章太炎看来，世界就是主观经验的世界，主观经验是客观性的根基。实际上，不但时间（"世识"）根源于我们的"心"或"识"，价值（"是非"）也同样如此："是云非云，不由天降，非自地作，此皆生于人心。""若无是非之种，是非现识亦无。其在现识，若不认许，何者为是，何者为非，事之是非，亦无明证。是非所印，宙合不同，悉由人心顺违以成串习。然系乎他者，曲直与庸众共之，存乎己者，正缪以当情为主，近人所云主观客观矣。"[23]简言之，根本不存在所谓超越主体的客观性。

章太炎写道："道本无常，与世变易，执守一时之见，以今非古，以古非今（或以异域非宗国，以宗国非异域者，其例视此），此正颠倒之说。"换言之，古今中外分别独立，"以今非古"的进化论者，"则诬言也"，"是古非今"的保守主义，同样是"一孔之见"，史书往事记载的是古人的是非观，这种是非观和今人不同，今人辩论曲直，校计功罪，是以汉律论殷民，唐格选秦吏，在逻辑上是不知类。"圣人无常心，以百姓心为心"，"如户有枢，旋转环内，开阖进退，与时宜之，是非无穷，因应亦尔"，在中国思想史上，"仁义之名，传自古昔，儒墨同其名言，异其封界，斯非比量之所能明，亦非声量之所能定，更相违戾，唯是党伐之言，则圣人不独从也"[24]。由此可见，章太炎是试图以主观性的心识为本源消解世界的差别性："夫如言而计，则大小寿夭之量，历然有分；此但妄起分别，未悟处识、世识为幻也。就在处识、世识之中，于此评议大小寿夭者，彼见或复相反。夫秋豪之体，排拒余分；而大山之形不辞土壤。惟自见为大，故不待余；惟自见为小，故不辞余也。殇子之念，任运相续；而彭祖之志，渴爱延年；任运自觉时长，渴爱乃觉时短矣。所以尔者，小不可令至无厚，大不可令至无外；一瞬不可令无生住，终古不可令有本剽，其犹一尺之棰，取半不竭，故虽等在处识、世识之中，而别相卷舒，非榘蒦壶箭所能定也。或云：安妙高于毫端，摄劫波于一念。亦无忤焉。末俗横计处识、世识为实，为天长地久者先我而生，形隔器殊者与我异分。"[25] 这是存在的虚妄面相，若从世界的真实面相言之，则无天地，无人我，无古无今，无始无终，明本未有生，即无时分，虽据现在计未有天地为过去，而实即是现在也不可说为过去或现在。从世界的虚妄面说，一切存在者非独同类，实无自他之异，从这个意义上说，人与万物是同一的。章太炎认为这与华严宗"一即一切，一切即一"的"无尽缘起论"为同一境界。章太炎对中国佛教思想史上拥有极高地位的法藏、澄观等人评价不高，但对智俨、法藏所完成的"一多互即"、"无尽缘起"的华严义学持肯定态度，《齐物论释定本》更明确指认"理事无碍、事事无碍"即《齐物论释》的基本命题。[26]

总之，在辨析同一与差异之际，《齐物论释》集结了道家玄学、清儒的语文学以及佛教哲学等多种学术文化资源，而艰涩的文字背后更隐藏着对同盟会革命政治实践的理性反思。从这个意义上说，差异与同一的关系问题又不仅一个是古典学或形而上学问题，其中隐藏着中国的现代性的结构。

参考文献：

[1] 陈少明. 排遣名相之后——章太炎《齐物论释》研究 [J]. 哲学研究，2003（5）：31.

[2] 拙文. 论章太炎对道家哲学的诠释与认同——以《检论》为例 [J]. 南京林业大学学报（人文社会科学版），2010（4）：12.

[3] 黑格尔. 逻辑学 [M]. 杨一之译. 北京：商务印书馆，1982：59.

[4] 王力. 同源字论 [C]// 同源字典. 北京：商务印书馆，1982：39. 何九盈. 中国现代语言学史 [M]. 广州：广东教育出版社，2005：423.

[5] 章太炎. 自述学术次第 [C]// 陈平原. 现代学术经典（章太炎卷）. 石家庄：河北教育出版社，1996：64.

[6] 章太炎. 文始 [C]// 章太炎全集（七）. 上海：上海人民出版社，1999：160-161.

[7] 何九盈. 中国现代语言学史 [M]. 广州：广东教育出版社，2005：509.

[8] 王力. 双声迭韵的应用及其流弊 [C]// 王力文集（十九）. 济南：山东教育出版社，1990：135-136.

[9] 王力.《同源字典》的性质及意义 [C]// 王力文集（十九）. 济南：山东教育出版社，1990：112. 孙毕. 章太炎《新方言》研究 [M]. 上海：华东师范大学出版社，2006：13.

[10] 章太炎. 国故论衡 [M]. 上海：上海古籍出版社，2008：475-476.

[11] 汪荣祖. 章炳麟与中华民国 [C]// 章念驰. 章太炎生平与学术. 北京：生活·读书·新知三联书店，1988：64.

[12] 罗志田. 民族主义与近代中国思想 [M]. 台北：三民书局，1998：232.

[13][14] 章太炎. 太炎先生自定年谱 [M]. 苏州：章氏国学讲习会排印本，1936：12，14.

[15] 汤志钧. 章太炎政论选集 [C]. 北京：中华书局，1977：315.

[16][17][20][22][23][24][25] 章太炎. 齐物论释 [C]// 章太炎全集（六）. 上海：上海人民出版社，1986：4，6-7，10-11，16-18，30-31，33.

[18] 秦晖. 从 sama 到 equality：汉语"平等"一词的所指演变 [C]// 传统十论. 上海：复旦大学出版社，2003：381-382.

[19] 高瑞泉. 辛亥革命与平等观念的现代嬗变 [J]. 学术界，2011（7）：44.

[21] 章太炎. 章太炎全集（六）[C]. 上海：上海人民出版社，1986：14-15.

[26] 章太炎. 太炎全集（六）[C]. 上海：上海人民出版社，1986：32.

呈现之美：无为而治

——先秦道家的政治美学与理想的人类生活

李旭阳 [①]

摘要： "无为"作为先秦道家基本点，被视为其哲学观点的重要体现，但老庄从未离开现世。从"无为而治"的角度，老庄的政治哲学体系呈现出一种美的展开。道家的政治美学，具体体现在"无为而治"，其核心是一种呈现之美。当我们回溯到原初的政治哲学与文化生活时，实现理想的人类生活，可以算作政治的根本目的，而这一理念与美学相一致。由此我们可以寻求到"政治美学"的概念。通过政治美学的通达，最终是为了能够实现其至德之世的理想的人类生活。

关键词： 无为　呈现　美　自然　至德之世

一般而言，儒家是入世之学，而道家是出世之学，但是这并非说道家不注重政治社会而空谈"玄"。正如陈鼓应先生所说："老子创建的固然是形上道论，但他最终目的仍在于人道的重建……老庄提倡'不言而教'，乃是强调潜移默化，具有更深层的人格转移的功能。" [1] 在老庄的思想里，是有相较完备的政治主张的，他们亦希望自己的政治理想能够为世人接受，在"人间世"实现这种"至德之世"的理想生活。他们的政治主张，是从"无为"入手的。

一、无为：呈现之美

"无为"是道家的核心概念之一。无为不是不为，而是不妄为，也就是顺应自然而为。它使得事物自身呈现于前，而不是以人的意志去妄作，这是一种呈现之美。如果从存在主义的角度看，"美是作为无遮蔽的真理的一种现身方式" [2]。在呈现过程中，它实现了对美的展现。现象学中有所谓的"使事物自身呈现"的概念，通过直观，即直面对象本身，而达到一种对对象意向性的关涉。这种关涉是在我与对象之间的作用过程中发生的，这种发生体现了其自然本身的状态，并且在这种关涉中，实现了对美的展现。何为美？就技巧性而言，它是艺术的精致，理性寓于感性之中的体现。但就现象而言，它是在艺术过程中对艺术品本身还原的发生，是建立在使对象本身呈现而来的美，并进而为人所感受。故此，所谓呈现之美，事实上也就是在事物自身现象的发生中体现自身的美感，也就是"无为自化，清静自正"的状态。而它的最终指向，是对存在的去蔽的澄清，也就是对真理的发生的展现。

同时，在这种呈现之美中，是消融主体概念的，即对"我"的去除。"无为"既是"无我"，又是"无名"，所谓"无名天地之始"，将一切还原到最本真的状态。而此时的"我"，已经融入其中，并在美的呈现过程中实现了我的融合，并在呈现之中感悟到美的真味，进而触摸到真的本质。道家的呈现之美，可以集中表述在"道常无为而无不为"中 [3]。

① 作者简介：李旭阳（1989— ），男，河北省秦皇岛市人，上海大学社会科学学院哲学系硕士研究生，研究方向为中国古代哲学。

与道家相反，儒家提倡礼义教化，并且通过一系列成体系的礼乐制度来规范。事实上，"克己复礼"依然是对名的强调，所谓名不正则言不顺，儒家依旧希望通过借助外在的强化而深入个人内心进而实现其政治规范。如此似乎面临着一个风险，在对外在形式过分强调时会丧失其内在精神，即丧失了对真正美的领悟，进而迷失其追求的真性美的本身被礼乐所束缚而不能自觉，人同样丧失体悟而不能自觉。那么天时如何能够下化为人间世呢？强调礼乐的时代，一定是礼乐崩坏的时代，而强调本身却更容易丧失教化的有效性。针对于此，老子说："圣人处无为之事，行不言之教。"[4]

中国思想历来的传统是经世致用，就无为这一思想而言，老庄的政治主张，无疑是呈现之美的最大体现。或者说，无为最为根本的出发点，在于其无为而无不治的政治理想，并且在对人类理想生活的至德之世的美好愿景中，体现了无为的呈现之美的境界。

二、小国寡民与至德之世：美的境界

清代文人胡文英曾评价庄子说："庄子眼极冷，心肠极热。眼冷故是非不管；心肠热，故悲慨万端。"[5]或许这是对道家最好的注脚，虽是冷眼望穿，却终究心肠挂住。而在这心肠挂住间，道家提出了他们的政治理想：

> 至德之世，不尚贤，不使能，上如标枝，民如野鹿。端正而不知以为义，相爱而不知以为仁，实而不知以为忠，当而不知以为信，蠢动而相使不以为赐。是故行而无迹，事而无传。[6]

这便是庄子所推崇的"至德之世"，无欲素朴，返璞归真。庄子亦把他的"至德之世"称为"建德之国"：

> 南越有邑焉，名为建德之国。其民愚而朴，少私而寡欲；知作而不知藏，与而不求其报；不知义之所适，不知礼之所将；猖狂妄行，乃蹈乎大方；其生可乐，其死可葬。[7]

关于道家的政治理想，更为我们普遍所知晓的或许是老子著名的"小国寡民"，而这也被视为道家传统政治思想里的最高境界：

> 小国寡民，使民有什伯之器而不用，使民重死而不远徙。虽有舟舆，无所乘之；虽有甲兵，无所陈之。使民复结绳而用之。

> 甘其食，美其服，安其居，乐其俗。邻国相望，鸡犬之声相闻，民至老死，不相往来。[8]

在老子那里，这是作为人类社会最为理想的生活的范本，而这也是美之呈现的最高境界。一切顺其自然而发生，在"甘其食，美其服，安其居，乐其俗"中展现其本身状态，在自然而然的发生过程中通达到美的境界。所谓的小国寡民，并不是反对技术或者说文明的进步而向后退，在我看来，这种气质更主要的体现在人的精神上而非针对器物，而呈现之美的最根本所在，正是人的精神气质。正如冯友兰所说，"知其文明，守其素朴"[9]。这便是人最本真的状态，也是通过无为而呈现出来的美的境界。"端正而不知以为义，相爱而不知以为仁"，所有的行为规范都展现其原本的意义，而不附加任何多余的建构，因为人为地建构本身，在道家那里看来都是蒙蔽其本真的屏障，而美的最高境界在于使之呈现，使人与其融为一体，把人的情感与之融合，在融合中同时感悟到人自身的价值与自然的内在统一，但这种统一却又不足"知之"。或许许多人——尤其是抱有西方启蒙思想的人——对此持批判态度，他们认为这是使人愚化的一种政治态度，并且引用卢梭的话说："野蛮人所以不是恶的，正因为他们不知道什么是善。因为阻止他们作恶的，不是智慧的发展，也不是法律的约束，而是情感的平静和对邪恶的无知。"[10]但是，他们忘记了，启蒙的另一面事实上是对真理的人为建构，某种意义上，这种现代性建构本身在不自觉中是会为功利所蒙蔽的。相反，在无为而治的呈现之美的过程中，它本身就是去蔽的过程，而使得真实存在自然显现。况且，庄子从未否认人的知识层面，而是在寻求更为高远的呈现之美的境界。应当说，庄子的世界，是一种自然和谐的生活，一种逍遥天际的境界，一种无目的性与合目的性的统一，这是呈现之美的最高境界，在情感之外与情感之内融合一体。正如庄子自己所说："吾非不知，羞而不为也。"[11]

由此，我们可以窥见这种呈现之美的最高境界，它是融合在道家最高政治理想之中的。或者换句话说，这种小国寡民与至德之世的理想，便是使一切事物以其本真的状态自然呈现，而不去试图构建人为的体系，顺应天时，顺应自然，顺应最高的"道"，使其在无为中得以呈现，进而使民在无为中将自身融入其中，达到浑然一体，自然天成的状态，这便是呈现之美的最高境界。它不仅是艺术的，而且是政治的，是在天地间发生展开的。

在这个最高理想的指引下，道家形成了相较完备的政治理路以及通达路径，也由此形成了先秦道家的政治美学。

三、无为而治的通达之路：政治美学

当我们回溯到人类文明的初始期，比如古希腊时期的雅典城邦，我们会发现政治的意义正在于它对人类理想生活的意义，亦即对人类道德的生活的终极关切。而在另一个角度，作为道德的人类理想生活，美是其不可缺少的重要组成，一般而言，作为相对感性的美，是更贴切人性，更容易感染民众，更广泛为人类思想所接受的一种有效方式。而在此意义上，即对人类理想生活的探寻中，政治与美学寻求到了一个契合点，这也是我们在此所寻求的政治美学的概念。我们无意去构建一个学科分支，而是用这样一种方式来更好地通过美的视角来探寻政治思想对人类的意义。[12]

而共同作为轴心时代的中国先秦文化，同样蕴含着这样的关切。并且，就中国传统文化的流溯，中国哲人更能体现与体会这种思想。中国文化历来讲求经世致用，而中国的道问学也往往关切着政治。《道德经》中有哲人对社稷主的期望，《离骚》中有文人对国家的忧切，《大学》中有"修身齐家治国平天下"的层次。而就中国传统文化的表达而言，思想者们往往寻求一种美感的表达，在文字中突显美的呈现。这一点上，中国哲学往往更容易达成政治与美学的契合，也就是我们的政治美学的概念。而道家独有的精神气质，在某种程度上更具有政治美学的韵味。

道家讲求无为而治，无治而无不治。这是道家的一大特色，尤其体现在其政治理想中。无为而治，从某种意义上说是一种自然政治，也就是以事物的初始状态、事物的淳朴本性而行事，将事物本身呈现于前。

按道家的理解，自然万物秉性不同，如果强自人为，将"乱天之经，逆物之情"[13]。故此要因性自然而勿为。顺乎人之性命之情，任人之个性自然发展，在呈现中展现自然之美。由此，无为的呈现之美便体现在一个相较完整的通达方法的践行中，而在这一践行中，便不自觉地建立起道家政治哲学，同时也就形成了道家政治美学。

这个通达之路的体系，其第一原则是道法自然："人法地，地法天，天法道，道法自然。"[14]"道"，是老庄哲学的最高实体。在道家那里，道既是最真实的存在，也是自然的呈现。作为存在而言，它能生养一切、包容一切，亦能化而为一；作为自然的呈现，它以其至高无上性呈现自然之运作，在往复中生成万物并设定了人世秩序，呈现本真之美，进而作用于自然与人两个世界，人道源于天道。整个人间世便依道化自然的呈现而行事。

通达之路的基本处事行为，称为"守柔处弱"："弱之胜强，柔之克刚，天下莫不知，莫能行。是以圣人云：'受国之垢，是谓社稷主；受国不祥，是为天下王。正言若反。'"[15] 这主要是对统治意志而言的，所谓"反者道之动"，正反在相辅相成中实现自身运作。故此其基本的处事行为，就在于柔弱胜刚强，唯柔弱方可弱化人为，唯柔弱才能使得自然呈现，这种呈现之美的过程才得以实现，进而实现更为美好的愿景。

通达之路的基本态度在于"为而不有，取后不争"："爱国治民，能无为乎？天门开阖，能为雌乎？明白四达，能无知乎？生之、蓄之，生而不有，为而不恃，长而不宰，是谓玄德。"[16]"是以欲上民，必以言下之；欲先民，必以身后之。是以圣人处上而民不重，处前而民不害。是以天下乐推而不厌。以其不争，故天下莫能与之争。"[17]"生而不有，为而不恃"，故此能够以平和之心态淡然处之与自然之间，使得自然呈现于政治之间，体悟自然之美。由此，取后而不争，在不争间尽得天下莫能与争。何以达到天下莫能与争的境界，就在于淡然之态度，能够将其本真呈现得淋漓尽致，而达到这种境界的状态，便是至高之境。

通达之路的治国理念，是以"治大国若烹小鲜"："治大国，若烹小鲜。以道莅天下，其鬼不神；非其鬼不神，其神不伤人；非其神不伤人，圣人亦不伤人。夫两不相伤，故德交归焉。"[18]"取天下，常以无事；及其有事，不足以取天下。"[19]由此，"至人无为，大圣不作"。[20]烹小鲜之美，在于使得其本身之鲜的保留，而这一成功过程的关键，在于"鲜"的自身呈现。治国亦是如此，呈现之美在整个治国理念中得以贯彻，并将人融入其中，终而达到政治的最高境界，也便达到了美的最高境界。

这样，道家政治美学便化而开来，其内核是"呈现之美"，其愿景是"至德之世"，其过程是呈现的展开，其外在之根本就在于"为无为，则无不治"[21]。

故此，道家的政治主张，应当说是治世之学，它可以使得一切以其本真呈现，并将主体与万物融入其中融为一体，政治层面的无为而治，达到呈现之美的最高境界。这是政治美学的关切，是美的呈现，也是对人类理想生活的回答。

参考文献：

[1] 陈鼓应.道家的人文精神 [M].北京：生活·读书·新知三联书店，2007：75.

[2][德] 海德格尔.林中路 [M].孙周兴译.上海：上海译文出版社，1997：40.

[3][4][8][14][15][16][17][18][19][21] 老子.老子道德经注校释 [M].王弼注.北京：中华书局，2008：6，8，24，64，90，128，157，166，180，187.

[5] 胡世英.庄子独见 [M].上海：华东师范大学出版社，2011：103.

[6][7][11][13][20] 庄子.南华真经注疏 [M].郭象注.北京：中华书局，1998：22，147，223，252，389.

[9] 冯友兰.中国哲学史新编（第二册）[M].北京：人民出版社，1984：60.

[10] 卢梭.论人类不平等的起源的基础 [M].北京：商务印书馆，1962：99.

[12] 骆冬青.政治美学的意蕴 [J].南京师范大学文学院学报，2004（1）.

"从万物一体之仁"到"三代之治"

——王阳明理想政治模型及其现实和理论基础分析

王中原[①]

摘要："三代之治"是传说中唐尧、虞舜统治下的政治清明、人民康乐的理想时代，是古代儒家先哲们治国、平天下的目标。王阳明继承并发扬了"三代之治"的理想政治模式，他认为"三代之治"之所以能够实现有赖于突破人我界限、物我差别的"万物一体之仁"的仁心。王阳明构建"三代之治"理想政治模式的基本路径是：良知、万物一体之仁、三代之治。

关键词：王阳明　良知　万物一体之仁　三代之治

中国历来是个盛产"乌托邦"的国度。古代先哲们一直在探索理想的社会模型：孔子周游列国推销其"从周"、"从仁"的政治理想；老庄著书立说渴望建立"小国寡民"、"清静无为"的社会模式；墨家不遗余力地践行"兼爱"、"非攻"、"尚同"的政治模型；法家则憧憬与向往"法、术、势"相结合的法治社会。然而，由于诸子百家的主张各异、缺乏普适性，因此，在古代中国并没能达成一个普遍接受的政治理想模式。真正在历史上造成影响、引起人们注意的最早理想社会模型恐怕要数《礼记·礼运》中描绘的"大同社会"。王阳明"三代之治"的政治理想虽不等同于"大同社会"，但二者也并非截然不同。相同的是，它们终因脱离社会现实而难以实现。

一、王阳明"三代之治"的内涵

"三代之治"是王阳明的政治理想追求，这一点他在多种场合都表露无遗。在王阳明的心中，"三代之治"永远是完美和诱人的。他说："日中以前，礼仪交会，气象秩然，就是三代世界"[1]；"夫三代之学，皆所以明人伦"[2]；"诚使陛下好佛之心果以真切恳至，不徒好其名而必务得其实，不但好其末而必务求其本，则尧舜之圣可至，三代之盛可复"[3]。王阳明对理想社会政治模型的"宣言书"是《答顾东桥书》，王阳明在书中集中描绘了"三代之治"的理想图景。可以看出，王阳明的理想社会模式并非完全套用古人，而是继承中有创新。

首先，阳明的"三代之治"是万民皆得圣人之教、社会自然走向良善的秩序状态。王阳明认定，唐、虞、三代之世，尧舜等圣人为挽救天下人心的陷溺，用"万物一体"的仁心教化天下，教导天下之人"克其私，去其蔽，以复其心体之同然"，从而使"父子有亲，君臣有义，夫妇有别，长幼有序，朋友有信"得以实现。王阳明说："夫圣人之心，以天地万物为一体，其视天下之人，无外内远近，凡有血气，皆其昆弟赤子之亲，莫不欲安全而教养之，以遂其万物一体之念……其教之大端，则尧、舜、禹之相授受，所谓'道心惟微，惟精惟一，允执厥中'。而其节目则舜之命契，所谓'父子有亲，君臣有义，夫妇有别，长幼有序，朋友有信'五者而已。唐、虞、三代之世，教者惟以此为教，而学者惟以此为学。"[4]

---

① 作者简介：王中原（1969—　　），男，湖南省双峰县人，博士，赣南师范学院副教授，主要从事中国传统道德文化研究。

其次，"三代之治"是一个各尽所能、各安其业的和谐世界。王阳明说："当是之时，人无异见，家无异习，安此者谓之圣，勉此者谓之贤，而背此者虽其启明如朱亦谓之不肖。下至闾井、田野、农、工、商、贾之贱，莫不皆有是学，而惟以成其德行为务……其才质之下者，则安其农、工、商、贾之分，各勤其业以相生相养，而无有乎希高慕外之心……盖其心学纯明，而有以全其万物一体之仁，故其精神流贯，志气通达，而无有乎人己之分，物我之间。"[5]在这个乌托邦的世界里，人人皆以成德为务，人与人之间没有高低贵贱，也从不希高慕外，都能够分别安于农、工、商贾等本职工作。所有人同心一德而各自尽自己的能力从事于社会事务，"苟当其能，则终身处于烦剧而不以为劳，安于卑琐而不以为贱"。这个世界和谐、安宁，没有人己、物我之分，人人都怀有万物一体的仁心。王阳明的此种思想有点类似于今人所说的"爱岗敬业"、"奉献社会"的意味。任何人不管从事何种职业，只要兢兢业业、勤勤恳恳，没有干不出一番事业的；如果这种敬业精神能够发扬光大，整个社会风气就会改善，全民的道德素质就会提高。

再次，"三代之治"是一个视人若己、亲如一家的和睦共同体。在中国人心目中，家是最温暖的地方，家人之间亲密无间。如果整个社会能像一家人一样，则天下必定太平。王阳明说："世之君子惟务致其良知，则自能公是非，同好恶，视人犹己，视国犹家，而以天地万物为一体，求天下无治，不可得矣……尧、舜、三王之圣，言而民莫不信者，致其良知而言之也；行而民莫不说者，致其良知而行之也。"[6]在这里，王阳明描述了"公是非，同好恶，视人犹己，视国犹家，而以天地万物为一体"的"三代之治"美景，这个社会的确值得人人向往。但是王阳明对尧舜盛世的解释加进了心学的要素，硬把"三代之治"说成是良知运用的结果。诚然，在一个和谐、稳定的世界中，人们遵循良知的要求、讲求基本的道德规范的确非常重要，但是说"三代之治"是良知的结果却有点牵强附会。这既不符合辩证唯物主义的"物质决定意识"的基本原理，也不符合历史唯物主义的"经济基础决定上层建筑"的根本理论。所以说，王阳明的"三代之治"就是一种理想的乌托邦。

最后，我们还应该看到，王阳明"三代之治"的理想社会还具有"天人合一"思想，有从人类和谐走向人与自然和谐的倾向。他说："大人者，以天地万物为一体者也，其视天下犹一家，中国犹一人焉。若夫间形骸而分尔我者，小人矣。大人之能以天地万物为一体也，非意之也，其心之仁本若是，其与天地万物而为一也……是其一体之仁也，虽小人之心亦必有之。"[7]王阳明认为，只要以良知来看待世界，则人与人、人与动物、人与自然无不同为一体：对于同类，人有"怵惕恻隐之心"，因此，看见小孩掉进水井，谁都会去救；见到有知觉的动物在"哀鸣觳觫"时，谁都会不忍心，必然想办法解除其痛苦；见到有生意的草木被摧折，人类必然产生"悯恤之心"会倍加爱惜；即使是见到无生命的瓦石之类被毁坏，人类也会有"顾惜"之情，而自觉加以保护。王阳明进而对此总结说："君臣也，夫妇也，朋友也，以至于山川鬼神鸟兽草木也，莫不实有以亲之，以达吾一体之仁，然后吾之明德始无不明，而真能以天地万物为一体矣。夫是之谓明明德于天下，是之谓家齐国治而天下平。"[8]在这里，君臣、夫妇与朋友指的就是人类社会，"山川鬼神鸟兽草木"就是人类所赖以生存的自然界。王阳明认为，人与自然和谐相处才能达到"家齐国治而天下平"。

二、王阳明"三代之治"的现实基础

从现存的史料看，"三代之治"到底是指历史上的什么时期，史学界尚存争议。其主要观点主要有两种：①以陆九渊为代表的"三代"含义是指夏、商、周三个朝代；②以班固为代表的"三代"含义，认为"三代之治"应是单指尧、舜、禹统治的时期。王阳明的"三代之治"说法显然接近班固，他在《传习录》中表明了这一点："唐虞以上之治，后世不可复也；三代以下之治，后世不可法也，削之可也；惟'三代之治'可行。"[9]阳明坚持认为，唐尧、虞舜就是古代圣帝贤君，"三代之治"专指唐尧、虞舜统治下的政治清明、人民康乐的理想时代。

王阳明之所以对"三代之治"如此热衷，并非心血来潮。首先，他深刻洞察了明朝中期底层社会的生存状况。当时的社会动荡、民不聊生给他留下了深刻印象：明朝中期土地兼并日趋严重，农民流离失所，生活难以为继。皇帝、宦官与勋戚纷纷凭借政治上的特权大规模侵占土地。面临着土地日蹙、赋税日重双重压迫的农民不得不背井离乡、另谋生路。土地兼并、盗贼滋扰等人祸引起社会不稳定，水旱失时等天灾又雪上加霜。人祸加天灾引发的一系列社会矛盾促使当时的志士仁人对理想社会的追求。因此，阳明先生常常中夜起立、达旦不寐，忧民生而涕泪沾裳，为民众疾苦而寝食难安。其次，从当时统治阶级上层的情况看，明代官场黑暗，皇帝昏庸、宦官专权程度超过以往朝代。王阳明自从二十八岁殿试列进士、观政工部算起直到嘉靖七年辞世，为官在任长达三十一年。三十多年间，他对官场的弊端十分清楚，对当时的社会问题了如指掌。对王阳明的人生产生特别巨大冲击的是流放贵州龙场驿，此时的皇帝正是中国历史上颇为有名的正德（武宗）皇帝。正德一生充满传奇色彩，一方面，他贪杯、好色与尚兵，所行之事多荒谬不经，为世人所诟病；另一方面，他又处事刚毅果断（弹指间诛刘瑾，平安化王和宁王之乱），精通佛学，还能礼贤下士、个性强烈，浑然不似一代帝王。可以说，他是我国历代君王中一个拥有童心而不乏进取开明之心、最不像君王的君王。王阳明的性格与武宗同属一个类型——"狂"，所不同的是：王阳明"狂"，正德比他更"狂"。按理说，性格相近则志趣相投，但问题是王阳明是学问之人，学问之人行事往往喜欢循规蹈矩；而武宗是官场之人，他为人处事往往不按常理。因此，王阳明对正德皇帝从内心来说是不满意的，他的受排挤也当然在所难免。

可见，"三代之治"只是王阳明对远古时期理想社会的一种美好回味，这种回味反映了王阳明对社会现实的极端不满，也正因为这种不满促使王阳明探寻理想政治模式。在不能设计出理想模式时，王阳明只能从历史中寻找可以利用的资源。

三、王阳明"三代之治"的理论基础

仔细阅读阳明的有关文献，不难发现以"良知"学说为基础的"万物一体之仁"思想是王阳明观察、思考理想政治模式的根本立足点。"万物一体之仁"的思想认为，天地万物是一个大家庭，众人是吾人的兄弟姐妹，万物是吾人的同胞朋友，吾人要以血亲关系看待众人和万物。"三代之治"理想政治模式就建立于"万物一体之仁"的理论基础之上。孟子从"万物皆备于我"的本体论出发得出"人皆可以为尧舜"，张载从"天地之塞，吾其体"的本体论出发得出"民胞物与"，程颢从"万物一体"的本体论出发得出了"博施济众"。[10] 在这里，程颢将儒家"仁"的适用范围进一步扩大，从敬爱同类扩大到了整个宇宙秩序的层面。

王阳明继承了程颢等人的思想，并将它进一步阐发为"万物一体之仁"。他在《大学问》开篇即说："大人者，以天地万物为一体者也，其视天下犹一家，中国犹一人焉。若夫间形骸而分尔我者，小人矣。大人能以天地万物为一体也，非意之也，其心之仁本若是，其与天地万物而为一也。"[11] 王阳明先生认为，天下之物、天下之人虽然存在着形体之上的差别，但这不妨碍将天下之物、天下之人当作自家人，也不妨碍将他人视为自己，人与人、人与物之间的差别不限于形体。如果在社会生活中执着于前述差别，这种人是无法在道德上成为"圣人"的。[12] 在这里，我们可以比较清晰地看出：王阳明的"万物一体之仁"是突破了人我界限、物我差别的一种博大的无私之爱。这种博大之爱虽然在当时的社会实际生活当中还无法真正实现，但是在王阳明先生的"良知"学说中早已成为了应有之义：只要人人具有了良知，世界的万事万物都是值得人类珍惜、爱护的，当然人与人之间就更应该相互关心、爱护，而且这种爱打破血缘、亲缘和地缘等差别，是一种无差别的爱。王阳明还在多种场合谈到了"万物一体之仁"思想："仁者与天地万物为一体，使有一物失所，便是吾仁有未尽处"[13]；"仁者与天地万物为一体，不能一体，只是己私未亡"[14]；"盖天地万物与人原是一体，其发窍之最精处，是人心一点灵明"[15]。"万物一体之仁"是王阳明的一个基本信念，作为涵盖面相当广泛的政治、哲学命题，它既指向天人之际，亦涉及人我之间。从天人关系看，万物一体意味着人与自然的统一；就群己关系而言，万物一体则以主体与主体的相互沟通为内涵。[16]

总之，从王阳明对"三代之治"和"万物一体之仁"的论述中，我们可以隐约看出王阳明的政治理想："在政治共同体中，每一个成员都具有万物一体的仁心，怀着这种仁心，成为大人、圣人，在政治社会里各施其职、各安其分地践行儒家伦理道德，构建具有良好秩序的社会生活，从而确立一种以万物一体为精神秩序的理想共同体。"[17]需要特别指出的是，王阳明在描述这个共同体时，着重从精神层面对共同体成员寄予厚望，强调共同体成员人人具有良知，凸显其心学的特征。

参考文献：

[1] 王阳明全集（卷三）.传习录下 [M].北京：线装书局，2012：116.

[2] 王阳明全集（卷七）.万松书院记 [M].北京：线装书局，2012：253.

[3] 王阳明全集（卷九）.谏迎佛疏 [M].北京：线装书局，2012：294.

[4] 王阳明全集（卷二）.传习录中 [M].北京：线装书局，2012：54.

[5] 王阳明全集（卷二）.传习录中 [M].北京：线装书局，2012：54.

[6] 王阳明全集（卷二）.传习录中 [M].北京：线装书局，2012：79–80.

[7] 王阳明全集（卷二十六续编一）[M].北京：线装书局，2012：968.

[8] 王阳明全集（卷二十六续编一）[M].北京：线装书局，2012：969.

[9] 王阳明全集（卷一）.传习录上 [M].北京：线装书局，2012：10.

[10] 张世英.儒家与道德 [J].社会科学战线，2006（1）.

[11] 大学问.王阳明全集（卷二十六）[M].北京：线装书局，2012：968.

[12] 朱承.治心与治世 [M].上海：上海人民出版社，2008.

[13] 王阳明全集（卷一传习录上）[M].北京：线装书局，2012：25.

[14] 王阳明全集（卷一传习录下）[M].北京：线装书局，2012：110.

[15] 王阳明全集（卷一传习录下）[M].北京：线装书局，2012：107.

[16] 崔永东.思想家的治国之道 [M].北京：中国政法大学出版社，2007：352.

[17] 朱承.治心与治世 [M].上海：上海人民出版社，2008：84.

浅谈言语行为理论：溯源·诞生·发展

史　悦[①]

摘要： 无论是在分析哲学中，还是在语言哲学中，言语行为理论都是一个具有重要地位的理论。从古代的中国和近代的西方都可以找到含有这一理论相关观点的思想，但直到20世纪，这一思想才被奥斯汀正式提出，并上升为言语行为理论。后代学者中，塞尔对其老师的理论进行深入和完善，而哈贝马斯则又在这一理论的基础上提出了全新的交往行为理论。

关键词： 言语行为理论　奥斯汀　塞尔　分析哲学　交往行为理论

在西方哲学思想史上，哲学经历过三次思想转向："第一次转向是从古代哲学的本体论到近代哲学的认识论转向，第二次转向是从近代哲学的认识论到现代哲学的语言学转向，第三次转向是把现在西方哲学称为'语言转向'的同时，把马克思哲学称为'实践转向'。"[1]其中，语言学转向尤其突出。因为在之前的哲学思想里，几乎找不到语言哲学的踪影，也正是由于它的"新鲜"与"神秘"，使得哲学家们在语言哲学方面发现了更多前人不曾开垦的领域，也产生了更多思想的火花。

在这一次转向之前，语言仅仅被视为思想的工具，陈述理论、描情状物、传授知识才是语言的基本功能。但事实上，在我们的生活中，语言除了上述的三种功能，还是人们传递情感、表达态度甚至是影响他人、收获效果的工具。虽然语言是人类相伴相生的产物，但直到20世纪，语言这些为人们所熟知的日常功能才终于上升至理论的层面，也就是言语行为理论的诞生。

本文以言语行为理论为中心，首先，从中西方哲学思想中追溯其思想起源；其次，重点讨论言语行为理论的创立者奥斯汀的思想，以及其弟子塞尔对此理论的完善；最后，还将浅谈哈贝马斯对这一理论的创新发展。总结前人思想，陈述后人理论，经过对言语行为理论的清晰梳理展现其贡献，批判其不足，并且尝试探究其未来发展方向。

一、言语行为理论的思想先驱

虽然，言语行为理论究其范畴属于西方现代哲学思想，但事实上，在古代中国的经典著作中也可以窥见言语行为思想的踪影。在中国最古老的哲学书籍《周易·系辞》中，曾经记录了这样一句话："鼓天下之动者存乎辞。"其大意可以理解为：言辞，足以鼓舞天下人通过行动寻求变化。这与言语行为理论中"以言取效"的思想不谋而合。无独有偶，孔子《论语》中一句众所周知的名句同样包含着言语行为理论的思想。在《子路篇》中，孔子对"正名"做出了以下解释："名不正，则言不顺；言不顺，则事不成。"在这里，孔子强调"正名"是治理国事的首要工作，而一句"言不顺，则事不成"恰恰是言语行为理论中"以言行事"思想的投影。除此以外，类似于"一言以兴邦，一言以丧邦"、"谨于言而慎于行"的古训比比皆是，这些究其根本，都可以被视为是言语行为理论的思想起源。

---

① 作者简介：史悦(1989—　　)，女，汉族，河北省唐山市人，燕山大学文法学院2012级硕士研究生，研究方向为逻辑学。

而在西方哲学史上，在言语行为理论正式诞生之前，也有不少哲学家提出了关于这一理论的片段思想。早在17世纪，意大利哲学家维柯就曾在其历史哲学著作《新科学》上提到过关于语言功能的观点："谁掌握了语言文字的主权，谁就掌握了人的命运。"进入到19世纪末期20世纪初，许多现代哲学家对于语言功能的看法已经与之前的思想有了明显不同。德国哲学家弗雷格就提出了这样的观点，他认为，语言不只具有描述功能，还可以提问题、讲故事、下定义，这个观点与以往认为语言只是陈述事实和表达思想的工具的观点有着明显不同，它表明，语言还可以完成更多各种各样的事情。另外，维特根斯坦关于言语行为的思想非常值得探讨。在他后期的思想中，他从重视逻辑语言的研究转向了对于日常语言的分析，逐步提出了全新的语言哲学观。"语言游戏论"是他的一个重要观点，"语言游戏"，即一种语言和行动组成的整体。在《哲学研究》一书中他对此解释道："'语言游戏'的用意在于突出下面这个事实，语言的述说乃是一种活动，或是一种生活形式的一个部分。"[2]在维特根斯坦的语言游戏中，描述理论和陈述事实只是众多语言游戏的一种，而像裁决、提问、允许、请求、任命、命令、指责等也属于语言游戏。在其论著中，有这样一句话："Wrote sind auch tate"，翻译为英文即"Words are also deeds"，也就是"言也是行"，而这个观点已经与以"说话就是做事"为宗旨的言语行为理论的思想非常接近了。

二、奥斯汀的创立以及塞尔的完善

奥斯汀的学生瓦诺克曾经这样评论自己的老师："在最近十年里完成其重要理论著作的哲学家中，没有人比 J·L·奥斯汀教授更具独创性，也没有人比他更具影响力。"[3]这一评价虽然难免包含了师生之间的感情因素，但就"独创性"一点，奥斯汀的言语行为理论确实可以担当起这个评价。作为第二次世界大战以后分析哲学的领导人物，奥斯汀被认为是"和维特根斯坦一样，也是对后来的欧陆哲学界产生影响的极少数分析哲学家之一"。[4]奥斯汀在世时只发表了七篇文章，其著作大多是由他的学生将其讲课笔记整理后编辑出版。其中《如何以言行事》一书，被认为体现了奥斯汀思想的精髓，言语行为理论也由此诞生。

在奥斯汀之前，关于语言基本功能的公认观点如下："语言的基本功能就是描情状物，述事说理，传达知识；通过对句子的逻辑语义分析和句子结构分析来确定句子的真假意义，就可以真正的理解话语。"[5]奥斯汀不同意这个观点，而是将语言的基本功能分为两类：①记述性功能，指语言的记述或描述功能；②施为性功能，是指语言能够完成行为的功能。根据这两种功能，他提出了记述话语和施事话语的区分。奥斯汀的记述话语相当于我们所说的陈述句，有真假之分，而施事话语则有合适或不合适的区别，不止言有所述，而且言有所为，说话的同时也是做了一件事。奥斯汀曾经试图用归纳象征施为话语的"行为动词"的方式来彻底区分二者，但这一工程显然是不可能完成的任务。而用"真假"和"是否合适"这两个判断记述话语和施为话语可能与否的性质同样不能将二者区分，因为在一些特殊情况下，施为话语也可以有真假之分，记述话语也可以用合适与否来判定。由此可见，记述话语和施为话语间界限模糊，所以随着研究的深入，奥斯汀放弃了对二者的截然区分，而是将记述话语归为施为话语的子类，认为记述话语只不过是一种特殊的施为话语，从而更加明确了言语行为理论中"说话就是做事"的中心思想。由此出发，奥斯汀提出了他的著名学说言语行为三分法，即以言表意行为、以言行事行为和以言取效行为。简单解释的话，这三种行为分别的含义是"表达语意"、"加强语意"以及"通过说话取得效果"。这三种行为功能相互交叉，往往在一个人说的一句话中便包含了这三种行为，但奥斯汀最为关注的重点仍然是以言行事行为。

作为言语行为理论的创立者，奥斯汀的这一理论对于语言哲学和分析哲学的贡献是永久性的，原创性的，同时也启发了后代哲学学者对言语行为理论进行更加深入更加完善的研究，奥斯汀的学生、美国哲学家塞尔便是其中的代表人物。

塞尔不仅仅是奥斯汀理论的继承人,他的学说更多是对其老师的学说加以批判并进行完善发展。奥斯汀认为,一句话的字面意义(即句义)和这句话所能表达的效果(即语力)有着根本的区别,也可以由此严格区分以言表意行为和以言行事行为,但他又说:"以言表意行为和以言行事行为是同一种抽象,凡是真正的言语行为都兼有这两者。"[6]而这样的矛盾,也使得他在区分这两种行为时无法给出明确有效的划分方法。针对这一点,塞尔首先指出,不带任何语力特征的句子是根本不存在的,某些确定语力的因素已经存在于每一个句子的句义之中。由此,塞尔保留了奥斯汀言语行为三分法中的以言行事行为和以言取效行为,取消以言表意行为并以"发话行为"和"命题行为"代替,形成了言语行为四分法。除此以外,前面曾经提到,在奥斯汀的言语行为三分法中,以言行事行为是他的关注重点。为了使这一行为能够明显区别与其他两类,他根据以言行事行为的语力,区分了五种言语行为动词,分别是裁决式、执行式、承诺式、表态式、阐释式。但对于这些分类,他却用"非常混杂"或是"很难定义"的形容词加以修饰,由此可见这一理论的不确切性。因此,塞尔对以言行事行为进行了重新的分类,需要注意的是,他并没有像他的老师一样给象征以言行事行为的言语行为动词进行分类,而是针对以言行事行为本身。他的分类是:断定式,指令式,承诺式,表情式,宣告式。这一分类虽然依旧被后来的学者认为缺少原则基础作为支撑,并且不是确切的或穷尽的,但塞尔的这一发展仍然具有进步意义。

除此以外,塞尔还提出了具有创新性的间接言语行为,这一理论考察的主要是话语的"言外之意"。后来,他还和范德维肯共同提出了语力逻辑理论。塞尔认为,语言实际上与社会密不可分,甚至可以称为一种社会现象或是社会事实的一部分,心智的意向性使得语言富有含义,除此以外,他还强调约定俗成在言语行为中的作用。塞尔的这些观点对于言语行为理论的有益发展显而易见,也使得言语行为理论逐渐超出语言哲学和分析哲学的范畴,不止与其他人文社会学科联系密切,甚至与计算机科学以及脑科学、神经科学也产生了融会贯通的关系。

三、哈贝马斯的交往行为理论

奥斯汀的创立使得言语行为理论从无到有,而塞尔的发展则使得这一理论从小到大。但是,他们的观点都难免具有一定的局限性,而这也使得众多学者纷纷在言语行为理论的基础上提出自己的理论体系。哈贝马斯的交往行为理论就是其中极具代表性的学说。

塞尔在他的言语行为理论学说中,强调心智在语言活动中的中心地位,但却忽视了人类在进行社会交往时言语行为上的特点,并且忽略了说话人和听话人之前的互动。哈贝马斯的交往行为理论恰恰补足了这一缺口,他开始注重语言与世界的关系。首先,哈贝马斯将语言划分为"纯粹的语言"和"交往的语言",后者是哈贝马斯的理论的研究焦点。而后和奥斯汀与塞尔一样,哈贝马斯也对言语行为进行了划分,但他划分出的四个类型与前人的划分有着明显不同,分别是目的行为、规范调节行为、戏剧行为、交往行为。虽然哈贝马斯的划分与奥斯汀、塞尔的划分区别明显,但这也都是建立在言语行为理论基础之上的。除此以外,"理解"、"交往理性"、"交往合理性"是哈贝马斯交往行为理论的三个要素。其中,"理解"是指对于同一语言表达,两个主体之间存在的某种协调。"交往理性"则是指控制人与世界之间的关系的一种能力,同时也象征着合理交往的能力。"交往合理性"是指交往者的语言不只要符合语法,而且要符合社会规范,才能使个体与他人相互沟通、相互连接,并且互相了解。由此可见,交往行为理论强调了人与他人、人与世界间的互动关系,比起言语行为理论,交往行为理论对于当今社会人与人、国家与国家间的和谐交往都更具有实用性和普遍性,不止是对言语行为理论的一次创新,更是一次超越。

通过前面的论述,我们了解到了言语行为理论在正式提出前,在中西方哲学思想中的踪迹,并且相对详细地了解了奥斯汀最初创立言语行为理论时的内容以及塞尔对该理论的深入完善，最后还简单介绍了哈贝马斯在言语行为理论基础上的创新见解。无论是从哲学的语言学转向角度，还是从分析哲学的角度，言语行为理论都具有很重要的地位。虽然，部分哲学家认为奥斯汀将视角置于日常语言上提出理论的行为是限制人们对于世界有更深入、更精湛的追求，甚至其哲学"难免贻人以'浅薄'之讥"[7]，但相对于浩瀚渺茫的本体论或认识论研究，哲学在语言转向后研究的对象显然更加务实，更加贴近人类生活，而言语行为理论虽然同样有其相对深奥的一面，但作为一个探讨人类日常语言的理论，其思想可以更容易的为普通人所接受，同时也具有某种程度上的趣味性。当然，在前文中也曾经提到，从奥斯汀提出言语行为理论开始，其理论中一些不确切的、经验性的、局限性的部分成为了后代学者在研究这一理论时的批判焦点，但也正因为这一些尚未完善的部分，才使得更多的学者投身于该理论的研究深入，由此更可以得知言语行为理论确实有值得研究的价值和继续发展的空间。

参考文献

[1]闫顺利.哲学原理[M].北京:中国铁道出版社,2001:31.

[2][英]维特根斯坦.哲学研究[M].李步楼译.北京:商务印书馆,1996:17.

[3][英]瓦诺克.1900年以来的英国哲学[M].英国:牛津大学出版社,1958:147.

[4]杨玉成.奥斯汀:语言现象学与哲学[M].北京:商务印书馆,2002:196.

[5]陈波.逻辑哲学[M].北京:北京大学出版社,2005:245.

[6][英]奥斯汀.如何以言行事[M].美国:哈佛大学出版社,1962:94.

[7]陈启伟.奥斯汀:语言现象学与哲学——序[C]//奥斯汀:语言现象学与哲学[A].北京:商务印书馆,2002(1):4-5.

后期维特根斯坦的哲学思想
——浅析《哲学研究》

张　满①

摘要：路德维希·维特根斯坦（Ludwig Wittgenstein），哲学史上一位极富传奇色彩的思想家，被誉为20世纪最伟大和最重要的哲学家。与众不同的是，他前后期的思想迥然不同，发表于1921年的《逻辑哲学论》集中体现了他前期的哲学思想，从符号论原则研究语言，使他成为人工语言学派的代表人物，开启了维也纳逻辑实证主义的思想源泉。1953年出版的《哲学研究》则是维特根斯坦后期思想的代表作品，他从逻辑语言转向对日常语言的研究，成为日常语言学派的代表。本文以《哲学研究》为参照，以书中常提到的几个论题为研究对象，浅析后期维特根斯坦的哲学思想。

关键词：维特根斯坦　哲学研究　日常语言

一、《哲学研究》及其主要思想

《哲学研究》，这部体现后期维特根斯坦的著作，大致写作于1936—1945年，在维特根斯坦有生之年并未出版，他去世之后，由他的两个学生整理编订全书并译成英文，1953年以德英对照的方式出版。《哲学研究》的独特性在于它不具有系统性，涉及的问题广泛但似乎作者都没有给出明确的回答，甚至没有完整定义一个概念。全书以札记的形式构成，基本上不涉及艰深晦涩的哲学术语，语言流畅且举例说明众多，但简单的文字里蕴含了丰富深刻的内容。全书由两部分构成：第一部分有693条论述，涉及"语言游戏"、"游戏规则"、"家族相似""生活形式"等语言概念；第二部分共14小结，主要探讨了"相信"、"思想"、"意志"等心理概念。与《逻辑哲学论》相通的是，《哲学研究》依然围绕语言进行论述，把句子和词项作为主要的研究对象。二者的不同之处很多，单从形式上看，《逻辑哲学论》整体具有系统性，《哲学研究》的论述整体是不系统的，但就局部来说，特别是它开始的部分，却可以说是比较系统的。[1]

二、《哲学研究》中的几个论题

（一）语言形式及规则理论

《哲学研究》里最常提到的概念就是"语言游戏"。第一部分的第一小部分，大约从第1条论述到第242条论述（笔者个人这样划分）是初步提出和论述"语言游戏"及"游戏规则"的部分。

---

① 作者简介：张满（1988—　），女，汉族，河北省邯郸市人，硕士，燕山大学文法学院，研究方向为逻辑哲学。

本书开篇引用了奥古斯汀《忏悔录》中的一段话，称谓某个对象并清楚当他们要指向这个对象的时候，他们就会发出声音，通过声音来指称它，亦可通过表情和眼神的变化，通过肢体动作和声调口气的变换来展示心灵的种种感受。[2]这种原始的语言指称方式是一种"语言游戏"。另外，书中也曾提到这样的语言游戏：教孩子说话、指物识字法以及重复训练法。维特根斯坦把这些活动都称为"语言游戏"，且都是原始的"语言游戏"。在这些原始形式中，思维过程相当简单，所以当我们研究命题的真假，研究语言的规则，研究断定、假设、疑问等问题时先去了解这些原始形式就会解决问题很有帮助。除此之外，维特根斯坦对语言游戏进行了"扩展"，"我还将把语言和活动——那些和语言编织成一片的活动——所组成的整体称作'语言游戏'"[3]。他通过一个"石板"的例子来具体说明，建筑师傅与他的助手用各种石料盖房子，这些石料包括方石、柱石、板石和条石，助手必须依照建筑师傅的需要将这石料递给他，在这个具体环境中，当师傅喊"板石"时，助手就会把板石递给他，而不是把柱石递给他，当然师傅不用喊"把板石给我"这个完整的句子，只需用一个语词"板石"代替这个句子，即"这个词标示这个对象"。如此省略的用法也是一种"语言游戏"。由于句子的种类繁多，比如断言、疑问、命令、假设……新的语言类型就会产生新的语言游戏，所以我们无法穷尽语言游戏，在维特根斯坦看来"'语言游戏'"在这里是要强调，用语言来说话是某种行为举止的一部分，或某种生活形式的一部分"[4]。笔者认为，维特根斯坦的"语言游戏"或可称为"语言活动"，包括在日常生活中语言的命名、指称、交流、解释等功能以及语言影响行为的活动。

每一种游戏都有相应的规则，"语言游戏"也不例外。在维特根斯坦看来，遵守规则是一种行为而不是一种主张。[5]语言多种多样，具有不确定性，游戏方式的形形色色决定了语言游戏的规则也是具有非严格性的：有时是含混模糊的，有时是根据不同的环境而有所变化。语言的使用"并非处处都受规则的限制"。"我们不能设想要有一种规则来规定如何应用这个游戏的规则吗？"答案是肯定的。前期维特根斯坦试图为人们的语言制定某种规则，于是他致力于真值函项理论，但后期他发现这一方法行不通，人们更多地使用日常语言，在用日常语言的交流中，并不是"按一定的规则进行一个演算"，而是在每一次都会有所不同。我们是"边玩边制定规则"，规则的制定要放在具体的语言环境中，而且规则并非是一成不变的。

（二）意义即使用

意义即使用（Meaning is use）也是《哲学研究》中一个重要的理论，书中以"五个红苹果"为例。"我们不要问'五'这个词的含义是什么，也根本不是在谈什么含义，谈的只是'五'这个词是怎样使用的。"[6]

"含义就是我们对语词的使用……听见一个词说出一个词的时候，我们的确理解它的含义，我们一下子抓住它，而我们一下子抓住的东西当然不同于延伸在时间之中的'使用'！"[7]

维特根斯坦认为，虽然"一个词的意义有时是通过指向它的承担者来说明的"，但很大一部分词却是"一个词的意义就是它在语言中的使用"。即词的含义是通过语言说明的，而语言的意义又是在具体的环境中体现的，语词和语言紧密相连，语言又离不开实际生活和行为。

"意义即使用"这一理论在维特根斯坦的早期哲学中就有所体现，他在《逻辑哲学论》中说："在哲学里，我们'究竟为什么使用这个词和那个命题'这个问题总是不断产生有价值的见解。"[8]在他前后期思想的过渡时期，他更多次表明哲学语法的任务就在于描述语词的用法。

一般情况下，我们可以将"意义"一词用"用法"一词替换，这两个词的意义相同我们可以说成这两个词的用法相同。例如"但是"和"可是"。但反过来却不行，"我在使用某个物品"不能说成"我要某物意谓……"因为"使用"是比"意义"、"意谓"更广的概念。单就语词而说，我们不宜把意义换成使用，例如，我想到这个词的意义，就不能换成说我想到了这个词的使用。应当指明的是，我们所说的意义和使用的互换只是它们在外延上的互换，并不能说明语词的意义等于它的使用，因为二者的内涵不同。比如晨星和暮星外延相同，但它们的内涵不同。

（三）家族相似概念

维特根斯坦将语言活动视作"游戏"，在他看来，不同的语言活动即语言游戏之间，不存在任何共同的本质，只存在某种家族的相似性。种种游戏形成了一个家族，这个家族的成员具有某些相似之处。"一个家族的有些成员有一样的鼻子，另一些有一样的眉毛，还有一些有一样的步态，这些相似之处重叠交叉。"[9] 某一概念下的各种现象 A、B、C 它们并不具有唯一一种或一组共同的性质，而是 A 相似于 B，B 相似于 C，C 可能会与 A 相似，等等。维特根斯坦在《哲学研究》里用大量篇幅探讨"家族相似"概念及与之相关的问题。

《哲学研究》中对"家族相似性"做了这样的论述："我无意提出所有我们称为语言的东西的共同之处何在……由于这些亲缘关系，我们才能把它们都称为'语言'。"[10]

在维特根斯坦看来，所有的"语言游戏"构成了一个家族，这些游戏之间有某些共同之处（他本人并未指出共同之处是什么，笔者认为共同之处指游戏规则，即语言的使用规则）这些共同之处即"家族相似"，它们是一个"盘根错节的复杂网络"。

数和语言一样，各种数也构成一个家族，对于数，维特根斯坦所关注的是"用什么标准来决定公式的意思是什么？"对于这个问题他举例道：按我们的想法来训练一个人，让他写下偶数系列。他把每一个在先的数加上 2 一直写到 1 000，在 1 000 以后，他接着写出 1 004、1 008、1 012，等等。如果我们制止他，他会说他在做他认为是我们要求他做的事情。"如果对他说难道你不能看一看……？"然后重复旧的例子并且进行解释，维特根斯坦认为这无济于事。

（四）生活形式

"生活形式"也是《哲学研究》中多次提到的一个概念，但维特根斯坦并未给出明确的界定。"想象一种语言意味着想象一种生活形式。"[11] 不同生活形式的人所使用的语言就会不同，例如，不同民族、不同国家由于生活形式的不同使用的语言也是不同的，再如政府官员和建筑工人有着不同的生活形式，所以他们使用的语言实则也是不同的。

《哲学研究》的第一部分中，维特根斯坦将"生活形式"与"语言游戏"联系在一起为了突出这样一个事实，"用语言来说话是某种行为举止的一部分，或某种生活形式的一部分"[12]。理解语言的本质必须将其置于语言活动所处的环境，语言的使用是多样的，而且和各种人类活动交织在一起。在第二部分中，"生活形式"则与"情感"紧密联系在一起，如希望、忧伤等。"唯能讲话者才能够希望吗？只有掌握了一种语言的用法者。也就是说，希望的诸种现象是从这种复杂的生活形式中产生出来的某种样式。"[13] 笔者认为"语言"和"情感"是"生活形式"的两个语境，脱离了这两个语境，我们将无法理解"生活形式"。

另外，维特根斯坦认为，我们对一种陌生语言的不理解，原因在于我们不理解说这种陌生语言的"生活形式"，同样，不同部落、不同民族、不同国家的人们尽管语言不同，但能通过翻译交流思想，归根到底是因为不同的生活形式之间存在着或大或小的相似之处。

（五）"私有语言"问题

关于私有语言的讨论在《哲学研究》中占据了大量的篇幅，集中讨论是在第一部分的第243条论述至第315条论述。何谓私有语言？维特根斯坦是这样论述的："一个人能够用这种语言写下或说出他的感情、情绪……指涉他的直接的、私有的感觉。因此，另一个人无法理解这种语言。"[14]

接着，他以"疼"这个词为例。"我受伤了，我感觉到疼痛。""我"通过语言、面部表情或呻吟向他人传达出我很疼的信息，从而他人会知道"我"受伤了，但是感觉是私有对象，"疼"这种感觉具有私有性，只有"我"自己知道我"很疼"，"别人不可能有我的疼痛"，所以别人无法感受到我的疼痛。另外，"疼痛"这种感觉具有短暂性，此刻我感觉到"疼痛"，下一刻我未必会感到"疼痛"。我将此刻的疼痛感觉用一个符号记下，我们通过回忆的方式去定义这种符号的含义，但是"我能只想这种感觉吗？在通常意思上这不可能"。私有感觉具有私密性、短暂性、不确定性等特征，因此，维特根斯坦认为"'感觉是私有的'这个命题可以和'单人纸牌是一个人玩的'相比较"是没有意义的。

此外，维特根斯坦区分了"相信"和"知道"，传统的二元论哲学认为身心是两个独立的个体，使人们相信私有语言的存在，但维特根斯坦认为，这种错误在于，它把说出语言的活动与语言表达的内容分割开来，说出语言意指说话者当下的私人感觉。我们通常会这样认为：别人疼痛，我只能相信，但如果我疼痛，我就会知道，而别人只能推测。维特根斯坦认为，这里的关键问题在于人们错误地使用了"知道"一词，这种错误必会导致人们荒谬地相信存在某种只有说话者知道的私有语言。

私有语言直接指涉人的心灵，与心灵哲学联系密切，这里只做简单介绍，不做深入探讨。

三、后期维特根斯坦哲学思想对当代哲学的贡献

哲学界关于后期维特根斯坦的评价见仁见智，褒贬不一。笔者认为，作为日常语言学派的开拓者，维特根斯坦认识到日常语言的复杂性、多样性和不确定性，深入到日常语言中进行细微的、零琐的分析。同时，从一个新的角度看，维特根斯坦哲学告别了传统哲学的思维模式，以后现代主义哲学家的姿态凸显于西方。

后期维特根斯坦哲学对日常语言学派产生了深远影响。维特根斯坦的日常语言哲学最为复杂，既有逻辑分析，又有语言分析，还有心理分析等等。日常语言学派几个主要代表人物赖尔（G. Ryle）、奥斯汀（J. L. Austin）、斯特劳森（P. F. Strawson），他们都或多或少受到维特根斯坦的影响。赖尔基本上接受了维特根斯坦关于哲学研究是日常语言分析下的语法研究的观点。他也强调哲学的首要任务是仔细分析日常语言的用法，以便找出经常产生误解和混乱的根源。奥斯汀主张只有先弄清楚了日常语言中不同的语言表达式的用法，才能进一步把握语言的复杂规则，从而真正理解语言的意义。斯特劳森更是坚持认为正确的哲学研究方法是用分析的方法来分析日常语言的用法，并且梳理出日常语言和思维中的混杂的命题形式。由此可见，日常语言分析学派的代表都或多或少打上了后期维特根斯坦哲学的烙印。

从一个新的角度看，维特根斯坦关于哲学性质和作用的思想可以看作一种"后哲学的文化"（Culture of postphilosophy）。"后哲学文化"的基本特征是打破传统形而上学的中心性和整体性概念，倡导一种综合性的、无主导性的哲学，其表现形式是"非哲学式地写哲学，从外面达到哲学"。[15] 维特根斯坦不是以传统哲学所要求的那种严格的范畴推演或逻辑判断的方式研究哲学，也不是以分析哲学家们推崇的那种精细的语言逻辑分析讨论哲学，而是用语言游戏摧毁哲学的理论作用。后期维特根斯坦以"语言游戏"为主线，从语言的使用方式到人类的生活形式，再到个体的私有语言，他并不是想建构某些语言规则，而是把哲学作为"提醒物"：当人们在语言迷宫误入歧途时，哲学就是在所有交叉口竖立的路标，指示人们走入正确的道路。[16]

总之，后期维特根斯坦的研究不管是在哲学还是语言学上都产生了深远的影响。

参考文献

[1] 王路. 走进分析哲学 [M]. 北京：中国人民大学出版社，2009：170.

[2][德] 路德维希·维特根斯坦. 哲学研究 [M]. 陈嘉映译. 上海：上海人民出版社，2005：1.

[3][德] 路德维希·维特根斯坦. 哲学研究 [M]. 陈嘉映译. 上海：上海人民出版社，2005：7.

[4][德]路德维希·维特根斯坦. 哲学研究[M]. 陈嘉映译. 上海：上海人民出版社，2005：18.

[5]赵亮. 从《哲学研究》看后期维特根斯坦语言哲学观[J]. 山东外语教学，2008：6.

[6][德]路德维希·维特根斯坦. 哲学研究[M]. 陈嘉映译. 上海：上海人民出版社，2005：4.

[7][德]路德维希·维特根斯坦. 哲学研究[M]. 陈嘉映译. 上海：上海人民出版社，2005：82.

[8][德]路德维希·维特根斯坦. 逻辑哲学论[M]. 王平复译. 北京：九州出版社，2007：175.

[9]Ludwig Wittgenstein. The Blue and Brown Books. 转引自陈嘉映. 维特根斯坦的哲学观[J]. 现代哲学，2006.

[10][德]路德维希·维特根斯坦. 哲学研究[M]. 陈嘉映译. 上海：上海人民出版社，2005：48.

[11][德]路德维希·维特根斯坦. 哲学研究[M]. 陈嘉映译. 上海：上海人民出版社，2005：13.

[12][德]路德维希·维特根斯坦. 哲学研究[M]. 陈嘉映译. 上海：上海人民出版社，2005：18.

[13][德]路德维希·维特根斯坦. 哲学研究[M]. 陈嘉映译. 上海：上海人民出版社，2005：273.

[14][德]路德维希·维特根斯坦. 哲学研究[M]. 陈嘉映译. 上海：上海人民出版社，2005：135.

[15]罗蒂. 哲学与自然之境[M]. 上海：上海三联书店，1987：87.

[16]江怡. 维特根斯坦：一种后哲学的文化[M]. 北京：社会科学文献出版社，1998：6.

关系的区别

——浅谈伊德的人—机关系现象学

张　璐 [①]

摘要：在唐·伊德教授的现象学技术哲学的理论中，人—机关系现象学应该说是他理论的基础，而其中的四种关系为人们广泛关注，本文试图对四种关系中的一些概念以及它们之间的联系与区别加以分析，做出更进一步的思考。

关键词：人—机关系现象学　四种关系　联系　区别

在技术哲学的历史长河中，人们通过社会、历史、政治等不同的角度来解读技术对于我们的影响，而唐·伊德教授则是通过一个新的现象学的角度来看待这个问题。他的思想来源于海德格尔、胡塞尔、梅洛庞蒂以及美国的实用主义。"伊德认为，海德格尔对技术哲学的最大贡献是将现象学引进了技术哲学。但是，伊德同时也指出海德格尔思想中的缺陷，其中最主要的就是忽视了对技术与知觉关系的认识。" [1] 在海德格尔将现象学引进了技术哲学以后，伊德又将胡塞尔的"意向性"、梅洛庞蒂的"知觉为先"的理论以及他自身深受影响的美国实用主义相结合，最终创造出了我们现在所看到的对技术哲学有着重大影响的现象学技术哲学。

一、伊德的人—机关系现象学概述

伊德的人—机关系现象学主要包括人与技术的四种关系，分别是：具身关系（也即体现关系）、解释学关系（也即诠释关系）、它异关系（也即他者关系）以及背景关系。

具身关系就是技术扩大了"我"的感觉，使"我"的感觉得以延伸，"我"和技术作为一个整体来认识世界。它的意向性表达式为：

（我—技术）→世界

解释学关系指的是"我"观察到的世界是技术所反映的世界，因为世界是无穷大的，而我们的认识能力是有限的，所以我们不能通过亲知每一样事物来得到经验，这就意味着需要技术给我们提供"模本"，通过技术掌握世界，这个时候技术与世界成为一个整体，"我"来感知这个整体，它的意向性表达式为：

我→（技术—世界）

它异关系是指技术成为他者，具有自己的独立性。这种关系是技术自主论的一个体现。本来我是通过技术来感知世界的，可是通过技术的逐步发展，我们研究技术越来越多是单纯地面对技术，而世界则退化为我们研究的背景，它的意向性表达式为：

我→技术—（—世界）

① 作者简介：张璐（1986—　），女，汉族，内蒙古自治区赤峰市人，燕山大学文法学院硕士研究生，研究方向为科技哲学。

在这种关系中技术已经不再单单是我们的对象，它已经具有了客体的独立地位，成为了一个"准他者"。

最后一种就是背景关系，背景关系是指我们日常生活离不开技术，而很多技术产品也已经深深植根于人们的日常生活中，成为不可或缺的一部分，这部分技术产品同世界一样逐渐退化为背景，而那部分我们依旧追依旧有所期待的技术仍然承担着客体的地位，为人们所研究。这第四种关系伊德没有给出一个具体的意向性表达式，而笔者希望将它表达为：

我→技术—（—技术—世界）

在这个公式里面，前面的技术是承担着客体功能的技术，是我们研究的、追求的技术，而后面的技术则是那些已经融入我们的日常生活，我们不再对它们有兴趣，它们的存在已经成为了一种理所应当，成为了与世界一样的我们生活的背景。其实这里面就将技术划归了类，对于人们来说有了主次之分。而随着我们科技的发展，成为背景的技术会越来越多，而这对于我们来说是否是利大于弊，依旧是值得我们深思的问题。

二、四种关系中一些概念的澄清

具身关系不同于以往的卡普的技术体外器官理论或者马克思主义哲学那里的人工智能和人类意识之间的关系，具身关系强调的是关系，是一种主体间性，而在另外两个理论那里更多强调的是技术之于人类的一个外化作用，技术是由人制造出来的，是用来表达人的行为、思想的一个外在物，应该说技术是人的附属，这种关系和具身关系中的那种"我"和技术融为一体是完全不同的，但是具身关系中技术依旧是一个对象性的存在。它不像在它异关系中，已经具有了一个"准他者"的地位，相比较而言，它异关系中技术的地位提升了。

在解释学关系中，技术是与世界同构的，技术是世界的反映；而在具身关系中，技术是人知觉的延伸，可以说技术是与人同类的，技术在某种程度上就是代表了人本身。

在具身关系中，它自身就存在着矛盾：一方面，人们希望技术可以高度符合人的知觉感受，达到"人—机"合一的状态，即技术是完全"透明的"；另一方面，人们希望在运用技术的时候摆脱技术对人们的限制，因为技术毕竟为人们所创造，人类的认识有局限性决定了技术的局限性，而且技术的创造往往是针对某一方面达到增强的效果，而在其他方面相应的是缩小的效果，比如说汽车的发明，它为人们提供了高速度、节约了时间，但是同时，越来越多的中年人出现"三高"问题，就是由于不锻炼产生的恶果，而这恰好是散步所能达到的效果。所以汽车增强了速度的效果，缩小了锻炼的效果，同时也减弱了我们散步时候欣赏鸟语花香的那种好心情。这种矛盾存在于具身关系本身。在澄清了一些概念以后，接下来就要看一下这四种关系之间的一些联系以及区别了。

三、四种关系之间的联系与区别

具身关系和解释学关系，它们二者都是通过技术来实现"我"对世界的感知、了解。通过它们所认识到的世界都是天然自然，是我们现实存在的世界，只不过技术在"我"与世界之间和谁更"亲近"而已，技术是更多地体现出"我"感觉的延伸还是语言的延伸而已。在这两种关系中"我"是主体，世界是客体，技术只不是主体认识客体的一个方式、一种手段。

在具身关系与解释学关系中，由于公式中括号的位置不一样，所以它们两个的所谓的技术难点也在不同的位置，这就是伊德所说的"谜的位置"。在具身关系中，"谜的位置"存在于"我"和技术之间，技术是代表"我"的，"透明"的技术是能够让"我"感觉不到技术的存在的，所以人的知觉感受是其关键，也可以说人的体验是其关键；在解释学关系中，"谜的位置"存在于技术和世界之间，技术是反映客观世界的，它们二者是同构的，所以准确反映是其关键。当然人们在创造技术的时候肯定是以"我"这个主体的感受为前提的，但是它更强调准确性，比如说地图的绘制，就要求精确表示出地图的每一个角落，可能最后做出来的地图会很大，不方便阅读，可是这个时候准确性是第一位的。所以说在具身关系和解释学关系中，它们强调的重点是不同的。

从公式中可以看到它异关系与背景关系是相一致的，区别就是在它异关系中的一部分技术产物逐步退化为背景，成为同世界类似的存在。它异关系中，世界就是一种"不在场"存在，在背景关系中，技术也成为了一种"不在场"的存在；因为现代技术的迅猛发展，我们对于身边的技术产物已经不能够引起足够的兴趣，当我们在看电视、玩电脑的时候，我们已经不能把它们看作是高科技产品了。它们融入了我们日常的生活，成为了我们生活的一部分。实际上，在背景关系中，那部分我们当作客体来研究的技术，相对于"我"来说依旧是一个它异关系。

这四种关系实际上可以换归为两类，即具身关系和解释学关系为一类，它异关系和背景关系是一类。前一类实际上是通过技术感受世界，这个世界是真实的，技术为人所用，是人的使用对象，这个世界是天然自然。后一类关系中，我们直接接触的是技术，看到的世界是技术呈现给我们的世界，通过认识技术来认识世界，实际上这种世界是经过技术改造过的，是不真实的。它是人工自然，不再是天然自然，所以说这就与前一类完全不同了。在这里，技术具有自主性，成为独立的"他者"，技术创造的世界就是我们的研究对象。

参考文献

[1] 韩连庆. 技术与直觉：唐·伊德对海德格尔技术哲学的批判与超越 [J]. 自然辩证法通讯，2004（5）：37-42，110.

[2] 吴国盛. 技术哲学经典读本 [M]. 上海：上海交通大学出版社，2012.

[3] 张春峰. 技术意向性浅析 [J]. 自然辩证法研究，2011（11）：36-40.

[4] 吴国林. 后现象学及其发展：唐·伊德技术现象学评述 [J]. 哲学动态，2009（4）：70-76.

Explaining Capgras Delusion in the Two-factor Framework

Zhang Peipei[①]

In this paper, I will begin by explaining the Gapgras delusion in the two-factor framework by distinguishing and answering these two questions. First, where did the delusion come from? Second, why does the patient not reject the false belief? Then I will assess this theoretical framework and give my point of view that the two-factor theory indeed gives us a general structure of explaining the delusion, however, it's not sufficient to arrive at a complete and satisfactory explanation of delusion by just answering these two questions. The two-factor framework should allow additional factors and more specific discussion in each stage of formation and persistence of the delusional belief.

Capgras delusion is the belief that one of the close relatives (e.g. the spouse) has been replaced by an impostor. This delusion is not especially uncommon, and there are hundreds of published cases. Edelstyn and Obebode provide a review [1]; Lucchelli and Spinnler offer a detailed clinical report.[2]

Where did the delusion come from? This question is too general. I will explain this step by step. First, I will identify which kind of anomalous experience the patient has and answer where this anomalous experience comes from. Maher and Coltheart agree on that it comes from a neuropsychological deficit. There are two possible accounts of neuropsychological deficit lead to the anomalous experience. The first possible account is the experience results from something is missing. According to the two-route model which is put forward by Breen, Caine and Coltheart in 2000 [3], the neuropsychological deficit is damage to the connection between the face recognition unites (FRUs) and the affective response system or damage to the affective response system itself, while the connection between the face recognition unites (FRUs) and the personal identity nodes (PINs) remain intact. So Capgras patient has an experience of seeing a face that looks just like the spouse, but without the affective response. The second possible account is the experience results from something is added. Coltheart appeals to the two automatic and unconscious processes. One is a process of prediction; the other is a process of comparison between what is predicted and what actually happens. These two processes like a comparator. "The unconscious system predicts that when the wife is next seen a high autonomic response will occur, detect that this does not occur, and report that to consciousness, there's something odd about this woman."[4] So the deficit make the patient experience the anomalies.

I have explained where the anomalous experience comes from. Then I will answer how the delusional idea or hypothesis arise from the anomalous experience, that is, why the patient choose the delusional interpretation of the anomalous experience. Stone and Young think there is "a multi-factor model of the causes of the Capgras delusion"[5]. The patient's attributional style may bias the patient's selection of an explanatory hypothesis. Capgras patient may exhibit an externalising attributional style which is associated with feeling of persecution. When

① Zhang Peipei(1982—),Female,Jinan,Shandong,Ph.D. candidate,Philosophy Department of Shandong University,Marxist Philosophy.

the patient have the anomalous experience (Something is odd) , the patient with the persecutory delusion and suspiciousness often contributes this change in others instead of himself (My wife is an impostor). And the Jumping to Conclusions Bias (JTC) bias may lead to early acceptance of this hypothesis. These factors together results in the incorrect interpretation of the anomalous experience. At this point, the patient accepts the false belief that my close relative is replaced by an impostor. There is an example in literature [6], the patient has an experience of seeing a face that looks just like her mother without the affective response (It was like a picture of her, but it wasn't her) However, the patient did not have delusion (I knew it was her but then, it started putting worry in me... I was thinking "why am I feeling that"?) It suggests that the false hypothesis is not formed in the initial stage.

Now focus on the second question why does the patient not reject the false belief. It's obvious that there are massive evidences to against his belief. For example, this woman knows everything about him, even all details and private secrets; this woman cares abouts him; and everyone all says she is his wife and no one suspect that except himself. So why does the patient still maintain this false belief? The possible answer is the impairment of belief evaluation belongs with analytic processes or system 2 include inhibiting the influence of prepotent tendencies or biases. "In recent years, cognitive scientists have proposed that there are two quite separate cognitive systems underlying thinking and reasoning with distinct evolutionary histories."[7] System 1 or heuristic processes are "rapid, preconscious, and computationally powerful", in contrast, system 2 or analytic processes are "slow, sequential, and effortful" [8]. System 1 processes underpin cognitive biases and are heterogeneous in their nature. System 2 processes permit "abstract hypothetical thinking that cannot be achieved by system 1" [9]. According to the dual-process accounts of reasoning, system 2 and system 1 sometimes conflicts with each other, which is supported by the belief-bias task experiment. System 2 needs to override the belief-based response generated by the system 1.[10]"The inhibition of the heuristic system and the computation of the analytic system···draw on executive working memory resources."[11]De Neys's experiment findings show that "erroneous reasoning in the case of belief-logical conflict is not associated with, but also directly caused by, limitation in executive resources"[12]. We can interpret the findings of De Ney's study as providing some support of the suggestion that belief evaluation involves working memory resources and inhibitory executive processes. So it seems that the patient maintains the false belief because of the limitation in executive working memory resources. It means that when the logical reasoning conflicts with the experience or prior beliefs, the patient yields to the influence of his prior beliefs and gives the logically incorrect response. Goel and Dolan's neuroimaging study show that "the right prefrontal cortex involvement in correct response trials is critical in detecting and/or resolving the conflict between belief and logic"[13]. This neural activation corresponds to controlled or executive attention that is required to facilitate the performance of the logical task assessing the validity of the argument in the face of distraction from prior belief about the conclusion. This finding consistent with the suggestion that belief evaluation has a neural basis in the right prefrontal region of brain. So now we can answer the second question. Because of the impairment of the working memory or executive process with a neural basis in damage to the right frontal region of the brain, patient may lose the ability to solve the conflict between false belief and logical thinking, he/she can't work out the conclusion by himself. So the consequence is that the the false belief is maintained rather than rejected.

The two-factor theory indeed gives us a common and effective structure of the explanation for delusion, by distinguishing and answering these two questions. But the weakness of this framework is that it's too general, so it's not sufficient to arrive at a complete and satisfactory explanation by just answering these two questions.

One possible reason seems that the formation and persistence of the delusion is a sequential process. Only these two questions sometimes will miss out some details. It seems better to divide two questions into three stages questions: where does the anomalous experience come from, how does the patient accept the delusional hypothesis from the experience, and why does he maintain this belief. In these three questions, I think the second stage question is more important and complicated. That is how does the anomalous experience form the delusional hypothesis. The attributional style and JTC bias is not complete in the explanation of this adoption question. I suggest that the pathway of causal reasoning should be discussed and developed in the future. Much more needs to be discussed about the question how the exercise of the disabling conditions or alternative causes influence the patient's judgment and interpretation of the experience.

Another reason seems that the two-factors framework has "usually focused on delusions in general"[14], offers no place to motivational or mood factors. As seen in the explanation of the Capgras delusion above, attributional style play a role in the formation of delusion. Motivation surely influences the whole process of the formation of delusion, from gathering and interpreting evidence to accepting and persisting the belief. But in the two-factor framework, it's a little hard to contribute this motivational factor to the first question or the second question, or both. So it's necessary for the two-factor framework to allow motivational factors. The involvement of additional factors (motivational and mood factors) will make the explanation more specific and definite.

Two-factor framework gives us a general structure of explaining the delusion, by distinguishing and answering these two questions. In order to have a complete and satisfactory explanation, however, additional factor and more specific discussion need to be done in each stage of formation and persistence of the delusional belief.

References:

[1]Edelstyn, N. M. J. and Oyebode, F. A review of the phenomenology and cognitive neuropsychological origins of the Capgras syndrome[J]. International Journal of Geriatric Psychiatry, 1999: 14, 48-59.

[2]Lucchelli,F. and Spinnler, H. The case of lost Wilma: A clinical report of Capgras delusion[J]. Neurological Sciences, 2007: 28, 188-195.

[3]Breen, N.,Carine, D. and Coltheart, M. Models of face recognition and delusional misidentification: A critical review[J]. Cognitive Neuropsychology, 2000: 17,55-71.

[4]Coltheart, Conscious experience and delusional belief[J]. Philosophy, Psychiatry,and Psychology, 2005: 12, 155.

[5]Stone and Young. Delusions and brain injury: The philosophy and psychology of belief[J]. Mind Language, 1997: 12, 341.

[6]Turner,M. and Coltheart, M. Confabulation and delusion: A common monitoring framework[J]. Cognitive Neuropsychiatry, 2010: 15, 371-372.

[7]Evans, J,StB. T. In two minds: Dual-Process accounts of reasoning[J]. Trends in Cognitive Sciences, 2003:7, 454.

[8]Evans, J,StB. T. On the resolution of conflict in dual process theories of reasoning[J]. Thinking and Reasoning, 2007:13, 322.

[9]Evans, J,StB. T. In two minds: Dual-Process accounts of reasoning[J]. Trends in Cognitive Sciences, 2003: 7, 454.

[10]De Neys. Dual processing in reasoning: two systems but one reasoner[J]. Psychological Science, 2006: 17, 432.

[11]De Neys. Dual processing in reasoning: two systems but one reasoner[J]. Psychological Science, 2006: 17, 428.

[12]De Neys. Dual processing in reasoning: two systems but one reasoner[J]. Psychological Science, 2006: 17, 432.

[13]Goel,V., and Dolan, J. Explaining modulation of reasoning by belief[J]. Cognition, 2003: 19, 87.

[14]Bentall, R.P.,Corcoran, R.,Howard, R.,Blackwood, N., and Kinderman,P. Persecutory delusions:a review and theoretical integration[J]. Clinical Psychology Review, 2001: 21, 1149.

以《伦理学》教学改革引导学生树立社会主义核心价值观①

郭金鸿　蔡晓红②

摘要：大学教育具有价值引导性。《伦理学》的教学改革既要遵循教学规律，更应该基于学生成人做事的价值需要，应该根植于国家富强、社会文明和人生幸福的需要。伦理学的教学改革势必要围绕树立社会主义核心价值观，以理论的科学性和指导性照耀学生生活现实和人生方向。

关键词：《伦理学》　教学改革　社会主义核心价值观

"倡导富强、民主、文明、和谐；倡导自由、平等、公正、法治；倡导爱国、敬业、诚信、友善"党的十八大报告向全社会提出了培育和践行社会主义核心价值观的新要求。新的历史时期，坚持用社会主义核心价值观引导学生健康发展，是培养中国特色社会主义道路建设主体的重要任务，是关系到国家民族复兴的根本要求，"少年强则国强"。更是大学生安身立命，做事成人的内在需要，本文从《伦理学》教学改革角度来思考落实这一目标的现实路径。

一、教学改革思路：围绕树立社会主义核心价值观

伦理学也称道德哲学，是一门实践价值课程，本身具有智慧启迪和人格培育的特点。作为一门价值科学，可以通过对伦理知识的把握而对人进行教化和涵育，提升人性素养。但是市场功利化和等价交换的负面影响、某些价值相对主义和虚无主义的盛行，以及当今社会畸重技术层面、知识层面等可见直接效果的教育，而弱化乃至于忽视学生灵魂的教育，使得伦理学等人文学科受到了不同程度上的挤压，客观上加剧了《伦理学》教学的难度。[1]

以往的《伦理学》教学，由于学科体系的固化和内容的陈旧，课堂上更多的是传授伦理知识，惯用的是老师讲原理、学生背答案，整齐划一的思维方式和灌输式课堂教学方法，使得伦理学科富有生活气息的特色难以彰显。伦理学需要"以理服人"，通过思辨而把握道德规律和道德真理，"但是道德的知识不同于科学的知识，伦理学课的教学，不仅要求学科体系的科学性缜密性、条理性，更要求其能打动学生的情感，使之能够悦纳正确的主流价值观"。而且随着经济、科技、文化等领域发生的更为深刻变化，给伦理教学带来了更多的难题和挑战。大学本身赋有价值导向的使命，伦理学更是承载了社会核心价值的重任，其教学改革的迫切性不言而喻。[2]为此，只有进行《伦理学》教学模式改革，才能真正发挥伦理学实践精神的育人功能。本文认为从学生的研究性学习入手来进行教学改革，既可以为应用《伦理学》教学提供重要理论支撑，又可以引导学生独立对现实问题进行思考，使伦理学真正成为一门价值智慧之

① 基金项目：本文为青岛大学教学研究项目《〈伦理学〉研究型教学模式探索》的成果；山东省研究生教育创新项目《全日制教育硕士专业学位研究生教学伦理意识培养研究》（SDYC11155）的阶段性成果。

② 作者简介：郭金鸿（1970—　），女，山东省枣庄市人，哲学博士，青岛大学人文教育学院副院长、教授；研究方向为伦理学原理、教育伦理学；蔡晓红（1959—　），女，哲学博士，安徽省舒城县人，青岛大学师范学院哲学系副教授。

学。既可以为各高校教授《伦理学》、《思想道德修养》、《思想政治教育》等课程的教师提供一些教学资料和教学启迪，又可以为大学生提供道德思维训练和职业伦理精神培育的思想基地。《伦理学》教学改革的最终目的就是通过研究性教学使学生形成正确价值观和行为习惯。

（一）围绕正确价值观设计合理的研究型课程教学改革方案

大学教育本身就是一种价值体系，具有育人的价值目前，这是大学存在和发展的灵魂所在，大学具有传承文化，塑造民族精神家园的功能，大学更具有辨识价值选择，引导价值取向，担当社会责任的使命。《伦理学》教学改革的直接目的就是通过其所具有的理论思辨与实践特性，提高课堂教学质量，彰显大学精神，落实我国教育方针和中长期教育规划，着力培养学生的社会责任感、创新精神、实践能力。[3]价值认知和实践的复杂性，决定了《伦理学》教学任务的艰巨性和教学过程的复杂性，决定了任课教师既不能不通过课堂讲授来传授理论知识，同时又不能仅停留于讲授层面，而必须有一整套行之有效的深化课堂讲授、内化道德知识的教学实践活动。这种研究型教学体现在伦理教学中，就是引导学生怎样深入理论研究、剖析现实问题，形成独到、合理的思想与解决方案。

（二）以学生为主体进行研究型课程教学改革

在借鉴国内外《伦理学》教学最新成果基础上，反思以往教学经验，进行研究型课程改革。遵循学生主体、教学相长的原则，课堂上师生间、生生间交流互动，为学生提供自由提问、质疑、探究、讨论问题的机会，并给予思路的引导和道德人格的启迪。

（三）研究型课程教学改革的总体目标

以构建研究型教学模式为基点，全面提高《伦理学》教学质量，形成融教学观念体系、内容体系和方法体系为一体的有特色的伦理学课程体系，真正满足社会发展和人才培养的时代需要。

二、以专业知识引领学生理解马克思主义理论

《伦理学》课程的设置目标是：使学生掌握伦理学的基本理论，了解中外伦理思想史发展演变的基本脉络、主要流派；深刻理解马克思主义伦理学的理论体系和基本观点；能够运用马克思主义伦理学的基本观点和方法，分析和研究现实生活中的伦理道德问题；能独立做出符合社会发展的伦理思考和评判，进而不断修炼自我融入社会。[4]

马克思主义理论对我国伦理学理论的指导，主要体现在方向、方法和思路上。因此，在阐述一些伦理学基本理论、流派和现实问题时，运用历史唯物主义来进行分析和评判，有利于学生增强其社会主义核心价值意识，形成正确的世界观和方法论。具体讲，主要从以下几个方面着手。

（一）通过课堂深入讲解伦理学基本范畴和基本理论派别

伦理学是道德哲学，需要对一些概念进行较为清晰的界定，但是由于概念本身的抽象性和历史性，往往使学生感到难以理解，如良心、公正等。而对于道义论、功利论、美德论的不同，尤其是在道德选择和道德评判中涉及这些理论时，学生也经常会处于价值的摇摆中。[5]通过提供给学生（或学生自己查找）各种论点及其支持论据，通过课堂上层层追问和解答，来提高学生的辨析和解决问题能力，使学生能够获得较为满意的思想收获和价值认同。

（二）通过网络课程丰富学生专业知识，提供更为前沿、系统、具体的学习资料。

现代社会的网络化、信息化促使教师要充分运用现代教育技术，制作多媒体课件，通过生动感性的影像刺激，加深学生对基本伦理知识的掌握。在教学过程中，把哈佛大学桑德尔的公正课、耶鲁大学刚根的死亡哲学课、复旦大学张汝伦教授的康德道德哲学等引入课堂，让学生们一起来思考和回答这些教授提出的问题，而授课教师予以适当分析和引导，帮助学生在学习前沿理论时做出恰如其分的判断和价值取向。

（三）以作业为基点，引导深化学生对专业知识的掌握和运用

学生要形成任何一门专业知识结构，就必须阅读经典文献，要站在前人研究成果上来思考和研究后续问题，只有与大师对话，才能不断提高学生的专业素养。给学生布置的阅读伦理学经典文献，包括马克思主义伦理著作，如《德意志意识形态》，尤其是其中关于"真实的集体"、"社会存在与社会意识"等内容，让学生了解伦理的发展始终与国家利益、民族精神密切相关，而不是纯而又纯的逻辑推演。而学生对《孝经》、《忠经》的认真研读，使得他们越发关注孝道文化和政治伦理。另外，通过让学生完成伦理学小论文，进一步拓展其专业知识面，使其进行深入思考，激发其学习积极性。而访谈作业的布置，让学生逐渐学会倾听、尊重和理解他人。

三、以多样化的教学方法熏染学生核心价值观

课堂教学是教学改革的核心内容。《伦理学》课程要改革注重教学体系，注重规范性和开放性；内容充实，注重学术前沿；结构合理，重心突出。需要融知识传授、能力培养、素质教育于一体；注重以培养学生的专业能力、分析和解决问题能力、人格价值为宗旨，充分体现以人为本的教学理念。在课堂教学中我们主要采用了以下灵活多样的多种教学方法。

（一）案 例 法

在讲到道德原则、道德范畴等内容时多采用案例教学法，如在讲授"公正"范畴时，通过"美国电话电报公司在雇佣员工问题上受到起诉"、"高考应不应加分"等让学生来思考"何谓公正"，"遵循什么原则才可以做到公正"。激发学生的积极思考，培养学生独立解决问题的能力。再如，通过"登山队员夏普在珠穆朗玛峰 7 000 米处遇难其他队员没有相助"案例，让学生深入思考"何谓道德义务"，"'应该'与'能够'之间的关系"等问题。

（二）讨 论 法

先提出需要讨论的主要问题，让学生发表自己的观点，然后由老师评定总结。如在讲授"幸福"范畴时，对学生提出以下几个问题："你认为什么人最幸福？""影响幸福的因素有哪些？""利他的人与利己的人谁更容易获得幸福？""幸福与道德有何关系？"等等。从学生感性认知和切身体会入手，培养学生的理性思维、探索能力和科学价值观。

（三）活 动 法

通过情景设置让学生扮演角色，了解学生的真实意愿。培养学生的浓厚学习兴趣和良好学风。如在讲授"道德选择"时，通过"选择上救生艇逃生的人"让学生了解功利主义、人道主义等道德原则的应用，

并针对学生的选择进行价值分析。

（四）模拟授课法

在讲授集体主义与个人主义这一部分内容时，让学生们去搜集资料，一部分同学讲授集体主义，一部分同学讲授个人主义。并且提出讲授的要求，如需要讲清楚概念、历史发展、主要观点及其对对方的批判和反驳。以小组为单位，化整为零，每一小组负责解决核心问题。学生模拟讲完课后，相互评价，最后由教师做点评，并对一些问题进行深化。

（五）辩 论 赛

伦理学具有强烈的实践色彩，如果伦理学的教学不关注现实生活，无异于虚化马克思主义哲学的实践性特点，无异于远离马克思主义的真实性。[6]针对此，选择学生比较关注的现实问题进行辩论赛活动。如针对目前养老问题，设置辩题"把父母送进养老院是否孝敬"；针对房价居高不下及"国五条"出台前的离婚潮，辩论"政策性离婚是否应该受罚"等。

四、以实践教学落实社会主义核心价值体系的有效性

（一）改革课程考核方式，强化学生正确价值观

开课之初就明确告诉学生这门课的基本要求和考核方式，既有对学生把握伦理学基本知识的考核，也有运用马克思主义基本原理来分析伦理思想和现实问题的考核；既有理论方面的系统考核，也有学生实践的考核；既有最终卷面分数，也有平日课堂讨论发言、发起和参与网上课堂讨论、作业论文、参与公益活动等的考核。这些都以一定权重计入总成绩。尤其是通过鼓励学生做义工、志愿者活动等方式来加强其道德修养和人格提升，进而为当今社会发展尽力。学生对伦理课的学习不仅仅停留在学理上，更为重要的是通过担当社会责任而实现人生价值。

（二）创新教学途径，理论联系实际

强调课堂教学与实践教学并重，提高学生学习的积极性和参与性，培养其创新精神和研究能力。针对学生学习、生活、思想等实际情况进行有针对性的指导。值得一提的是，学生在"讨论区"发起的各种问题讨论，从考试作弊、恋爱考研、养老敬亲、人口问题，到《中国好声音》为什么火、美丽中国的实现、钓鱼岛事件、异地高考、幸福界定、伦理体系的重构等等，无不显示出他们对于外界社会的高度关注和相关问题的思考。[7]

根据课程内容和实践需，要积极指导学生进行创新性研究课题、本科毕业论文等工作，带领学生进行社会调查、深度访谈、锻炼其理论联系实际的能力，已经取得一定效果。由于本课程涉及面较广，笔者与青岛市哲学学会、教育部门、民族宗教事务局、湛山寺、国学会、社区居委会、《小陈热线》等有着密切联系。使学生开阔视野，为将来考研、工作等奠定了基础。

参考文献：

[1][美]桑德尔.公正：该如何做是好？[M].朱慧玲译.北京：中信出版社，2011.

[2]张彭松.以素质德育为目标的高校伦理学教学范式初探[J].黑龙江教育（高教研究与评估），2012（4）.

[3]潘建红，高栋.素质教育与高校伦理学教学改革[J].教育评论，2008（4）.

[4] 龙静云.新时期伦理学教学改革的尝试 [J].广西大学学报（哲学社会科学版），1993（6）.

[5] 孪广义.民族地区高校伦理学课程教学改革探索 [J].当代教育与实践，2009（2）.

[6] 刘琼豪.以完善道德人格为目标的高校伦理学教学模式探讨 [J].贺州学院学报，2007（2）.

[7] 谭姣莲.以社会主义核心价值体系引领高校伦理学教学 [J].衡阳师范学院学报，2011（2）.

[8] 王淑芹.伦理学教学方式之探 [J].教育艺术，2005（7）.

2013 当代中国哲学发展国际学术研讨会综述

刘邦凡　王　磊　高　颖①

2013 年 7 月 22 日上午，由燕山大学文法学院承办的"中英美暑期哲学学院第 17 期高级研讨班"开学典礼在燕山大学文法学院 214 室举行。开学典礼由燕山大学文法学院副院长韩兆柱教授主持，中国社会科学院哲学研究所所长谢地坤研究员、燕山大学副校长张福成教授，英方代表吉姆·霍普金斯博士及燕山大学文法学院党政领导、暑期学院全体外籍教师及学员、文法学院部分老师共 100 余人参加了开学典礼。

本期研讨班的主题为"哲学与心理学"，本期研讨班授课专家包括：①路易丝·安东尼教授（Louise M. Antony，美国马萨诸塞大学），主讲课程是《超越物质的心灵：如何影响我们的行动》，内容主要包括身心关系的三种流行的理论二元论、认同理论以及功能主义之分析，精神因果问题，、哲学家们试图如何解决。②马丁·戴维斯教授（Martin K. Davies，牛津大学）和马妮·戴维斯博士（Marie A. Davies，牛津大学），主讲课程是《妄想病理学》，该课程认为：奇怪的虚假的信念——妄想，正在挑战目前的心理学、精神病学和哲学的相关理论，需要建立一个框架来解释妄想；内容主要包括妄想的定义与分类，信仰与妄想，不寻常的心灵经历，可能发挥的作用的神经心理缺陷，精神因果，推理的偏见，认知障碍和动机妄想，个人妄想的修正，正常和受损的信念的形成，贝叶斯方法的评价等。③吉姆·霍普金斯博士（Glen James Hopkins，伦敦大学国王学院），主讲课程是《精神分析学，神经科学与心灵哲学》，内容涉及：精神分析学的一些基本问题——梦的诠释，梦想和记忆，精神源动力，弗洛伊德的结构模型（本我，自我和超我）及其对当代神经科学、哲学的影响——病理神经学、计算神经科学、心灵哲学、前意识哲学与潜意识哲学等。④迈克尔·惠勒教授（Michael W. Wheeler，英国斯特灵大学），主讲课程是《心灵：呈现，嵌入与扩展》，该课程认为：人的思维片段之间是相互依赖的，呈现错综复杂的组织结构，思维不仅与人的态势如身体姿态、大脑状态等有关，而且与使用工具如笔记本电脑、智能手机等有关，心灵哲学不仅与人的心理有关，而且与环境、工具有关，所以，存在嵌入心灵的哲学和心理扩展的哲学。除了上课的教学内容外，暑期学院还安排了互动交流、论文写作、学员聚会等内容，完成 90 学时课程并通过结业考试的学员将获得结业证书，正式学员第一名可获赴英国研究访问 3 个月的奖学金。

中英美暑期哲学学院是由中国社会科学院哲学研究所与英国皇家哲学研究所、牛津大学中国研究所于 1988 年共同创立的非盈利性教学机构。学院宗旨是通过聘请英国、美国以及其他英语国家和地区的当代著名和活跃的哲学家来华教学和进行交流，使中国的中青年哲学工作者能系统而深入地了解英美和欧洲大陆哲学各学科领域的基本理论、研究状况和发展动向，促进中英美学术交流和三国哲学家的相互理解。

本期研讨班从 2013 年 7 月 22 日开始，8 月 9 日结束，参加学员 75 人，不仅全面完成了预期内容，而且深入思考了当代哲学诸多问题，尤其是心理与哲学、心灵哲学、分析哲学、信息哲学等西方哲学的发展以及中国哲学在西方哲学中的影响力发展。

---

① 作者简介：刘邦凡（1967—　），男，汉族，重庆市涪陵区人，博士，燕山大学文法学院教授，东北大学博士生导师，主要从事公共管理、哲学、政治学等研究。

为配合这次研讨班，进一步加强中外哲学的学术交流，2013 年 8 月 1—2 日在燕山大学同期举办了"2013 当代中国哲学发展国际学术研讨会"。这次研讨会收到来到国内外学术论文 50 多篇，与会学者30 多人，会议论文涉及哲学学科所包含中国哲学、外国哲学、马克思主义哲学、科技哲学、伦理学、美学等内容，与会者集中讨论了哲学在当代中国的发展与价值导向、当代中国哲学与世界哲学的交流、当代中国哲学如何走出去等问题。这次大会做的主题演讲和发言主要有：刘邦凡的《〈哲学研究〉的作者与发文分析》，丁海虎的《同一与差异——章太炎〈齐物论释〉探微》，万长松的《对发展战略性新兴产业的哲学思考》，赵永刚的《评斯洛特"纯粹的"美德伦理学》，石敦国的《西方现代政治的合理性——黑格尔的辩护与马克思的批判》，潘志新的《意识形态的方向性与科学性问题》，徐俊的《"主体"概念的演进历程——从阿那克萨戈拉到齐泽克》，王家奇的《传统学习机制理论的分析与反思》，刘伟的《相对主义的自我反驳问题研究》，李旭阳的《呈现之美、无为而治——先秦道家的政治美学与理想的人类生活》，张天波、李秋红的《"信息复杂全息人"视阈中的哲学概念分析》，聂辰桅的《〈逍遥游〉中的逍遥之"境"》，卢文忠的《市场经济与道德教育批判——以康德哲学为批判视角》等。

这次高级研讨班和学术研讨会，学者们集中思考了以下问题：经历几千年的发展，西方传统哲学整个完整的思想体系在 20 世纪经历了巨大的存在危机，胡塞尔、海德格尔、维特根斯坦……这些哲学巨擘们从不同角度对传统哲学思想方式进行了批判，并为现代哲学开辟了新的可能。延续了一个多世纪的思考，当代哲学何为？哲学的生命力何在？哲学是否已如霍金所说"哲学已死？"与会学者们对哲学的现代危机进行了反思，哲学危机论有不同的形式，对胡塞尔而言，西方哲学危机实质上是欧洲科学危机；对维特根斯坦而言，则是其传统研究对象、形而上学的危机；对海德格尔而言，却意味着传统哲学已穷尽了可能性。

也有学者指出，正是出于对传统哲学的批判性反思，哲学家们开出不同的"药方"，现代哲学的生命力才得以在危机中孕育。如德里达所言，在哲学的这种死亡或必死性之外，思想才有了一个未来，思想才会因此从仍被哲学所储存的东西中全面来临。

在现代哲学自身危机之外，更为严重的是现代人的精神危机。燕山大学教授闫顺利认为，现代社会以降，在启蒙理性下人们试图以理性获取自由，结局却是不自由，造成马克斯·韦伯的"工具理性"与"价值理性"的分崩离析。这种危机肇始于现代欧洲文明的危机，象征着拥具良心的西方骑士精神悲惨地倒下，其根源在于传统希腊精神的丧失和过度以科学理性对待生活，使生活失去了超越的精神向度。正如马克思指认，哲学是时代精神的精华。哲学应担负起治疗时代精神疾病的责任，以哲学的理论方式洞悉时代的重大问题，在更深层上寻求人类发展矛盾的解决；以批判的精神理性反思人们的各种现实活动及其观念而形成新的观念，坚持特立独行的求真精神。

当代中国哲学学术研究的水平如何呢？总体看，中国的学术影响力正在快速增强。英国皇家学会指出：在 1999—2008 年的十年间，中国的学术影响力正在快速增强。2004—2008 年，中国文献的全球引用频率为 3.7%，远远高于 1999—2003 年的 1.3%。而美国和英国等引文"大国"的影响力相对下降，2004—2008 年，美国和英国的全球引用量分别为 30.4% 和 8.1%，比 1999—2003 年的 36.8% 与 8.6% 有所下降。但是，美国和英国依然是最具学术影响力的两个国家，两国在十年间依然占据全球引用量的41.95%。通过对当前国内具有代表的哲学类学术期刊的转载率和引用率的考查，从学科间的比较来说，我国哲学研究文章的学术影响力弱于某些其他学科领域，而从国际视野来看，近年来我国哲学期刊上发表的文章的学术影响力也还需要大力推进。

"两个务必"的历史背景分析

丁　玲[①]

摘要： "两个务必"即"务必使同志们继续地保持谦虚、谨慎、不骄、不躁的作风，务必使同志们继续地保持艰苦奋斗的作风"[1]是在特定的历史背景下提出来的。革命即将取得胜利，中国共产党即将成为执政党，面对这一重大历史性转折，毛泽东同志认识到，全党在胜利面前能否保持清醒的头脑，在夺取国家政权后能否经得住执政的考验，永葆党的性质和宗旨，是我们党面临的新的历史课题。准确把握"两个务必"提出的历史背景，对科学把握"两个务必"的思想内涵与实践价值具有重大的意义。

关键词： "两个务必"　中国共产党　艰苦奋斗

一、"两个务必"是历史经验教训的基本要求

（一）"两个务必"是对中国封建王朝兴衰更替规律的深刻把握

纵观中国千年历史，中华民族的封建王朝历史是一部朝代兴亡更替的历史。如何巩固政权从而成功跳出"其兴也勃焉，其亡也忽焉"这一历史怪圈，毛泽东就此问题进行了深入的分析与总结。战国时期的吴王夫差与明末农民领袖李自成，他们之所没有成功跳出历史泥潭，是因为他们在夺取政权后，丢掉了谦虚谨慎、吃苦耐劳、励精图治的优良作风，反而是骄傲自满、贪图享受、不思进取等不良作风在统治集团内部不断滋长蔓延，长此以往，民怨日深，政权在转瞬间垮台。历史告诉我们，中国共产党在任何情况下都要坚持谦虚谨慎、不骄不躁、艰苦奋斗的作风，由此才能成功跳出"其兴也勃焉，其亡也忽焉"的历史怪圈，巩固好党的执政基础和执政地位。

（二）"两个务必"是对我国新民主主义革命战争经验的科学总结

站在历史的重大转折期，科学地分析与总结革命胜利的经验教训，对进行社会主义革命具有重要的指导意义。大革命时期，由于缺乏科学理论的指导，中国共产党对蒋、汪反动集团缺乏高度的警惕与清晰的认识，导致北伐的胜利成果付诸东流。由此，中国共产党开始懂得，要想取得革命的成功，必须对同盟者时刻保持高度的警惕，谦虚谨慎、不骄不躁地处理各种关系和问题。土地革命时期，由于中国共产党采取了正确的方针政策，军事力量得到了迅速的发展与壮大。然而，面对不断发展的革命形势，骄傲情绪在党内逐渐滋长蔓延，以王明为代表的"左倾"冒险主义错误路线直接导致了第五次反"围剿"的惨痛失败。历史经验教训告诫中国共产党，无论在革命、建设还是改革的实践中，中国共产党都要谦

① 作者简介：丁玲（1987—　），女，汉族，河北省秦皇岛市人，硕士，燕山大学马克思主义学院思想政治教育专业研究生，研究方向为中共党史。

虚谨慎、不骄不躁地把握国情与党情，正确处理前进中的一切问题，坚持艰苦奋斗的精神，为党和国家的事业努力拼搏。

二、"两个务必"是中国革命发展的客观要求

（一）中国的革命事业尚未完成

三大战役的圆满成功预示着新民主主义革命的最终胜利。在此形势下，国民党反动势力的军事主力已基本消除，但中国的革命形势依然严峻，革命事业尚未最终完成。国民党反动派还有一百多万残余部队仍然顽固地"分布在新疆到台湾的广大地区内和漫长的战线上"[2]。中国共产党要彻底消灭国民党反动派的力量残余，必须继续地保持谦虚谨慎、不骄不躁、艰苦奋斗的革命精神，不断提高党和人民军队的凝聚力与战斗力，为了革命的最终胜利而不懈奋斗。"任何松懈战斗意志的思想和轻敌的思想，都是错误的。"[3]复杂的革命形势与艰巨的革命任务，要求中国共产党要时刻保持高度警惕，大力发扬党的优良作风，努力夺取中国革命事业的最终胜利。

（二）中国的建设事业任重道远

虽然，革命形势获得了巨大的扭转，革命取得了巨大的胜利，但这只是"万里长征走完了第一步"。新民主主义革命的结束预示着社会主义革命与社会主义建设事业的到来。立足于革命战争后满目疮痍、百废待兴的基本国情，面对着由战争向和平、由农村向城市、由革命向执政的巨大转折，中国共产党要肩负起更加艰巨的历史重任。新民主主义革命的最终胜利只是成功地完成了中国革命任务的第一步，社会主义革命与建设事业任重而道远。面对革命的胜利与艰巨的任务，中国共产党要保持清醒的头脑，大力发扬谦虚谨慎、不骄不躁、艰苦奋斗的优良作风，带领中国人民不断夺取社会主义革命与建设的伟大胜利。

三、"两个务必"是加强党的建设的必然要求

（一）党的理论水平较低

党的马克思主义理论水平对革命事业与党的建设事业起着至关重要的作用。党在幼年时期，由于马克思主义理论水平不高，对中国社会的基本国情、主要矛盾及基本特点缺乏清晰的把握，因此，不能有效地将马克思主义理论同中国的具体革命实际相结合，导致中国共产党在领导革命过程中走了不少弯路。革命胜利前夕，党的组织队伍得到了巨大的发展，但是由于党的理论水平较低，党的组织结构和整体水平并没有得到有效的改善，一些党员尚未在思想作风上得到真正的提高。科学理论的缺乏，实践经验的不足，革命认识的不深刻，致使这一时期教条主义、官僚主义及形式主义等不正之风在党内不断滋长蔓延。因此，全党同志要谦虚谨慎、不骄不躁，切实提高自身的理论水平与理论素养。

（二）党内错误思想滋长

中国共产党领导中国革命不断取得胜利的同时，骄傲自满、以功臣自居、贪图享乐等不良现象在党内逐渐显露出来。各种非无产阶级思想不断向党内渗透，各种错误思想逐渐在党内滋长蔓延。主观主义、

官僚主义、享乐主义等错误思想的滋长导致部分党员与干部思想观念腐蚀、组织意识淡薄，作风上脱离群众甚至以权谋私、独断专行；小资产阶级思想的再次萌生使得部分党员缺乏纪律性和严肃性，自由主义严重，精神涣散，贪图安逸；骄傲自满情绪的日益严重使得一些党员以功臣自居、贪图享乐、不思进取，这些错误思想的滋长与蔓延对党的建设造成很大的影响。因此，面对新的情况和新的问题，全体党员要谦虚谨慎、戒骄戒躁，防止不良思想的侵蚀与糖衣炮弹的袭击，为党的最高使命与最高理想艰苦奋斗。

（三）党的组织成员复杂

革命胜利前夕，党员人数不断增多，党的组织成分随之复杂。由于革命形势的迅速发展，党组织吸收了一大批工人、农民、小资产阶级和民族资产阶级入党，但一些地主、流氓等不良分子也乘机混入党内。一方面，由于小农意识在党内不断渗透，部分资产阶级或富农分子，虽然在组织上入了党，但在思想上没有或没有完全入党；城市小资产阶级和中农出身的党员，对革命的彻底性认识不足，共产主义理想淡薄，在思想上仍然处于小资产阶级的认识层面。另一方面，随着土地革命的深入发展，党内部分成员对实行彻底的土地改革缺乏思想上的准备，以致落伍甚至叛变，造成了党组织的不纯与涣散。因此，全党只有坚持发扬谦虚谨慎、不骄不躁、艰苦奋斗的精神，才能有效预防与处理党内的各种矛盾与问题，才能始终保持党的先进与纯洁。

综上所述，"两个务必"是对我国王朝更替规律的正确认识，是对中国革命经验的科学总结；是适应革命形势与革命任务的需要做出的深刻思考，是针对党内基本问题提出的理论指导。"两个务必"的提出对党和国家事业的发展具有重要的指导意义。

参考文献：

[1] 毛泽东.毛泽东选集（第3卷）[M].北京：人民出版社，1991：1438.

[2] 赵贵世，陈宗良."两个务必"是新时期加强党的作风建设的强大思想武器[J].党史博采，2002（6）：29-30.

[3] 毕顺堂，邵军永"两个务必"与新时期党的建设[J].党史博彩，2000（8）：4-8.

[4] 唐月慧."两个务必"的历史与现实意义[J].政治研究，2011（2）：45-46.

大学生政治冷漠及其影响性分析

韩星梅①

摘要：当代大学生是青年的代表，他们积极有活力，他们的政治参与行为对于国家和社会有着重大的影响。但是大学生群体中也存在政治冷漠现象，这种冷漠现象的产生有其特定的原因。针对当代大学生政治冷漠现象的原因的探究，有助于教师了解大学生真正的政治态度，并采取相应的教育措施。

关键词：大学生　政治冷漠　影响分析

一、大学生政治冷漠的含义

"政治参与是现代民主政治的核心和政治发展的标尺，也是民主政治发展中的一项重要内容。"[1]政治冷漠是政治参与方式的一种。这种政治参与既是一种政治行为也是一种政治态度，"政治冷漠作为一种政治态度，它指的是一国的公民对政治活动的冷漠和对政治问题的漠视；作为一种政治行为，它指的是对政治参与的疏远和逃避，公民消极的政治态度在政治行为的具体体现"[2]。大学生的政治冷漠是在分析政治冷漠含义基础上结合当代大学生表现出来的特点而定义的，它主要是指大学生作为政治参与的，由于外界或者个人的原因，不参加或消极参与政治活动的政治行为和对政治活动与政治问题的冷淡、漠视的政治态度。

二、当代大学生政治冷漠的原因分析

当代大学生政治冷漠的原因是由多种因素综合作用的结果，既有主观因素，又有客观因素。这些因素对大学生政治参与产生影响，造成大学生对政治生活的回避和冷漠。

（一）造成大学生政治冷漠的客观因素

1. 经济发展水平较低

政治参与需要一定的物质保障，而当代大学生基本属于纯消费群体，没有任何固定的经济收入，大部分学生的生活费、学费需要依靠父母亲属来解决。这种有限的经济地位使得大学生在现有的合法合理的政治参与渠道上根本没有任何的保障和话语权。大学生的经济地位有限，无法也不太可能为经济建设和社会发展提出贴合实际的有效建议，这也是造成大学生政治冷漠的原因。

---

①　作者简介：韩星梅（1988—　　），女，汉族，河北省鹿泉市人，燕山大学文法学院在读硕士研究生，研究方向为中外政治制度。

再者，中国改革开放以后，社会朝着多元化方向发展，人们的关注点和获取利益的方式方法也开始变得丰富多彩起来。在中国目前的这个经济发展水平较低的时期，民众的主要关注点在于怎样通过各种方式来提高自己的生活水平而不是关心离自己很远的政治事务，这样由于经济发展水平的问题也会使人们对于政治事务"不感冒"。"大学生的政治取向发生了偏差，以功利作为标尺衡量理论问题和现实问题。"[3]而不是那些需要高度责任感和历史使命感但却不能给自己带来半分好处的政治活动，这也是由于经济发展水平较低而导致当代大学生政治冷漠的原因。

2. 大学生政治参与的制度不健全

近年来我国在民主政治建设方面取得了巨大的进展，公民的政治参与渠道逐渐扩大，呈现制度化趋向。但是我国的民主政治参与制度不完善，尤其表现在无法提供满足大学生政治参与制度化的参与渠道，这也是造成大学生政治冷漠的一个重要原因。举例来说，大学生在人民代表大会中缺乏一定的席位甚至可以说是没有任何大学生自己的人大代表。大学生已经满足通过人民代表大会来表达自己的各种政治诉求的法定条件，但是在现实生活中，大学生只是作为旁观者、倾听者，只能够作为选举人来参与我国的这项根本政治制度。即使在人民代表选举的过程中，大学生作为选举人基本上也不了解被选举者的基本情况，只能是随意填写，任意选举。还有一种大学生缺乏对政治参与途径的基本了解，甚至以至于完全不了解，这样就更谈不上关心国家政治生活了。这种想参与没有完善的制度化渠道，即使参与也是被动消极的情况，怎能不造成大学生的政治冷漠日趋严重呢？

3. 传统文化与现代不良的社会风气的影响

中国几千年封建专制统治的历史形成了"臣属型政治文化"，长期以来，这个国家的公民已经习惯了个人专制集权，形成了一种"奴性"，他们崇尚权威甚至是依赖权威，对于公共事务向来是漠不关心或者是向来是缺乏参与的热情，缺少民主的思维和习惯。新一代大学生的成长环境中会渗入这些传统文化，使得大学生普遍存在着附庸意识和中庸心理，并且这种心理和意识根深蒂固。这也使得大学生在其有限的政治参与途径中，表现出对公共事物的冷漠倾向。同时在这种"臣属型政治文化"中，大学生的个人主体意识普遍也不能得到重视，大学生政治参与热情一再地被扼杀，这更使得大学生对公共事务持冷漠态度。再者，建国以来，我国曾经爆发过多次比较极端的政治运动，其中"文化大革命"、1989年政治风波在人们的心理留下了较深的烙印。这些非理性的集体政治运动使得当代大学生对政治产生了一种难以名状的恐惧。在这种政治恐惧心理的支配下，大学生们往往就远离政治实践，导致政治冷漠。

另外，由于中国作为一个后发的外生型现代化国家，既要处理传统与现代带来的冲突，又面临着本土文化与外来文化如何调适的挑战，在政治制度尚不完善的情况下，中国色社会问题呈逐年扩大的趋势，各种政府官员贪污腐败、收贿受贿、权力滥用的现象层出不穷，社会影响十分恶劣。这种事件的发生破坏了大学生以前所怀有的纯洁美好的政治理想，甚至是由于年轻人冲动的本性，缺乏理性思考，对党和政府在解决这种事件能力产生怀疑和失望。这种政治理想的破灭和对党和政府反腐倡廉能力的怀疑、失望极容易产生政治冷漠。

4. 大众传媒特别是网络发展的影响

传播媒介对于当今社会生活的影响是越来越大，在政治领域的作用也是越来越突出。大众传媒作为一种传播手段、方式和工具，通过其特有的传播效果来引导政治舆论影响公众的意识形态和政治价值观。在大众传媒领域中，相较于传统媒体来说，网络由于其信息量大、传播速度快、传播范围广，更是成为当代大学生的最爱。"网络作为人类进入信息时代的一种标志性信息传播方式，广泛地促进了人类社会的信息交流，极大地满足公众的知情权和参与权。"[4]但是由于网络是虚拟的，即使大学生在网上对于政治现象或者政治事件积极讨论、参与，这与现实生活中的政治参与是不一样的，大学生在真正参与到实际生活中时，会遇到许多问题和挫折，使大学生对现实的政治生活产生灰心失望的情绪，最终导致他们对于现实中的政治参与产生冷漠。

（二）造成大学生政治冷漠的主观因素

随着市场经济的不断深化发展，市场经济所特有的精神和规则也深深影响着当代大学生，不断地冲击着人们以前的观念。当代大学生的价值观取向由原来的单一性向多元化方向发展。"他们以强烈的责任感关注着社会的进程与发展，对社会热点问题表现出很高的政治热情，对一些重大政治问题、政治现象能够知道、了解，并能表现出相应的政治态度和政治立场。"[5]但也更加注重自身利益和价值的实现，社会责任感在逐渐降低。

一方面，当代大学生更加理性、冷静，能够独立思考，对于文化大革命式的狂热政治运动非常反感和厌恶，也深深地了解这种政治运动给国家的经济发展、法制建设、社会管理带来的巨大危害。当代大学生更懂得用合理合法的方式来表达自己的政治诉求，当然这在某种程度上就表现出对政治的冷漠。

另一方面，大学生具备基本的政治常识是正常积极地参与政治生活的前提和保障。大学生所要具备的基本政治常识指的是大学生通过理论和实践相结合的方式所得到的对政治制度、政治思想和政治行为、政治现象及其发展规律的认识。大学生只有具备大量的丰富的政治常识，才能准确地了解我国政治制度的运行机制，深刻感受到社会主义民主政治的科学精神；能更准确地把握自身所具有的权利和义务，从而能更好、更积极、健康、有序地参与我国的政治生活。但是当代不少大学生理性思维还比较薄弱，科学的理论准备还很不够。"政治理论的匮乏往往使大学生只能看到问题的表面，抓不到本质，缺乏深层次的研究与理解。"[6]

参考文献：

[1][2]刘邦凡，石敦国.政治学原理[M].北京：中国铁道出版社，2011：110.

[3]闫顺利，贾卫东.试析当代大学生的政治观[J].重庆职业技术学院学报，2006（4）：16-18.

[4]韩兆柱，王磊.论网络环境下的公民参政[J].重庆科技学院学报，2005（3）：10-12.

[5][6]闫顺利，贾卫东.试析当代大学生的政治观[J].重庆职业技术学院学报，2006（4）：16-18.

中国共产党执政合法性基础概述

谢 波 [①]

摘要： 合法性基础回答的是决定人们对一定政治系统是否支持、认同以及支持、认同程度的基本因素是什么。道德基础、经济绩效基础、意识形态基础是中国共产党重要的合法性基础。

关键词： 合法性 合法性基础 中国共产党

一、合法性基础的一般含义

合法性解决的是社会政治秩序何以持久的问题。有效持久的社会政治秩序必须赢得民众的广泛支持和认同，而民众对社会秩序的广泛支持和认同就是合法性。人们对公共政权是否支持、认同，"其根源来自于民众的心理认同"[1]。合法性基础又叫合法性来源，就是要回答决定人们对一定政治系统是否支持、认同以及支持、认同程度的基本因素是什么。合法性基础具有社会历史性，它与一定的社会历史条件相适应，随社会历史条件的变化而变化，表现出不同的特点。从合法性的含义不难推出合法性基础概念的一般内涵，即合法性基础就是合法性的来源，其实质是指决定人们政治态度的基本因素。

二、中国共产党执政合法性的获得

中国共产党执政合法性的基础是复杂的，其复杂性在于："我国社会的科学发展是一个持久的实践工程"[2]，同时决定人们政治态度的因素具有历史性和复杂性等特点。比如，20世纪初，辛亥革命的胜利，推翻了满清统治，建立了中华民国，结束了帝制传统的合法性基础。但是民主的合法性并没有得到巩固，孙中山下野以及袁世凯的上台导致中国的政治权威陷入了"真空状态"，在这种状态下，武力又成了唯一的合法性基础。现代社会，民主法治成为人们的普遍追求，并成为政治合法性的重要基础。每一个人都生活在一定的社会历史环境中，人们据此评定统治者政治合法性的标准也具有历史性。

新中国的成立，标志着中国共产党执政合法性的正式获得。在新民主主义革命过程中，艰苦卓绝的武装斗争及其取得胜利是中国共产党执政合法性的最根本的基础。如果没有武装斗争的胜利，党的执政合法性，也只能是水中望月，一纸空谈。但是武力可以得先下，却不能治天下。正如卢梭所说的："即使是最强者也决不会强得足以永远做主人，除非他把自己的强力转化为权利，把服从转化为义务。" 1949年以后，我国的改革和建设遇到种种困难，包括新政权的巩固、朝鲜战争、"大跃进"、"文化大革命"等，但我党仍能牢牢掌握政权，而没有遇到任何具有威胁性的挑战力量，其根本原因就在于中国共产党有着广泛而深厚的合法性基础。这除了我党掌握"枪杆子"这支重要的力量以外还有其他几个重要的因素：①长期武装斗争过程中产生的党和国家领导人的个人魅力，尤其是毛泽东、周恩来、朱德的魅力；②意

---

① 作者简介：谢波（1987— ），男，汉族，河北省石家庄市人，燕山大学文法学院硕士，研究方向为政治学理论。

识形态的魅力，中国共产党旗帜鲜明地指出自己的理论基础是马列主义，这些思想指导武装斗争、消除剥削和压迫等行动获得胜利，以及领导革命斗争的过程中所表达的共产主义社会的美好愿望，加强了民众对共产党的认同，对人民有巨大的感染力，使之获得了大多数民众的拥护；③中国共产党在长期的武装斗争中积累的大量的组织资源。

三、 新中国成立以后共产党执政合法性基础

合法性基础具有历史性特点，笔者认为新中国成立以后共产党执政合法性基础包括以下几个方面：

（一）共产党执政合法性的道德基础

"中国共产党能够执政的重要基础是党员干部的道德力量。"[3]中国共产党是代表广大人民群众根本利益的政党，执政为民是党的立党之本、执政之基。中共党员一心为公、毫不利己，全心全意为人民服务，并在实际工作中做到权为民所用、情为民所系、利为民所谋，实现好、发展好、维护好广大人民群众的根本利益，保证了人民共享改革和发展的成果，这些使得中国共产党执政有着充分的道德基础。

（二）共产党执政合法性的经济绩效基础

经济绩效是任何一个政权取巩固其统治合法性所必需的基础。当前我国还处在并将长期处在社会主义初级阶段，社会的主要矛盾是人民日益增长的物质文化需要同落后的社会生产之间的矛盾。从这点可以看出，要让人民群众从心理上认同共产党执政合法性，必须要满足人民的经济利益。国家除了运用意识形态、道德评价来证明自己的政权的合法性外，还必须用自己统治的有效性来证明其自身的合法性。通过高效的经济发展带来人民生活水平的不断提高，换句话说，只要能满足人民的利益需求，使其认为自身生活水平在不断提高，就能得到其对于社会的认同。邓小平强调过经济成就对于维护社会稳定和党政治合法性的关键性作用："共产党领导的社会主义如果老是穷的，它就站不住"，"经济工作是当前最大的政治，经济问题是当前压倒一切的政治问题"。[4]利普赛特认为：高效率的政治制度可以转化成合法性。即使一个政权建立的初期缺乏合法性，但是只要这个政权能保持经济绩效的高效，那么它的合法性就会慢慢地建立起来，相反即使是合法性比较稳固的政府，在严重的经济危机中也可能垮台。

（三）共产党执政合法性的意识形态基础

意识形态最根本的特点就是将世俗的目标化为坚定的信仰，并且使其追随者形成一种强大的无以伦比的义务感和凝聚力。"在国家中，最初的支配人的意识形态力量出现在我们面前。"[5]恩格斯所说的"支配人的意识形态"就是国家的政治权利在政治意识中的反映和表现，而这种表现和反映的本质就是指通过意识形态在论证政权掌握者行使权力的合法性。从而可以看出意识形态是一个国家政治合法性极其重要的基础和保障。

我国是社会主义国家，党和政府将"社会主义基本原理与中国的具体实际相结合，在实践中继续丰富和创造性地发展科学社会主义基本原理"[6]。其本质是：解放生产力，发展生产力，消灭剥削，消除两极分化，最终达到共同富裕。社会主义的基本理论作为发展了的马克思主义，揭示了共产主义的理想和目标，对于共产党执政权力起到了维护和发展的作用，对广大民众起到了动员和激励作用，使他们相信坚持党的领导就会实现自身的物质文化利益。因此，具备对人民群众的动员和激励功能，建设以中国特色社会主义思想为指导的先进文化是共产党执政合法性的是意识形态基础。

（四）共产党执政合法性的民主法治基础

韦伯认为，现代社会政治统治合法性基础的必然要求是法理性的。同时，民主也逐渐成为现代政治发展的取向，这就要求权力的获得和行使必须依据民主的规则并且符合法定程序。民主是为了充分地表达每个个人和每个组织的具体意见，而法治则是将这些表达的意见在一定的法定程序中进行。自共产党成立以来，我们国家的民主法治建设就不曾停止过。我国实行人民代表大会制度，充分保证人民的选举权。同时，中国共产党加强党内民主建设，可以说："党内民主对国家的人民民主将起示范和带动作用，党内的团结稳定直接关系到社会的稳定和发展。" [7] 同时共产党把依法治国定位基本国策，充分体现了对法的尊重。《中华人民共和国宪法》作为我国的最高法律，它规定了一个国家的政治框架，规定了权力的获得及其运作规则和程序，领导和支持人们当家做主，实现广大人民群众的根本利益。使人民拥护党的领导，民主法治也成为共产党执政合法性的重要基础。

参考文献：

[1] 张丽华.合法性视角下的当前我国政治社会化难题求解[J].重庆科技学院学报（社会科学版），2012（21）：8-10.

[2] 石敦国.辩证的现代性与我国社会的科学发展[J].燕山大学学报（哲学社会科学版），2011（4）：72-75，80.

[3] 毛寿龙.政治社会学[M].北京：中国社会科学出版社，2001：152.

[4] 邓小平.邓小平文选（第二卷）[M].北京：人民出版社，1993：189.

[5] 杨光斌.政治学导论[M].北京：中国人民大学出版社，2000：78.

[6] 石敦国，朱广荣.近三十年我国科学社会主义基本原理研究呈现五个阶段[J].理论前沿，2007（23）：45-46.

[7] 刘邦凡，石敦国，燕山大学文法学院.党内民主建设的多视角考察[N].中国社会科学报，2010-06-10.

冷战后东盟的软均势战略

李广振[①]

摘要：冷战后，传统的均势理论越来越不能满足解释国际关系现实的需要，为此，国际关系学者提出了软均势的理论。软均势，不是直接挑战霸权国的军事优势，而是采取非军事、非结盟手段拖延、阻挠和破坏其政策，使其单边主义行动付出更加高昂的代价。而东盟恰好采用了软均势的战略，利用大国矛盾，平衡大国，主宰东盟事务，维护了东盟的安全和稳定。

关键词：冷战后　东盟　软均势　东盟软均势战略

一、软　均　势

均势理论是西方国际关系理论中"影响最大、历史最悠久"的传统理论，在国际关系实践中，对西方国家对外政策的影响"最为显著"。"均势"最先来源于自然界中势均力敌的两股力量可以维持平衡的实践经验，在国际政治中，均势的含义要复杂得多，它既指一种状态，也指国家追求的一种制衡战略。但随着世界政治的发展，均势理论越来越难以满足解释实践的需要。因此，冷战以后，理论界提出了软均势的概念。

软均势，不是直接挑战霸权国的军事优势，而是采取非军事、非结盟手段拖延、阻挠、和破坏其政策，使其单边主义行动付出更加高昂的费用。

软均势在国际政治中的意义不可小觑。它可以破坏霸权国与其盟友的关系，使其实实在在地付出军事的代价；软均势改变了国际间力量的对比，软均势在达到拖延、阻挠、破坏霸权国的政策的同时，不必担心霸权国采取硬均势的行为进行报复。相对于硬均势而言，软均势是一种很现实可行的外交方针，正因为此，软均势在某种意义上为硬均势奠定了基础。

软均势理论实质上仍属于现实主义的范畴，它的出现表明现实主义国际关系理论在当前有了新的发展，权力仍是国际关系的核心因素。东盟正是巧借大国在东南亚地区权力争夺的基础上，灵活运用其软均势战略的。

二、东盟软均势战略的具体内容

自然资源丰富的东南亚地区地缘战略地位重要，历来是大国必争之地。在大国追逐东南亚地区权力优势的基础下，东盟利用大国矛盾，平衡大国，主宰东盟事务，维护东盟的安全和稳定。

---

①　作者简介：李广振（1986—　　），男，河北省衡水市人，燕山大学文法学院2011级政治学理论专业硕士研究生，主要研究方向为国际政治。

（一）与各大国搞好关系的同时，保持距离

冷战时期，东盟各国处在美国的保护伞下。两极格局崩溃后，新、旧两种国际秩序力量的对比进入了一个新的时期。苏联的解体使外来的威胁消除，东盟对美国的军事保护需要也大大减少，东盟虽然仍重视同美国的关系，但是也更加强调其独立自主，希望美国与东盟能从"父子"关系转向"兄弟"关系。东盟运用其"软均势"策略努力使美国成为其平衡大国的砝码。

20 世纪五六十年代，东盟和中国的关系曾有过曲折和坎坷，主要是受意识形态的对峙和西方反华因素的影响。20 世纪七八十年代，随着中国恢复常任理事国以及国际形势的改变，东盟国家开始重视同中国的关系。20 世纪 90 年代以来，中国经济高速发展，国际影响力不断提升，东盟国家把与中国的关系放在战略高度。1991 年，东盟与中国开始正式对话，从此开创了东盟与中国各方面合作全面发展的阶段。但是，对于中国仍有一些东盟国家存在看法，如菲律宾、越南等，他们认为中国在经济上对其构成了一定的竞争性，在南海主权上存在纠纷，加上对中国崛起的恐惧，他们在与中国发展关系上有所顾忌。

冷战时期，东盟和日本主要在经贸领域有所联系。20 世纪 90 年代之后，东盟在继续同日本进行经济合作的同时，也加强与日本在政治上的合作，希望日本在维持亚太稳定与发展方面做出更大的贡献。尽管如此，由于历史原因，东盟对日本仍然存有戒心，东盟对于日本的谋求政治大国和军事大国的图谋心有余悸。

除了美国、中国、日本外，东盟与俄国关系也进入了新的台阶。东盟推行多元外交，平衡了大国力量，使其免于沦为某一大国的附庸。东盟的这一"等距离"正是其软均势战略的真实写照。为此，东盟不但取得了独立自主的地位，还从中获得了不少大国好处，实现了其安全稳定和经济繁荣的目标。

（二）利用矛盾，相互制衡，服务东盟

东盟软均势战略最重要的意图之一是：防止大国主导东盟，丧失其独立自主能力。东盟软均势战略最主要的手段也是平衡大国在东盟的权力，使其相互制约，确保东盟的主导地位。客观上，外部条件也为其提供了可利用的"制衡资源"，中国的政治影响、日本的经济实力和美国的军事力量都是东盟所希望利用的"国际资源"。东盟平衡各国力量防止某一领域失衡，积极引导大国力量，确保东盟的主导权。

政治上，1993 年克林顿总统上台后，将向世界播撒其"民主价值观"作为美国对外政策的三大支柱，东盟也难免摆脱其压力。美国早在冷战结束前就抛出了"世界新秩序"的蓝图。东盟与中国同属发展中国家，在人权、价值观、环境保护等事务上有相同或相似的立场。由于中国享有很高的政治地位，在很多方面被公认为是发展中国家的代言人。东盟高度重视中国平衡西方政治压力的作用，积极与中国合作，抵御西方压力。但中国的崛起也给东盟带来了不少压力，加上受"中国威胁论"的影响，这种危机感进一步加强。美日与东盟向来关系密切，中国的强大不符合美日的利益，因此，东盟在某些领域又与美日合作，共同削弱中国的影响。

经济上，东盟主要通过亚太经合组织制衡美国，美国希望将亚太经合组织建成一个由美国主导的高度机制化的组织，从而约束其成员国；并且试图将政治与安全目标加入其中，这样就改变了亚太经合组织经济论坛的性质。在这一点上，东盟与中国意见一致，中国认为高度机制化的组织容易被美国操控。江泽民在 1993 年的西雅图亚太经合组织非正式首脑会议上提出"自愿、协商一致、自主性"原则，明确主张亚太经济合作组织是"磋商机构"，不搞"封闭的机制化的经济集团"。东盟与中国联合打破了美国想主导亚太经合组织的目的。亚欧会议有东盟借用欧洲制衡美国的意图，首先，将欧洲引进亚洲有效地防止了美国一步步主导东盟的目的，平衡了东南亚的力量；其次，有利于降低东盟对美日经济的过度依赖。

安全上，东盟主要的制衡对象是中国。这主要是因为中国与东盟存在很多隔阂，并且在领土和领海问题上存在纠纷。东盟为了制衡中国，不仅欢迎美国驻军十万，还与英国和澳大利亚保持安全合作关系。

尽管并不完全是针对中国，但其意图不容忽视。美国与东盟都想制衡不断崛起的中国，东盟也不断召唤美国重返亚太，"美国亚太战略的调整使中国在地区层次维护国家主权和国家利益的行为受美国的牵制力度加大"。

参考文献

[1] 王爱冬. 权力与西方国际关系理论 [M]. 北京：中国社会科学出版社，2010.

[2] 付瑞红. 美国"重返东南亚"的军事外交评析 [J]. 亚非纵横，2012（6）：22-27，59.

[3] 刘邦凡，石敦国. 政治学原理 [M]. 北京：中国铁道出版社，2011：255.

[4] 付瑞红. 美国"重返东南亚"的军事外交评析 [J]. 亚非纵横，2012（6）：22-27，59.

[5][6] 刘邦凡，石敦国. 政治学原理 [M]. 北京：中国铁道出版社，2011：255.

[7] 付瑞红. 奥巴马政府亚太战略调整与中美关系 [J]. 亚非纵横，2012（5）：1-7，14，59，61.

协商民主和中国政党制度的契合性分析

刘红明 [①]

摘要： 民主是普遍的，存在着一些共同性的价值和原则，这些被各国广泛接受。同时，民主又是特殊的，它具有内生性，各国的民主不尽相同，协商民主也是如此。中国的协商民主是协商民主和中国具体实际相结合的产物。中国政党制度作为中国党际协商民主的重要载体和实践平台，和协商民主存在着一定的契合性。

关键词： 协商民主　中国政党制度　契合性

一、二者同时与中国政治文化暗合

中国传统政治文化为中国政党制度提供了本土资源，中国的政治发展或民主化进程是建立在中国的政治传统基础之上的，作为现代制度设计产物的中国政党制度依赖于中国的政治传统。马列主义思想文化作为一种外来文化，被中国共产党继承、创新和发展，形成中国化的社会主义思想，占据中国主流政治文化的地位。这种主流的政治文化是设计中国政党制度的理论基础。中国政党制度是在传统本土文化和外来文化本土化的双重作用下形成的。两种文化和协商民主在精神、理念等方面存在暗合之处。

（1）"和"文化为中国协商政治的确立提供了精神资源和文化背景。中国传统政治文化中的一大核心价值是"和"文化，以孔子为代表的儒家学派主张"和为贵"，把社会和谐视为政治的最高境界，力求避免社会冲突。[1] 同时，又主张"君子和而不同"，允许存在多元的意见分歧。"它对多样化和多元化的肯定以及对社会可以多元共存和和谐发展的认知，与现代民主政治的基本精神特别是协商民主的求合作、达共识的价值诉求相暗合。"长期以来，这种以"和"文化为核心的传统文化深深植根于中国民众之中，给政府和人民的行为、思想带来了深远影响。另外，尽管"儒家把理想政治秩序建立在全部的君主道德基础之上"，但是，"儒家对君权运行过程中的'公益'秩序要求，才使得儒家思想具有广泛的社会支持，获得了不断生长发育的土壤"[2]。儒家最重要的价值是"为民谋利"、保障人民生活的"公益"思想，这和协商民主以公共利益为价值诉求的观点是相一致的。中国政党制度也正是中国共产党基于这种传统政治文化精神，根据多元的社会现实和时局的发展需要，在马列主义的指导下确立的。

（2）中国化的马克思主义人民主权、统一战线和多党合作理论既是中国政党制度确立的理论基础，又和协商民主相暗合。人民主权理论、统一战线和多党合作理论是中国政党制度重要的理论来源，它建构了中国政党制度的基本内容。中国共产党正是把这些理论同中国具体实践相结合，创造性地建立了具有中国特色、适合中国政治发展的政党制度。人民主权理论强调国家主权属于人民，人民完全有权参与国家事项的决策和管理，这是各国无论在制度设计还是在价值文化中普遍认同的民主理念，它是协商民主与政治协商制度设计的基石。中国化的统一战线"不是强求统一的过程，而是在利益诉求和价值观念相互冲突的各社会阶层或集团之间寻求共同点，在共同点的基础上谋求团结的过程"。这体现了协商民

① 作者简介：刘红明（1986—　），男，汉族，河北省唐山市人，燕山大学文法学院在读硕士，研究方向为政治学理论。

主多元协商、偏好转换和寻求共识的思想。中国化的多党合作思想更是强调中国共产党和各民主党派以合作、协商的形式代替冲突和斗争。[3]

二、二者基本理念存在共通之处

不可否认，中西的协商民主存在着一定的差异，这是因为中国的协商民主是内生的，是在中国历史传统的影响和近现代社会不断发展、变化中逐渐形成的。在政党政治成为政治主流的今天，中国的协商民主发展至今，它最重要的体现就是党际协商民主，中国政党制度就是一种党际协商民主制度。中国政党制度作为一种上层建筑的设计，它的性质很大程度上取决于人民民主和社会主义的国家性质。但应该看到，中国政党制度和西方协商民主在一些基本理念上存在共通之处。换句话说，中国政党制度框架内的政治协商蕴含着协商民主的基本理念，而这种基本理念恰恰也是中国政党制度的核心理念和价值诉求之一。协商民主的基本理念主要体现在平等性、公共性、规范性和共识性几个方面，这些在中国政党制度中都有充分的体现。[4]

从平等性上看，《中华人民共和国宪法》规定："中国共产党和各民主党派都必须以宪法为活动准则。中华人民共和国公民在法律面前一律平等。"宪法上赋予公民的平等权利是公民参加民主政治生活的前提，也是中国政治协商的前提。在中国政党制度中，中国共产党虽然是多党合作的领导者，但是不能对其他各民主党派、团体起支配作用，中国共产党只是在多党合作和政治协商中起总揽全局、把握方向的作用。中国共产党和其他党派、团体一样必须在宪法和法律的范围内行事。[5]长期以来，中国共产党在各项政策、主张和会议中，都十分重视和各民主党派关系的处理，强调"非党人士要有职有权"，"尊重非共产党人士的职权，同他们建立良好的合作共事关系"。这些都体现了协商民主的平等性精神。

从公共性上看，中国政党制度在三个方面体现了这一理念。①政治协商是为了公共利益。《中国的政党制度》白皮书中强调："建设有中国特色的社会主义是中国各政党的共同目标"，《政协章程》中也规定："政协要"尽一切努力……调动一切积极因素，团结一切可能团结的人，同心同德，群策群力，以经济建设为中心，维护和发展安定团结的政治局面，不断促进社会主义物质文明、政治文明和精神文明的协调发展，为实现我国各族人民的根本任务而奋斗。"可见中国的政治协商并不是各个党派为了争夺党派私利，而是广泛地吸纳社会各个阶层、团体有益的意见和建议，为国家建设建言献策，提高公共决策的合理性和科学性，从而促进国家和社会的发展。②协商议题的公共性。在中国政党制度的框架内，协商议题是国家重大方针政策和重要事务。③政治协商的主体具有广泛性。中国政治协商的主体包括中国共产党、民主党派和社会各界无党派民主人士。尽管中国的政治协商还是精英式的协商民主形式，但是它尝试容纳社会上各个阶层和群体的代表参加协商。每个协商代表都是某个阶层、群体或团体利益的委托人，从这个意义上说，中国政治协商的基础是广泛的。

从规范性上看，协商民主的核心概念是公共协商，它的运作机制是一种协商机制，这种协商机制是一种程序化的民主设计。中国政党制度作为中国各政党现实关系的反映，它的核心思想也是合作协商，以协商机制作为主要运行机制，这表现在两个方面。①把政治协商作为决策程序中的独立一环。把政治协商纳入决策程序，就重大问题在决策前和决策执行中进行协商，是政治协商的重要原则，这有利于决策的科学化和民主化。②政治协商本身就是一个程序化的过程，中国政党制度的政治协商有着规范化的协商程序，从现有政策和文件资料上看，具体分为协商规划的制定、协商活动的准备、开展、协商成果的报送、协商意见的反馈五个环节。[6]

从共识性上看，协商民主是以达成共识为预期目标。共识就是协商结果，如果无法达成共识，协商也就毫无价值可言。中国政治协商主体是一条爱国统一战线，其共同性的目标是建设有中国特色的社会主义。道德和价值上的同一性决定了在政治协商中富有成效的对话和理性协商能够有效开展，偏好转换所达成的共识有机会达成。另外，中国政治协商就是中国共产党作为执政党容纳社会党派、团体建议和集中各种进步力量，以提高决策的科学性和合法性，为建设国家和实现祖国统一贡献力量。如果在政治协商中，无法汇聚有益的建议和意见，难以达成共识，那么中国的政治协商就会失去其应有的存在价值。

参考文献：

[1] 林尚立.协商政治：对中国民主政治发展的一种思考 [J].学术月刊，2003（4）：19-25.

[2][3] 刘方玲.儒家秩序需求与君主专制政治 [J].南都学坛，2005（4）：102-105.

[4] 李秀红.新时期统一战线在党的群众工作中的特殊作用及工作思路创新研究 [J].贵州社会主义学院学报，2012（1）：24-29.

[5] 周恩来统一战线文选 [M].北京：人民出版社，1984：175.

[6] 中共中央颁发《关于进一步加强中国共产党领导的多党合作和政治协商制度建设的意见》[N].人民日报，2005-03-21.

加强中国共产党执政合法性的途径

谢 波①

摘要：合法性理论是政治学最关键的命题之一，同时也是一个国家政治系统存在、发展的前提和基础。中国共产党的合法性不会是一劳永逸的，必须不断积累、更新和加强。本文试图从改善民生、政治体制改革、贯彻落实科学发展观以及反腐倡廉等方面探究加强中国共产党领导政治合法性的途径。
关键词：共产党 合法性 体制改革

"在人类社会中，政治秩序需要政治权利来塑造，但是政治权利不一定能持久地维持政治秩序。政治秩序要得以持久，除了需要政治权利外，还需要政治合法性。政治合法性解决的问题是'社会政治秩序何以持久'的问题。"[1]中国共产党在领导中国人民的革命和建设中取得了巨大的成就，积累了丰富的合法性资源，树立了坚实的合法性基础。但是任何一个国家和政府的合法性都不会是一劳永逸的，必须不断积累、更新和强化。那么，我们通过何种途径在哪些方面回应各方面的挑战，才能加强中国共产党领导的政治合法性确实是政治学应该探讨的重大课题。本文认为，从以下几个方面和途径入手是行之有效的。

一、保持经济持续稳定的增长，不断提高人民的生活水平

国民经济的持续稳步增长是维系政治稳定的物质保障，也是政治统治具有合法性基础的关键。只有社会主义经济发展了，人民的生活水平提高了，他们才会认为中国共产党领导的中国政府是有效的，从而通过有效性来获得合法性。

邓小平曾指出："我们是社会主义国家，社会主义制度优越性的根本表现，就是能够使社会生产力以旧社会所没有的速度发展，使人民不断增长的物质文化生活需要能够逐步得到满足。如果在一个很长的历史时期内，社会主义国家生产力发展的速度比资本主义国家慢，还谈什么优越性？"[2]胡锦涛也在中国共产党第十八次全国代表大会上指出："必须坚持解放和发展社会生产力，解放和发展社会生产力是中国特色社会主义的根本任务，要坚持以经济建设为中心。"[3]在经济及国民收入持续增长的基础上，逐步提高广大人民群众的生活水平，满足人们日益增长的物质和文化需求，使人们感受到生活水平的不断提高；建立健全社会主义经济法律法规，构建整个国民经济的宏观调控体系，形成公开、公平的社会主义市场经济体制，使经济生活进入规范化、有序化法制化的轨道上来，防止经济生活中的投机倒把行为；在收入分配上，力求消灭分配不公正现象，当分配不公较为严重时，应及时采取行政、经济乃至法律措施来解决这一问题，以免引起社会中低阶层的强烈不满。只有这样才能使人民共享社会主义的成果，才能使中国共产党的统治秩序得以维护。正如石敦国教授所说："当社会主义仅仅是一种意识形态的时候，其吸引力往往在于资本主义存在的种种弊端。而当社会主义已经是一种现实存在的时候，其吸引力

① 作者简介：谢波（1987— ），男，汉族，河北省石家庄市人，燕山大学文法学院硕士，研究方向为政治学理论。

只能依靠它对资本主义生产力的实际超越。如果社会主义国家的发展不能实现对资本主义生产力的超越，与资本主义国家的差距越来越大，如果社会主义国家的生产力长期发展不起来，人民生活水平长期得不到提高，就会导致对社会主义信念的危机。"[4]

二、改善民生，维护广大人民群众的根本利益

中国共产党党章明确载明：中国共产党是中国工人阶级的先锋队，同时是中国人民和中华民族的先锋队，是中国特色社会主义事业的领导核心，代表中国先进生产力的发展要求，代表中国先进文化的前进方向，代表中国最广大人民的根本利益。党的最高理想和最终目标是实现共产主义。党的根本任务是领导中国人民建设有中国特色的社会主义，实现中华民族的伟大复兴。党的章程决定了党的一切路线方针、纲领政策的出发点都要归结为人民意志，要以人民答应不答应、人民满意不满意、人民高兴不高兴、人民拥不拥护为判断标准。

胡锦涛强调：要多谋民生之利，多解民生之忧，解决好人民最关心、最直接、最现实的利益问题，在学有所教、劳有所得、病有所医、老有所养、住有所居上持续取得新进展，努力让人民过上更好的生活。但是我们看到，在建设有中国特色的社会主义、建设社会主义小康社会、实现中华名族伟大复兴梦的过程中，要贯彻以人为本。目前和今后很长一段时间内，我们都会遇到很多挑战，其中民生问题的解决是个关键挑战，有两个方面的原因：①民生问题牵涉社会的各个方面，非常繁琐，异常复杂，解决起来非常困难；②民生问题关系到老百姓的实际生活，极为关键，极为敏感。如果解决不好民生问题，势必会消弱我党在人民群众中的影响力影响力、号召力和凝聚力，这样会使人民群众对党的根本宗旨和执政能力产生疑问，在一定程度上会动摇党的群众基础，从而波及党的领导的政治合法性。所以说，无论 GDP 发展有多快，经济总量有多大，其最终结果还是要落实到让人民大众得到实实在在的利益上，这也就是我党和政府始终强调的"情为民所系，利为民所谋"的含义所在。"我国是社会主义国家，理应更加重视为人民群众提供更多更好的公共产品和公共服务。"[5]只有不断缩小贫富差距，使人民群众在医疗保障、社会保障、教育、住房、就业、公共服务方面的需求不断得到提高和满足，才能使我党继续获得人民群众支持和拥护，才能以实际的执政能力和功绩来赢得党领导的政治合法性。

三、发展和健全政治体制，增强党领导的制度合法性

增强我党政治合法性，不仅需要经济的持续增长、不断满足人民群众的物质和文化需求，而且还需要政治系统本身创造有利的政治条件。

中国的改革开放已经经历了三十多年，经济体制、文化体制在不断深化，但是改革的攻坚战还是政治体制改革。根据马克思主义理论，经济基础决定上层建筑，生产关系变革到一定程度，相应的政治上层建筑就要适应这种变化。但是上层建筑的变革涉及权利结构的变革和利益的重新分配，充满了种种不确定性和风险，稍有不慎就会危及我党的政治合法性和社会稳定。这也是党的十八大提出要积极稳妥推进政治体制改革最重要的原因。

就当前政治体制改革而言，权利结构的高度集中，且"我国公共权力监督失效是由于监督形式多且流于形式"[6]，这必然导致权利缺乏监督、权利不受制约等一系列的问题。而缺乏监督和制约的权利必然会践踏法律法规，导致腐败。这引起了党和政府的高度重视，党的十八大报告用大段文字着重论述健全权力运行制约和监督体系问题，强调坚持用制度管权管事管人，保障人民知情权、参与权、表达权、监督权，同时要坚持科学决策、民主决策、依法决策，健全决策机制和程序，建立决策问责和纠错制度。

在发展和健全政治体制过程中，党和政府要不断转变职能，努力建立服务型政府，同时明确政府职能。"一个政府如何有效地发挥其职能作用，提供优质、高效的服务，关键是要看它所履行的职能是否在其职责范围之内。"[7]从这点可以看出，不断完善的政治体系和政治制度，是中国共产党领导的制度合法性得以确立的基石。

参考文献：

[1] 毛寿龙.政治社会学[M].北京：中国社会科学出版社，2001.

[2] 邓小平.邓小平文选（第2卷）[M].北京：人民出版社，1994：128.

[3] 胡锦涛.坚定不移沿着中国特色社会主义道路前进　为全面建成小康社会而奋斗[N].人民日报，2012-11-18.

[4] 刘荣军，石敦国.当代世界社会主义发展面临的问题与任务[J].探索，2002（6）：86-89.

[5] 韩兆柱，王娟.公共服务型政府的内涵和建设措施[J].新乡师范高等专科学校学报，2006（2）：127-130.

[6] 王爱冬，刘淼，李桂萍.论公共权力监督的有效性[J].河北师范大学学报（哲学社会科学版），2007（5）：23-27.

[7] 崔松虎，颜旭.有限政府下的政府经济职能界定[J].生产力研究，2009（11）：20-21，65.

中国政党制度框架内的协商民主要素构成

刘红明 [①]

摘要：现代系统科学认为，任何事物都是以系统的方式存在的。任何一个事物，不论其范围大小，在特定的条件下，都可以看成是一个系统。"系统是由相互作用和相互依赖的若干组成部分（要素）结合而成的、具有特定功能的有机整体。"同样，我们也可以把协商民主看作是一个系统，它主要是由协商主体、协商客体、协商场所、协商程序和协商结果五个基本要素组成。依据协商民主的基本要素，我们可以对中国政党制度框架内的党际协商民主要素构成进行分析，这有利于我们加深对中国政党制度和中国党际协商民主的进一步认识。

关键词：中国政党制度　协商民主　要素

一、协商主体

协商主体回答的是由谁来进行协商的问题。关于协商主体的定位，不同学者有不同看法。按照以下的解释逻辑，中国政党制度框架内的协商主体构成是中国共产党、各民主党派和社会各界无党派民主人士。

"协商"一词在《现代汉语词典》中这样解释："共同商量以便取得一致意见。""主体"一词从哲学上考察是指"对客体有认识和实践能力的人"。这里的共同商量就是指双方或者多方针对某些问题和事物进行协商，协商是一种人类实践活动。由此可见，协商的双方或者多方构成了协商的主体。双方或者多方的协商构成了三种协商类型；单方与单方（即个体与个体）之间的协商；单方与多方之间的协商（多方可看成是组织，即个体与组织之间的协商）；多方与多方之间的协商（即组织与组织之间的协商）。政治协商是一种社会实践活动，没有人的参与，不可能称为政治协商，因此，协商的主体必定是人或者说是人的集合（组织）。中国政党制度要求中国共产党就国家重大方针政策和重要事务在决策前和决策执行过程中与各民主党派、无党派人士进行协商。中国政党制度中的协商主要是一种政党组织之间的协商，它属于多方与多方之间协商的一种协商形式。因此，它的政治协商的主体是中国共产党、各民主党派和无党派民主人士。从构成上看，中国的党际协商主体极具广泛性和包容性，符合协商民主的本意。

二、协商客体

协商客体是协商主体之间需要解决的问题和事物，即协商的内容，主要表现为协商主体的偏好，这种偏好虽然表现为不同协商主体基于自身利益的表达，但更多的是趋向于寻找各个协商主体利益的会焦点，即协商客体是具有公共性的，它指向于公共利益。协商客体多种多样，大到国家立法和国家间关系

---

① 作者简介：刘红明（1986—　），男，汉族，河北省唐山市人，燕山大学文法学院在读硕士，研究方向为政治学理论。

问题，小到企业组织管理问题，都可以用协商民主来解决。

中国政党协商民主的议题比较广泛和宏观。从具体内容来看，中国政党协商的客体主要涉及当代中国经济、政治、文化和社会生活中的各种问题，协商的议题多是关于中国特色社会主义建设相关领域的重大方针、重要问题以及人民群众普遍关心的问题。中国共产党与各民主党派协商的主要内容包括："中共全国代表大会、中共中央委员会的重要文件；宪法和重要法律的修改建议；国家领导人的建议人选；关于推进改革开放的重要决定；国民经济和社会发展的中长期规划；关系国家全局的一些重大问题；通报重要文件和重要情况并听取意见，以及其他需要同民主党派协商的重要问题等。"

三、协商场所

协商场所是指协商民主活动开展的场所，哪里有协商，哪里就是协商场所。就像澳大利亚国立大学教授约翰·S·德雷泽克所说的，"在政治生活中，每个场所的实践都可以构建一个协商民主。对每个场所而言，到底何种制度与实践是最佳选择，并不存在一个准确或普适性的处方。"他把协商民主"发生的不同地点"归纳为三个层面：国家制度、特设论坛和公共领域。

中国政党制度作为我国的一项基本政治制度和社会主义政党制度，是我国党际协商民主的重要载体和实践平台，它属于德雷泽克所说的国家制度层面的协商民主。在中国政党制度的框架内，协商民主的实践领域包括两个方面：①固定而又特定的协商场所——人民政协，"人民政协搭建了协商民主的舞台，是促进政党政治参与的重要机制"，它是中国协商民主的重要机构和经典形式，同时又是中国政党制度的重要机构。②非固定的协商场所，中国共产党和各民主党派政治协商所召开的座谈会、民主协商会、谈心会等地点具有不确定性。

四、协商程序

协商程序是指进行协商活动所采取的方式和步骤，这里的方式是指实施协商活动的方法和形式，步骤是指协商活动的若干必经阶段，这种方式和步骤的实现必须遵循一定的时间和顺序。所以，协商程序是由协商的方式、步骤、时限、顺序为要素构成的行为过程。协商程序不仅包括协商活动开展、进行、完成这一过程，还包括协商开展前的准备阶段和协商完成后的反馈和评价阶段。协商民主是一种程序民主，所以协商程序是最体现协商民主理念的构成要素之一。协商程序主要解决的是怎样进行协商的问题。如果协商程序科学合理，协商民主的优势可以得到发挥，协商结果可以取得很好的效果。

在中国政党制度框架内存在两种基本的协商方式，一种是中国共产党与各民主党派的协商，另一种是中国共产党在人民政协同各民主党派和各界代表人士的协商。这两种基本的协商方式本身就是对协商程序的基本体现，中国的党际协商就是按照这两种基本方式运行的。而从更详细和更具体的层面上来说，这两种基本的协商方式也是按照一定的步骤、时限和顺序下进行的，这在国家的有关法律和政策文件中都有所阐述。目前来看，无论是中国共产党与各民主党派的协商，还是中国共产党在人民政协同各民主党派和各界代表人士的协商，都基本遵循这样的协商程序："提出议题—接受议题—准备材料—陈述偏好—进行辩护—筛选偏好—达成共识—形成决策—执行决策—反馈信息—再度协商—修正决策。"

五、协商结果

协商结果是协商主体协商后所达成的共识，这种共识是理性协商和偏好转换形成的结果，是基于公共利益而达成的目标，共识的达成赋予决策以合法性。如果协商过程中无法达成共识，协商本身就沦为一种政治清谈，丧失其存在的价值。对于协商结果的把握，我们应该遵循社会系统论的认知方法，"系统整体与要素、要素与要素、整体与环境之间，存在着相互作用和相互联系的机制"。协商结果和协商民主的其他要素是息息相关的，协商主体的素质、协商客体的质量、协商场所的良性氛围和协商方式的科学性、合理性都直接决定了协商结果能否达成和好坏程度。

中国政党制度能够达成预期的共识，这是因为政治协商的主体是一条爱国统一战线，确立了"长期共存、互相监督、肝胆相照、荣辱与共"的永久性方针。他们热爱祖国，满怀建设国家的热情，有着共同的建设中国特色社会主义的远大目标。道德和价值上的同一性决定了协商主体对执政的各种路线、方针和政策的意见基本一致，在政治协商中富有成效的对话和理性协商能够有效地开展，偏好转换所形成的共识有机会实现。即使各协商主体对于一些问题存在分歧，一般也会随着环境的变化和协商的深入进行而得到消解，进而达成共识。

参考文献：

[1]刘邦凡，吴勇.社会系统及其生态性研究[J].重庆大学学报（社会科学版），2003（2）：162-165.

[2]中华人民共和国国务院新闻办公室.中国的政党制度[N].人民日报，2007-11-16.

[3]John S. Dryzek，王大林.不同领域的协商民主[J].浙江大学学报（人文社会科学版），2005（3）：32-40.

[4]齐卫平.协商民主与政党和谐[N].联合时报，2006-11-17.

[5]徐映奇.当代中国党际协商民主发展现状[J].湖南省社会主义学院学报，2010（5）：11-14.

[6]刘邦凡，吴勇.社会系统及其生态性研究[J].重庆大学学报（社会科学版），2003（2）：162-165.

冷战后东盟软均势战略原因分析

李广振[①]

摘要： 冷战后，现实主义的均势理论越来越不能完美地解释国际社会的现实，为此，国外学者提出了以非军事、非结盟手段制衡的软均势理论。美、日、中、俄等大国力量相会于东盟，东南亚并没有像中东一样陷入战争，而是经历了较长时间的和平与稳定，东盟的和平不是大国治下的和平，而是其独特的外交策略使然。笔者认为，冷战后东盟的外交策略恰巧是软均势理论的典型案例，该理论的提出，使东盟的外交战略有了理论上的支撑。是什么原因使东盟选择了软均势的外交战略，是本文的核心议题。

关键词： 冷战后　东盟　软均势　软均势战略

一、软　均　势

冷战后，现实主义的均势理论越来越不能完美地解释国际社会的现实，为此，国外学者提出了以非军事、非结盟手段制衡的软均势理论。

所谓"软均势"，美国芝加哥大学教授罗伯特·A·帕朴认为：当今世界上几个大国不是采取行动直接挑战美国在军事上的优势地位，而是利用军事手段来"延误、阻碍甚至是破坏"美国进攻性单边主义政策，使其单边政策付出的代价更大。中国学者周一民认为：软均势就是在国际政治斗争中，"处于劣势的国家通过政治、政治结盟和国际组织等牵制处于强势一方的策略和方法"。

二、东盟软均势战略

自东盟成立以来，东盟的对外战略发生过几次大的转变：从成立20世纪70年代初期的"对美依附"；20世纪70年代初到80年代的"和平、自由和中立"。冷战后东盟的对外战略经历了从不结盟政策、中立化观点，到软均势战略的演变。究竟什么是东盟软均势战略，又是什么原因使得东盟最终选择了软均势的对外战略，本文试做简要分析。

东盟软均势战略，是东盟应对冷战后地区形势的一种反应和战略选择。东盟在此战略中扮演东道主角色，试图操控着美、日、中等大国。东盟各成员国认为，仅靠东盟的力量无法保证本地区的安全和平，而各大国对东盟利益和权力的追求，促使各大国之间争相竞争，利用大国之间的矛盾，使之相互制约、相互牵制、相互约束，并发起多种多边机制，使其平等对话，友好协商，利用软均势战略对大国进行平衡，从而实现东盟的和平稳定。

为此，东盟采取了一系列措施：①利用中、美、日等大国矛盾，使其相互制衡；②在大国之间扮演"平

---

①　作者简介：李广振（1986—　），男，河北省衡水市人，燕山大学文法学院2011级政治学理论专业硕士研究生，研究方向为国际政治。

衡者"，以保持它们之间相互关系的稳定；③建立以东盟为中心的多边对话机制（如：东盟外长会议、东盟外长扩大会议、东盟地区论坛），防止大国主导地区安全；④倡导"亚欧会议"，加大软均势力度，等等。

三、东盟软均势战略原因分析

东盟采取软均势战略是内外环境共同作用的结果。冷战结束后，世界格局和东南亚地区的形势都发生了巨大的变化，这些变化为东盟制定和推行软均势战略提供了极为有利的环境和条件。

从外部环境看，国际格局出现了翻天覆地的变化，为东盟推行其软均势战略提供了前所未有的历史机遇。

（1）冷战后，东盟出现了"权力真空"。东盟的国际形势发生了重大变化，冷战时期东盟处在美苏争霸的阴影下，东盟必须看美苏眼色行事。苏联解体后，美国失去了军事存在的合理性，从东南亚大大收缩了力量，暂时还没有其他国家能独自填补空白，于是东南亚地区出现了"权力真空"。

（2）各大国之间矛盾错综复杂，并均重视东盟在地区中的作用，为东盟纵横捭阖提供了不可多得的历史契机。冷战后，亚太国际环境发生了根本性变化，美苏格局解体后，美国、中国、俄罗斯、日本等大国在亚太地区起着决定性作用，他们的消长在某种意义上决定着亚太地区的未来。从实力对比来看，尽管美国比冷战时实力相对减弱了，但是依然是超级大国，无论政治、经济、文化还是军事都是其他任何国家都无法启及的，正如王爱冬教授所说："在后冷战时代，美国拥有世界上首要的和最高的权力"。中国是日益崛起的大国，经过三十多年的改革开放，取得了举世瞩目的成就，2010年中国GDP超过了日本，成为世界第二经济体。俄罗斯虽然不可同昔日苏联同日而语，但其在政治军事上仍起着不可小视的作用。日本经济曾一度是紧跟美国的第二经济体，虽然中国这两年GDP超过了日本，但科技含量仍落后日本不少，日本一直努力向政治大国进军，其军事潜力也非常大。东盟国家随着经济的崛起和自身的发展壮大，在亚太地区的影响逐渐扩大，但尚达不到与四大国平起平坐的地位，它要在亚太事务中发挥超越其自身实力的作用，就必须采取特殊的外交战略。

东盟十分清楚美、中、日、俄关系的现状，因此可以借力打力。中俄之间的关系发展一直较好，近年来，两国的战略协作伙伴关系得到了进一步的巩固和发展；中美关系虽然取得了相当大的发展，尤其是中国越来越强大的时候，美国也想搭上中国经济高速发展的列车，但是美国与中国存在意识形态、台湾问题、国际秩序等根本分歧，中美始终在矛盾中前进；中日关系特别复杂，双方既有领土的纷争，还存在很多历史争议，尽管睦邻友好的大方向不会改变，但是摩擦持续不断，尤其是在钓鱼岛问题上，双方随时可能擦枪走火；美日关系中，随着日本的发展，日本越来越变得独立，在保持其经济大国的同时，不断地向政治大国、军事强国迈进；美俄关系仍然不温不火，在矛盾与合作中前进；日俄关系因为北方四岛问题仍然僵持阶段。

（3）随着经济全球化的不断加深和相互依赖程度的不断发展，为东盟能够灵活运用软均势战略打下的坚实的经济基础，成为了调和大国关系的纽带。在经济全球化和科技革命的作用下，国家间相互依赖日益加深。以经济和科技为主要内容的综合国力的竞争代替了以政治和军事为主要手段的意识形态竞争的时代，各国无疑都非常重视经济的发展，而经济相互依赖程度的增加，使国家之间出现既冲突又合作、既竞争又妥协的新型关系。东盟这一新兴经济体，存在着巨大的发展潜力，具有足够的吸引力将大国贸易吸引至此，东盟与大国之间经济相互依赖，在此基础上东盟可以施展其软均势战略，扬长避短，为己所用。

从内部环境看，东盟经济、文化都发生了深刻的变化。

近二三十年，东盟经济取得了举世瞩目的成就。这不仅使东盟的国际地位得到了大大的提高，而且为其灵活运用其软均势战略创造了条件。20 世纪 80 年代中期以来，东盟经济一直保持高增长率，其经济增长率走在了世界前列。目前，东盟经济整体形势向好，多数国家不仅没有下调的经济建设指标，反而保持或向上微调了经济增长率。其中，泰国将 2012 年经济增长预期从之前的 5.7% 提高到 6%，同时预测 2013 年经济增长将保持在 5.8% 左右；印度尼西亚 2012 年经济增长指标为 6.5%，2013 年经济增长率确定为 6.8%—7.2%；据越南工商部的预测，2012 年其出口总额可达到 1 095 亿美元，同比增长 13% 以上；新加坡贸工部维持全年经济增长 1%—3% 的预测。

为了实现东盟"世界一极"的战略目标，东盟各成员国的"东盟意识"在不断地增强，在国际舞台上，东盟各国意见越来越趋于一致，"以一个声音说话"，表达共同的利益诉求，争取更多的共同利益。东盟成功地塑造了自己的"东盟文化"，为其内部团结增添了浓重的一笔。东盟的独立自主意识越来越浓，这也为其软均势战略的形成奠定了良好的文化基础。

参考文献：

[1] 焦世新 . "软均势论"及其实质 [J]. 现代国际关系，2006（8）：57-63.

[2] 周一民 . 伊拉克战争中的软制衡 [J]. 俄罗斯研究，2003（3）：49-51.

[3] 王爱冬 . 美国最高战略下诸多利益主体的选择——论美国首要权力的自我约束与各国的制衡 [J]. 国际关系学院学报，2010（2）：23-27，34.

[4] 沈德昌 . 全球化背景下国际政治的双重发展趋势 [J]. 人民论坛，2011（20）：70-71.

[5] 沈德昌 . 全球化背景下国际政治的双重发展趋势 [J]. 人民论坛，2011（20）：70-71.

[6] 付瑞红 . 美国"重返东南亚"的军事外交评析 [J]. 亚非纵横，2012（6）：22-27，59.

[7] 付瑞红 . 美国和越南军事合作的新变化与未来走向评析 [J]. 东南亚研究，2013（1）：24-29.

[8] 付瑞红 . 美国"重返东南亚"的军事外交评析 [J]. 亚非纵横，2012（6）：22-27，59.

基于罗尔斯正义理论的当代中国社会公正问题探究

张 磊[①]

摘要： 罗尔斯的社会正义理论是建立在对功利主义反驳的基础上，既保证个人权利的优先性，又照顾到社会最少受惠者的利益和机会均等的一种新的正义观。中国社会目前正处于一个关键的转型期，在经过三十多年的改革开放和市场经济的长足发展后，我们的经济建设已经取得了举世公认的成就。然而与此同时，主要群体弱势化、贫富差距扩大等危及社会稳定的社会公正问题也伴随而来。如何体现社会主义本质、实现社会公正，既是一个理论问题又是现实亟待解决的问题。

关键词： 罗尔斯 正义原则 社会公正

罗尔斯在其《正义论》的开头写道："正义是社会体制的第一美德，就像真实是思想体系的第一美德一样。一种理论如果是不真实的，那么无论它多么高雅，多么简单扼要，也必然会遭到人们的拒绝或修正；同样，法律和体制如果是不正义的，那么无论它们多么有效，多么有条不紊，也必然会为人们所改革或废除。"[1] 可见，正义观念对于一个民族、国家甚至全人类的幸福有着至关重要的意义。

一、罗尔斯的正义理论及其原则

（一）罗尔斯对功利主义的批判

在罗尔斯之前，功利主义在西方道德哲学众多理论中占据优势，其基本思想是"一个行为是否道德取决于它的效果是否符合社会上绝大多数人的最大愿望和要求，是否符合社会上绝大多数人的最大利益"[2]。简单地说，行动的最终目的或作为行动者所追求的最终价值应该是社会中最大多数人的最大幸福。对此，人们产生疑问：这样的评判标准是否会或者应当会忽视、否认个人的正当利益呢？个人之间又如何分配最大利益呢？罗尔斯从多角度对功利主义进行批判并提出了他的正义理论。笔者仅从上述两个问题来阐述。

首先，功利主义忽视、否认个人的正当利益。功利主义追求整个社会利益（包括幸福、欲望满足及其他可计算的价值）最大化，这得到了人们的普遍认同。但是，在罗尔斯看来，这种正义或道德标准可能会侵犯个人的利益。人们的价值取向和利益目标不是完全相同的，有类似，也有矛盾冲突。如果我们以整个社会利益的最大化来规范人们的行为选择，那么势必会认同大多数人的共同利益，就有可能导致我们以牺牲少数人的利益为手段去实现多数人的利益，进而忽视或否认少数人的正当利益。社会的每一个成员都具有维护个人利益的权利，不能以社会的理由来剥夺和侵犯。正义否认剥夺一些人的权利和利益而使另一些人享受较大的利益是正当的。因此，一个正义的社会应当保障个人的基本权利。

---

① 作者简介：张磊（1982— ），男，硕士，燕山大学里仁学院讲师，研究方向为社会公正。

其次，功利主义没有考虑最大利益的分配。罗尔斯认为功利主义的突出特征是："它直接地涉及一个人怎样在不同的时间里如何分配他的满足，但除此之外，就不再关心（除了间接的）满足的总量怎样在个人之间进行分配。"[3]

从中我们可以看出，功利主义主张维护最大多数人的最大幸福或最大利益，从而忽视了个人之间应当如何分配最大幸福和最大利益，因此，它无法解决公平分配问题。常常是社会幸福总和增加了，个人之间的分配却是不公平的。因此，在罗尔斯看来，功利主义存在着严重的分配不公问题。

（二）罗尔斯正义理论的两个原则

"正义是社会体制的首要价值，正像真理是思想体系的首要价值一样。"[4]人们的生活不仅受到政治、经济、社会条件的制约和影响，还受到人们先天因素（包括天赋、才能、智慧、兴趣、身体健康状况等）和社会地位的影响，正是这些个人无法自我选择的影响导致个人处于最大的不平等地位。因此，罗尔斯主张通过对社会制度的调整，从全社会的角度解决这种出发点的不平等，尽量排除外在的社会历史和自然方面的偶然因素对于人们生活的影响，以使社会成员的基本权利和利益分配趋于公平合理。

罗尔斯的正义原则具体表述为："第一个原则：每个人对与所有人所拥有的最广泛平等的基本自由体系相容的类似自由体系都应有一种平等的权利。第二个原则：社会和经济的不平等应这样安排，使它们：①在与正义的储存原则一致的情况下，适合于最少受惠者的最大利益；②依系于在机会公平平等的条件下职务和地位向所有人开放。"[5]第一原则即自由平等原则，第二原则即差别原则和机会公平平等原则。同时，罗尔斯将这两个原则按照"词典式"先后次序安排。第一个原则对第二个原则的优先，即自由平等原则优先于机会公平原则和差别原则；第二个原则中的机会平等原则又优先于差别原则。

自由是人的最高权利，是人类主要的天然禀赋，人们可以将财产让与他人，但是不可能抛弃自己的自由，抛弃了自由，也就抛弃了自己的存在；自由的人人平等是指他们权利上的平等，而不是所有人能够在同等程度上和范围内使用这些自由。"这一次序意味着：对第一个原则所要求的平等自由制度的违反不可能因较大的社会经济利益而得到辩护或补偿。财富和收入的分配及权力的等级制，必须同时符合平等公民的自由和机会的自由。"[6]机会平等原则是在个人自由平等的前提下，社会提供的职务和岗位的机会对于所有公民而言都应平等和公平，一视同仁，不应受到外在条件的限制和公民自身条件的制约。差别原则则反映了罗尔斯对最少受惠者的偏爱。"最少受惠者"是指那些由于社会和经济的不平等所导致的弱势群体。先天因素所导致的不平等不应由他们承担，而社会应当对他们给予保护。因此，罗尔斯的差别原则就是主张通过某种补偿或再分配使社会所有成员都趋于平等，不可以践踏少数人的自由权利，尤其是处于社会劣势地位的人。

二、转型期中国社会的公正现状

经过三十多年的改革开放，中国发生了翻天覆地的变化，国内生产总值年均增长达到了9.8%，超过了世界平均发展水平，综合国力显著增强，人民生活总体上达到了小康水平。同时我们还应当看到的是，我国社会处在转型前期，在从计划经济向市场经济转变的过程中，改革基本上是按照"帕累托原则"发展，即绝大多数人在改革过程中受益。但随着改革的不断深入，市场化程度的逐渐提高，我国却出现了一系列影响社会发展和稳定的问题。时至今日，反映在公正领域内的社会贫富分化、社会主要群体弱势化两大主要问题已经日趋严重。

（一）贫富分化的日益严重

1. 以基尼系数反映的居民收入总体性差距逐年拉大，已经超过国际公认的警戒线

在 2013 年 1 月 18 日举行的 2012 年国民经济运行情况新闻发布会上，国家统计局局长马建堂在回答记者提问时一口气公布了 2003—2012 年的基尼系数。其中，2012 年中国全国居民收入的基尼系数为 0.474。过去十年，基尼系数在 2008 年达到最高值 0.491，随后开始逐步回落。十年间，基尼系数全部高于 0.4。尽管国家统计局一再表明：中国目前的贫富差距总体上是合理的，不能以基尼系数的一般标准来看待中国。尤其是中国农村人口占大多数，基尼系数要放大一些。这一情况表明，我国的贫富差距正在不断恶化，这不能不引起我们足够的警惕。

2. 地区差距依然很大

由于东部沿海地区经济发展快于中西部地区，地区之间的居民收入差距一直呈扩大趋势。但近些年来，由于西部地区开发、振兴东北老工业基地、中部地区崛起战略的实施，地区差距扩大的趋势已经得到了一定程度的控制。但是差距依然很大。2012 年，城镇人均可支配收入全国最高（上海市 40 188 元）和最低（甘肃省 17 157 元）的省份（包括直辖市和自治区）之间的人均收入差距是 2.34 倍。同一时期，农村人均纯收入最高（上海市 17 804 元）和最低（甘肃省 4 507 元）的省份之间差距已扩大到 3.95 倍。[7]

3. 城乡差距继续扩大

全国城镇居民人均可支配收入 2012 年（24 565 元）是农村居民人均纯收入（7 917 元）的 3.1 倍。从国际比较看，这一数字已经超过了世界上绝大多数国家和地区的城乡水平。据统计，我国城乡居民高低各 20% 居民之间的收入差距在 21.5 倍，而城乡居民高低各 10% 居民之间的收入差距已达 55 倍。[8]

可见，贫富差距过大已经成为我国亟待解决的问题。导致贫富分化拉大的原因是多方面的，但是没能更正确地处理好效率与公平的关系问题，尤其是不注重初次分配的公平问题，以及再分配公平不到位问题应该说是其中的重要原因。

（二）中国社会主要群体的弱势化

弱势群体已经成为中国社会一个日益凸显的问题。一般而言，弱势群体的成员都是老、弱、病、残等丧失劳动能力的人。但是中国不仅仅存在着这样的弱势群体成员，而且更为严重的是，中国社会的一些主要群体青壮劳力如工人阶层、农民阶层呈现出一种明显的弱势化趋向，这种现象必须引起我们的高度警惕。中国社会主要群体的弱势化现象主要表现在以下几个方面。

1. 以工人和农民为主的贫困人口的数量很大

引用吴忠民先生在接受凤凰卫视《世纪大讲堂》节目时的讲座：按照偏于保守的估计，中国实际的贫困人口在 2.2 亿以上。其中包括三个组成部分：城市居民中的贫困人口有 3 000 万以上；农村中的贫困人口有 1.5 亿以上；农民工当中还有许多贫困人口，在 4 000 万左右。

2. 工人和农民的基本权益难以得到切实有效的维护

目前，工人和农民的基本权益常常受到侵害，劳动争议案件的数量在明显地上升，另外，由于劳动保护条件比较差，近年来我国的生产事故数量以及人员伤亡率居高不下。而为数庞大的农民在基本权益方面更是处境艰难，农民缺乏基本的社会保障待遇，在收入非常有限的情况下还要承受种种的税费的负担。尽管我国政府近年来在社会保障领域做出了很大的努力，包括针对"三农"问题的政策的大力调整，但是基于历史和现实的原因，工农群体尤其是农民的权益维护在短时间内还是难以大幅度地改善。

3. 工人群体和农民群体的劳动技能总体水平下降

现代社会，工人的技能等级比例结构大约应该是中级工人、高级工人以上应占工人总数的80%，初级工人占20%。而在我国的情况是，初级工人占80%，而中级工和高级工以上的工人只占20%。这里还不包括数量约2亿的农民工的统计，他们的劳动技能更低，缺乏最起码的职业培训。在以高新技术引领的现代社会，科技的更新日新月异，在这样快的社会节奏中，以工农群体目前的受教育程度和掌握的劳动技能来看，他们在今后的生存和发展将会更加举步维艰。

4. 工人和农民的相对地位明显下降

工人和农民的相对政治地位和社会地位明显下降，这些主要群体在弱势化的同时也被边缘化了。现在工人和农民对于社会事务的参与程度大为降低，他们表达自己意见的渠道十分有限，所以在制定相关的政策时就难以充分地反映和有效维护他们的自身利益。例如，在最为重要的全国人民代表大会和比较重要的省级人民代表大会当中，我们看到的比例结构是，工人的比例从20世纪70年代末80年代初的27%降到了90年代末期的10%，下降了将近2/3的幅度；农民代表的比例是从20世纪70年代末80年代初的21%降到了90年代末的8%。[9] 所以说，中国社会主要群体的声音越来越弱，他们对于社会的影响力越来越小。

通过上述数字分析可以看到，农民和工人为改革发展做出的贡献与应得到的利益补偿十分不对等。到目前为止，农民的人均收入还很低，负担还很重。改革开放以来取得的成果，农民并没有充分分享。工人阶级是中国共产党依靠的阶级，由于中国实行经济体制改革，对国民经济做出战略性调整，在这个过程中国企改制、搞活，致使大批产业工人下岗。这些在计划经济时代做出了重要贡献的产业工人和无地农民、失地农民，现在获得的补偿相对于他们作为我党执政基础的地位来说显然是不对等的。

我国当前的社会不公不仅表现在结果不公，同样表现在起点和过程的不公。由于制度的原因，新旧体制的转换，出现了许多政策缺位现象。比如行政权力、垄断和既得利益极大地阻碍着市场的发展和公平竞争格局的形成，造成起点的不公正（如市场准入、差别税费负担等）。同样，行政权力、垄断和既得利益的干预也会影响程序公正。最终，在结果公正上由于前二者的原因和政府缺乏必要的社会调剂制度也出现了结果的不公正。财富可以解决一切问题，这在当前中国也是很严重的问题。这些问题直接导致了中国社会公正外在指标的不断恶化，危及着中国社会的安全运行和健康发展。

三、罗尔斯社会正义理论对我国解决社会公正问题的启迪

我国正处于快速的社会转型期，正处于建设拥有民主法治、公平正义、诚信友爱、充满活力、安定有序、人与自然和谐相处的和谐社会的关键时期。这样一个战略机遇期就要求我们在注重经济建设的同时，还应当注重社会公正问题。同时，还应当看到的是，中国目前的社会不公问题是在发展过程中出现的，必须用发展的方式予以解决。因此，在考虑中国社会公正的具体内容时应从以下几个方面入手。

（一）进一步树立自由、平等的社会价值导向

转型中的社会主义中国没有任何理由排斥或回避社会公正的理念。事实上，如果忽视了社会公正，任何改革都不可能真正获得成功。一个贫富差距拉大的社会绝对不是一个完整的社会，它的成员也绝不会拥有平等与自由的公民权利。这些年来，我们在理解"效率优先，兼顾公平"精神的经济发展中，过多地容忍了不平等和不公正的分配方式的存在。追求效率是中国赶超发达国家必不可少的前提，是任何社会发展追求的目标，但效率不仅仅是在经济方面，而应该是包括社会的整体方面内容。今天中国社会

出现的主要群体弱势化和严重的贫富分化问题已经说明了这个问题。

社会公正最终是为了个人生存空间的扩展，实现社会公正依赖于政府执行的公共政策，要提高社会公正的程度，就要提高公共政策的质量。建立符合公正的价值导向，并使其渗透到公共政策制定与执行的各个环节，这是政府最大限度实现社会公正的有效途径。

（二）大力发展生产力，为建立现代社会公正打下丰富的物质基础

一个生产力落后和社会经济资源匮乏的社会，不可能满足和充分保证每个社会成员的基本生活需求，对于建立现代意义的社会公正来说，也会缺乏起码的物质基础。我们应该结束以牺牲一部分人的利益来满足另一部分人的需要的情况，使所有的社会成员都能获得个人全面发展的必不可少的物质条件。在我国，生产力发展水平极不平衡，在很多行业自然经济仍占主要地位，人均社会经济资源占有量还很少，远不能满足每个社会成员的需要。所以邓小平同志明确指出："社会主义的本质，是解放生产力，发展生产力，消灭剥削，消除两极分化，最终达到共同富裕。" [10]

在目前，发展生产力，首先是要多创造就业机会，使适合劳动条件的社会成员获得一份有经济报酬的职位，获得生存与发展的最起码的条件。这对缓解贫富差距的扩大具有重要的意义，是实现社会公正最起码的物质条件。其次，是建立完备的社会保障体系，对社会弱势群体进行社会救助，确保他们的基本生活。同时也给社会营造一个安全稳定的环境，保证经济发展所需要的正常秩序。最后，创造条件，提高劳动者的文化素质和劳动技能，使其能在现代社会中更好地生存和发展。

（三）继续深化改革，完善制度建设是实现社会公正的根本途径

罗尔斯认为，正义是社会制度的首要价值，正义的主要问题是社会的基本结构，是主要的社会制度安排。我国社会出现的公正问题的深层次原因，极其重要的一点就是缺乏公正的制度。公正的制度是保证参与社会生活起点公正、过程公正和结果公正的必要条件，而改革的目的就是要逐步建立与现代社会相适应的公正的社会制度。

转型期中国社会公正领域出现的工、农主要社会阶层的总体弱势化和全社会范围内的地区间、城乡间、行业间的贫富分化状况，固然有体制改革、经济转轨等原因，但在深层次上还是制度和政策层面上存在相应的问题。回顾改革开放这些年的发展历程，我们不难发现，无论是在政府提供公平竞争机会的起点公正方面，保证和规范社会秩序的过程公正方面，还是合理有效地初次分配、再分配的结果公正方面，我们目前的政策和制度都有着很大的改善空间。社会主义市场经济是和法治结合在一起的，制度建设是法治的必要内容。因此，努力建立和完善一种规范而公开的制度，以制度来保证社会的正常秩序，是解决目前中国社会公正乃至其他领域问题的关键所在。

（四）实施社会调剂原则，实现共同富裕的目标

在我国三十多年的改革开放和经济发展中，虽然政府努力地为每个社会成员提供大体相同的发展机遇，使之享有基本同等的各项权利，但由于人们的个体素质的差异、岗位条件的差别、各地区社会经济发展不平衡等诸多因素的制约，还是造成了收入分配差距的不断扩大。社会财富不合理地集中到一部分人手中，社会资源集中到一部分地区，这样不仅会使集中的财富和资源得不到有效利用和发挥，引发社会成员的不满，还会造成贫困的、弱势的社会群体的不断扩大化。这既违反了社会主义社会的根本目的，也不利于社会的全面发展和进步。社会财富的分配不公最终会使我们付出牺牲社会发展和进步的沉重代价。为了缩小社会成员收入差距，保障社会弱势群体的基本权利，使得社会全面发展和繁荣，政府的干预和社会调剂原则就显得非常必要了。

正义是一个历史范畴，是由一定的经济关系及其产生的利益所决定的。转型期的中国目前处于社会

主义初级阶段，我们对社会公正的要求也只能是基本的，即同现阶段我国生产力和整个社会发展水平相适应的。因而，就现阶段我国的情况来看，公正问题的解决还只能是一个渐进的历史过程。胡锦涛同志在党的十八大报告中指出："必须坚持维护社会公平正义。公平正义是中国特色社会主义的内在要求。要在全体人民共同奋斗、经济社会发展的基础上，加紧建设对保障社会公平正义具有重大作用的制度，逐步建立以权利公平、机会公平、规则公平为主要内容的社会保障体系，努力营造公平的社会环境，保证人民平等参与、平等发展权利。"[11]

共同富裕是公平正义的前提，公平正义是社会和谐的灵魂。维护和实现社会公平正义与社会和谐，是我们长期奋斗与追求的目标。坚定不移地把公平正义作为促进社会和谐的灵魂，我们就能够解决好改革发展过程中出现的各种矛盾和问题，我们就一定能够让社会更加和谐。

参考文献：

[1][2] 约翰·罗尔斯. 正义论 [M]. 何怀宏，等译. 北京：中国社会科学出版社，1988.

[3] 陈真. 当代西方规范伦理学 [M]. 南京：南京师范大学出版社，2006.

[4] 何怀宏. 契约伦理与社会正义——罗尔斯正义论中的历史与理性 [M]. 北京：中国人民大学出版社，1993.

[5] 张国平，张秀. 和谐社会的正义理论根基——论罗尔斯正义原则对中国和谐社会的启示 [J]. 文史博览（理论），2007（1）：47-48.

[6] 唐慧玲. 公平分配的政治学解读——兼论罗尔斯正义理论对当代中国分配制度的启示 [J]. 党政论坛，2008（10）：28-30.

[7][8] 国家统计局. 中国统计年鉴 2012[M]. 北京：中国统计出版社，2012.

[9] 刘智，等. 人大代表选举统计研究 [M]. 北京：中国社会科学出版社，2001.

[10] 邓小平. 邓小平文选 [M]. 北京：人民出版社，1995.

[11] 胡锦涛. 坚定不移沿着中国特色社会主义道路前进　为全面建成小康社会而奋斗——在中国共产党第十八次全国代表大会上的报告 [M]. 北京：人民出版社，2012.

道德资本作为慈善推动力的分析

梁玉菡 [①]

摘要：慈善作为社会伦理道德水平的标准之一，对于社会发展和稳定有着深远的影响。但是中国慈善界尚有很多问题有待完善，而其中最根本的问题是公众缺乏长期做慈善的动力和意识。本文将慈善作为道德资本，运用经济学"经济人"假设，分析道德资本对于慈善的推动作用以及对于慈善发展的长远影响。

关键词：慈善　慈善行为驱动力　"经济人"假设　道德资本

近几年来，慈善成为中国社会关注的热点话题。社会的慈善团体和公众人物的慈善行动越来越多地引起媒体和群众的关注。然而中国慈善现状却是问题百出，2010 年章子怡"诈捐门"事件爆发，2011 年红十字会被曝光"郭美美"事件。以上诸如此类的事件，无疑引起了社会公众对慈善事件的热议，官方慈善机构公信力跌入冰点，公众人物捐款被各大媒体操作、肆意进行排行，网民群聚围观。与此同时，中国民间慈善机构不仅数量少，而且机构不健全、缺乏独立性。据最近国家发展和改革委员会经济研究所一项调查显示，国内工商注册登记的企业超过 1 000 万家，99% 的企业从来没有参与过慈善捐赠。中华慈善总会的统计数据显示，他们所获捐赠的 70% 都是来自国外和港台，国内富豪的捐赠仅占 15% 还不到。中国慈善不仅在数量上缺乏而且在制度上也不完善。本文将分析慈善领域问题背后的深层原因与慈善作为道德资本对中国慈善领域的影响。

一、慈善的现状及问题表现

（一）慈善组织的现状

中国慈善领域凸显的问题之一是民间慈善机构的基础薄弱，中产阶层主动做慈善的意识差，慈善意识未成为社会主流意识。慈善机构本来是指一种非政府、非赢利的组织，拥有自己的资本，由自己的受托管人或理事会负责管理。其设定的目的是维护和资助那些服务于公共福利的社会、教育、慈善、宗教活动或其他类似活动的组织。现代意义上的慈善机构本来是参照西方社会理念构建起来的。与美国、日本等发达国家的慈善捐赠 80% 来自民间相比，我国慈善业的捐赠只有 10% 来自普通百姓。长期以来，由于民政部门直接承担慈善募捐工作，对民间慈善组织的管理体制也沿袭了计划经济体制下单位或部门所有制的做法，许多民间慈善组织行政色彩浓厚，对政府的依赖性较强，缺乏发展的生机与活力。[1]

在这样一种官方主导、民间参与的慈善模式下，很多人认为慈善事业是政府的义务和责任，慈善捐赠是富人们的事情，普通老百姓态度倾向于不给政府造成负担即可。可见，人们对慈善事业的认识还停留在感性和传统的层面，没有树立起慈善事业是社会"公共产品"、参与慈善事业是公民的义务等现代

---

① 作者简介：梁玉菡（1991—），女，汉族，广西壮族自治区贵港市人，南京师范大学本科学生，主要从事哲学研究。

慈善理念。

（二）慈善组织公众基础薄弱的根源

深入分析这种意识根源，可以看出社会习俗对于经济行为的影响。制度文化意识的差别根源对一个社会的经济行为产生重大深远的影响。从历史发展的角度来说，西方很早就形成了市民社会，同时市场经济制度建立较早发展更加完善，以上两个因素奠定了西方慈善组织坚实的基础。一方面，公民社会形成了以中产阶级为中心的中坚社会力量，富人阶层有较强的社会责任意识，会主动去做慈善。另一方面，长期的市场经济孕育出完善的慈善制度，在健全制度的规范之下，慈善机构运作，慈善方式、监督机制已经趋于成熟，人们对慈善机构的信任度很高。这样形成了良性循环，慈善意识成为社会风气。

而中国社会自古以来是一个集权社会，在公共社会服务职能中都是以政府为主导，组织公众参与，以往的公共服务职能完成（如水利社会、防御设施）基本上以官办、官督商办为主，缺乏民间自发性。同时，我们的社会文化以儒家思想为主，国人更加注重对于熟人领域的关注而缺乏对社会的责任感。同时，慈善机构如红十字会等在中国的发展历史较短，西方意义上的慈善机构在中国社会才刚刚扎根，慈善制度不成熟、不完善，人们依赖官方的心理倾向是在所难免的。

（三）慈善领域的信任荒漠

由于中国社会对于慈善的认识以政府为主导，而缺乏公众自发性。在我国，以政府文件的形式进行募捐是一个很普遍的现象。这种强迫捐赠的募捐方式不仅侵犯了慈善者捐赠的自由选择权，影响了公众参与慈善的积极性，而且不利于慈善组织的长期持续性发展。即使是这种单一的慈善捐赠方式，也没有形成一个长效运转机制，公民的捐赠行为具有一次性的特点。通常情况下，总是当某个地域发生了自然灾害这类突如其来的重大变故，才会有慈善机构、政府部门或企事业单位发动人们捐赠款物，开展相应的救助扶助工作。在平时，很少有慈善组织进行募捐，而像慈善义演、慈善晚会、慈善拍卖等多种形式的适合经常性捐赠的渠道却很少或几乎没有。在这样的官方指导慈善模式之下，民间慈善机构一直处于一个附属地位，慈善领域缺乏健全的制度和导向，没有独立性，仅仅作为一个补充。然而这样一种主导在政府官方的慈善公信力轰然倒塌之后，造成了人们对于官方慈善机构的不信任。习惯于官方组织领导捐款的公众，在此之后对于官方慈善不得不报以冷笑。而民间慈善机构的不健全、不独立，使慈善事业出现了无人关照的状态。慈善捐赠不仅需要"爱心"，还需要建立一个长效机制。

然而不论是我国的慈善机构还是慈善制度都不完善，尤其是慈善立法上的缺陷，致使慈善捐赠信用机制、监督机制、激励机制等慈善捐赠制度不健全，已严重损害了慈善捐赠者的权益和公众参与慈善捐赠的积极性，形成一个恶性循环：公众越是对慈善机构缺乏信任，不去捐钱，政府就越是需要强制捐钱，慈善机构募集能力越差。人们被动捐钱后不会再认为慈善是自己的责任，一次性捐钱不能长期保持。相对的，在官方慈善机构公信力下滑以后，社会公众纷纷将目光投向公众人物，公众人物在继官办的慈善机构之后，成为慈善的主要力量。据调查，"2006 中国慈善家排行榜"上榜慈善家一半以上对相关慈善机构投了不信任票，而更愿意亲力亲为。名人捐款是善款的主要来源和慈善事业主要推动力。陈光标等企业家倾向以个人的名义开始进行慈善。然而，官方慈善机构的长期行政化甚至官僚化使得整个慈善制度不健全，在个人的慈善行为中同样暴露出许多问题。陈光标慈善模式带有极强的炫耀性，忽视受捐者的意愿，直接发钱，简单粗暴，不能将善款分配到最需要的人手中等。这样的慈善方式仍然在国内有市场，不得不说中国的慈善方式真的有待完善。

二、慈善作为道德资本改善中国社会慈善现状

亚当·斯密提出的"经济人"假设中指出，每个人都天生具有改善自己状况的愿望。"经济人"就是以完全追求物质利益为目的而进行经济活动的主体，人都希望以尽可能少的付出，获得最大限度的收获。每个人的经济行为都是为了自己的利益。

随着市场经济制度在全世界的确立，人们的经济意识也发生了巨大的变化。海德格尔在分析人的意识时指出：人生此在与社会的时代性相连，当金钱拜物教成为人们的基本情绪时，世界自然以经济图示向我们展开。于是在市场经济的背景下，慈善家的慈善行为，逐渐趋向于一种慈善消费。慈善家的捐献行为实际上是购买用于满足精神需要的一种服务产品、消费品。慈善作为一种资本，成为企业发展、赢利的一种方式。慈善家将慈善行为作为消费品，以此投资获得良好声望、更大的利润、避免社会指责及精神慰藉等。慈善消费作为投资资本的出现，是一个市场经济时代人意识的产物。当然，不否认有人捐献于慈善事业，所追求的不是经济利益，也不是良好的名声或减少负罪感及社会指责，而纯粹是出于对弱者的同情，这样的较高道德层次也是值得肯定的。[2]

慈善作为道德资本，推动企业做慈善是否能够解决中国的慈善问题呢？道德资本是指在资本主义条件下，道德作为一种精神力量，推动资本的积累和发展。因此，慈善作为一种精神合力也是一种道德资本。

（一）道德资本渗透性树立企业形象

良好的企业形象是一种无形的资本，企业家的慈善行为作为道德资本是无形的，具有渗透性。企业家通过慈善消费，可以将企业的责任意识、企业文化精神深入到社会中。慈善形成一种无形的向心力，可以推动企业的利益和效益。

（二）慈善的利益收入可以推动企业家去做慈善

根据亚当·斯密的"经济人"假设，企业家都是理性的自利主体，会自动追求自身利益的最大化。那么慈善消费的获益就可以直接促动企业家长期有效地做慈善，长期慈善消费的稳定性和保障性就有来源，企业家同时也愿意通过慈善消费去树立品牌，扩大影响力。

（三）慈善作为道德资本具有长远推动力

慈善作为社会财富的第三次分配，是缓解社会贫富差距、减少社会阶层对立的重要手段。慈善消费的过程中，经济变动改善了一些人的状况，同时又不使另一些人蒙受损失，增进了社会福利。[3]企业在慈善消费过程中，积累的道德资本可以获得无形的精神推动力，而在实物层面，社会资源能够发挥更大的效益。

综上所述，中国慈善现状的最大问题归根结底是因为大多数企业做慈善的动因不足，慈善人数少，善款数量少，主要靠官方机构强推实现。而将慈善资本化，作为一种道德资本来号召企业做慈善，给企业做慈善的推动力。同时，道德资本的形成也是与道德觉悟相一致的，慈善作为道德资本，前提是企业家意识到慈善精神的影响力和号召力。这需要我们建立健全一个完善的慈善制度，形成慈善的社会风气。

参考文献：

[1]马小勇，许琳.慈善行为的经济学分析[J].西北大学学报（哲学社会科学版），2001（4）：93-98.

[2]王小锡.论道德资本[J].江苏社会科学，2000（3）：97-100.

[3]李玲，温志强.刍议我国慈善事业的发展：困境与对策[J].华章，2012（1）：52-53.

幸福的根源：人类社会与劳动实践

孙　柳[①]

摘要：每个人都在追求幸福，这是不必争辩的命题。马克思主义认为，个人是社会的存在物，幸福离不开人类社会。而人在劳动中产生，劳动是人的本质力量的体现，是幸福的源泉。社会生活在本质上是实践的，幸福产生于实践，实践催生幸福。

关键词：幸福　根源　人类社会　劳动实践

幸福是人类社会永恒的价值追求。幸福离不开人类社会，它根源于人的社会实践、依赖于人的劳动。

一、幸福离不开人类社会

自从有了人类，也就有了社会，就存在着个体与社会整体的关系。而这一关系，历来是研究人以及人的幸福的重大课题。"既然人天生就是社会的生物，那他就只有在社会中才能发展自己的真正天性。"[1]

幸福是人类社会特有的价值追求。"人作为自然存在物，而且作为有生命的自然存在物，一方面具有自然力、生命力，是能动的自然存在物，这些力量作为天赋和才能、作为欲望存在于人身上。"[2]人的幸福的获得是离不开自然界，离不开人这种自然存在的。但是，人要超越自然界而存在，就必须利用对象并对其进行加工才能实现和确证人的本质。马克思认为："一个种的全部特性、种的类特性就在于生命活动的性质，而人的类特性恰恰就是自由的有意识的活动。"[3]人与动物一样，都具有生存的本能，但"有意识的生命活动把人同动物的生命活动直接区别开来。正是由于这一点，人才是类存物"[4]。有意识的生命活动让人可以决定自己的生存的方式，可以选择自己的生活。人与动物最大的区别"不在于他拥有理性，也不在于发明了工具与方法，而在于能选择，人在选择时而不是被选择时才最成为自己；人是骑士而非马匹；人是目的的寻求者（而不仅仅是手段），并以他自己的方式追求目的；可想而知，追求的方式越多，人的生活就变得越丰满；个体间相互影响的领域越广，新的和预料之外的机会就越多；他沿着新鲜而未被探索的方向改变其自身性格的可能性越多，展示在每一个个体面前的道路也就越多，他的行动和思想的自由就越宽广"[5]。人从无意义到有意识的选择，才能使人超越直接与肉体相联系的产品生产，去自由地对待自己的产品；也可以使人不需要像动物一样，只按照它所属的种的尺度和需要来生产，去按照"任何一个种的尺度来进行生产，并且懂得怎样处处都把内在尺度运用到对象上去"，从而"按照美的规律来建造"[6]。这种按照超越种的界限的尺度，遵循"美的规律"的创造性劳动，才能使幸福真正具有自然属性和社会属性。这种选择的过程才能确证人的本质和追寻人生的幸福。

幸福是真实存在于人类社会中的。马克思通过把实践概念引入人的本质中，提出把"事物、现实、感性当作人的感性活动，当作实践并且从主观方面去理解"[7]，以此来否定了黑格尔提出的外在于人的

---

① 作者简介：孙柳（1979—　　），女，江苏省南通市人，博士，南京政治学院上海校区政工教研室副主任，副教授，研究方向为马克思主义哲学。

绝对理念的命题,把人从抽象的定在落到现实的生活中。"个人怎样表现自己的生活,他们自己就是怎样。因此,他们是什么样的,这同他们的生产是一致的——既和他们生产什么一致,又和他们怎样生产一致。因而,个人是什么样的,这取决于他们进行生产的物质条件。"[8]在实践的基础上,马克思指出人的本质"在其现实性上,它是一切社会关系的总和"[9],从而与费尔巴哈在抽象的精神力量的基础上,"你"与"我"的统一形成的团体划清界限。可以看出,马克思对人的幸福认识,是从人的实践活动出发,植根于现实的人和其所形成的社会关系的。在把幸福还给人本身后,马克思提出了由于社会形态发展的不完善,出现了人的"精神本质,他的人本质同人相异化","一个人同他人相异化,以及他们中的每个人都同人的本质相异化"[10]的情况,而社会形态的发展、异化的解决,使每个人得到自由和解放,是人类追求的终极目标,幸福正是这个终极发展目标的根本体现。而无论是社会的发展、异化的根除都来源于人所进行的对象性活动,更依赖于人这个类存物所进行的共同的活动。人所进行的自身的再生产和社会再生产所需要物质资料,既有自己劳动创造的结果,也有社会中他人劳动的成果。人既在生产活动中使自己的本性得以外显,使自己生命的价值意义通过对象性劳动来得以表现,从而可以感受到幸福;又在享受别人劳动成果时,让别人的本性、生命通过自己的感受而体现其价值和意义,让别人因为劳动成果的付出和被享受而同样感受到幸福。也就是说,人通过享受自己的劳动成果和为别人提供享受的劳动成果来确证自己的本质,从而感受到双重的幸福。每个人都是这个幸福感受中必要的一部分,每个人的劳动也是获得幸福的前提。幸福不仅客观存在于每个人本身,还是人类社会共同拥有和追求的目标。

二、在劳动实践中,人按照内在尺度的要求创造幸福价值

"人世间的一切幸福都需要靠辛勤的劳动来创造。"[11]幸福是现实的创造,不是既定的存在,劳动实践是幸福的源泉。

劳动实践创造了自然存在的幸福价值。不可否认,自然是先于人类存在而存在的,但自然对于人的幸福而言的价值却是随着人类的出现和发展而逐步形成的。只有当人类真正形成之后,具备了人的类本质特征,从而开始体现人的本质力量进行劳动实践后,自然存在才逐步对人有了幸福价值。一方面,劳动实践丰富了自然存在的社会历史性。人与自然的关系是随着人类劳动实践的发展而不断发展的。人通过劳动实践,增加了对自然的认识,逐步摸索掌握了自然存在的客观规律,从而具备了一定的利用自然、改造自然以及与自然和平共处的能力。由过去面对洪水的无能为力,到现在能通过建水坝、水库,发展水利枢纽等解决部分问题;由过去对干旱寄希望求神祈雨,到现在能有选择地通过人工降雨缓解部分矛盾。可以看出,虽然人对大自然的认识和规律的掌握仍然是有限的甚至是有些误解的,但也是螺旋式上升的。也正是在这些能力形成的基础上,人才能够因为对自然规律的把握和利用坦然面对一些自然灾害,使自然存在具有被人们欣赏和享受的潜在价值。另一方面,劳动实践发展了人对自然存在的内在尺度。自然存在的潜在价值到幸福价值的实现同样也依赖于人通过长期的劳动实践,不断发展自己对自然存在的内在尺度。在实践中,人们发现自然中的一些植物、动物具有食用和药用的价值,可以满足人的生存需要,于是就会发展自己的内在尺度,让自己觉得有食物吃是一种幸福,从而就会去种植、饲养这些自然存在物;发现山洞是可以挡风遮雨的,于是就会有居住的需要,从而就会从住山洞到利用石头自己建房子。正是在劳动实践中,人发展了自己的内在尺度,使自然存在与内在尺度趋近,人的生存需要得到了满足,人才会发展其他需要,才会去欣赏大自然的鬼斧神工,享受大自然的馈赠,自然存在的幸福价值才得以体现。

劳动实践创造了物质产品的幸福价值。人类所接触的最初的物质产品是以生产工具为代表的劳动资料,而"劳动资料的使用和创造,毕竟是人类劳动过程的独有的特征"[12]。最初的工具可能是一根树枝、一个石块,在它们没有被拿在人的手中时,人是不会从这些工具中感受到幸福的,也就是说成为工具并且运用到劳动实践中,是其具有幸福价值的前提,离开了劳动实践,以工具为代表的生产资料是没有幸

福价值的。随着劳动实践的发展，人们在生产活动中慢慢形成了一些想法，从直接对自然物的利用，开始思考如何能够让工具更好地发挥作用，更好地满足自身的需要。当这种想法日趋清晰后，人们开始把物质资料按照人的意向不断地加工、改造。这样的过程从直接生产工具复制到人再生产其他工具上，从人的生存工具复制到人的发展工具上。从最初的生产工具到基本生活用品再到现代生活设施，从树叶的小裙到可以抵御寒冷的兽皮、完整的衣服甚至后来的时装，从生吃食物到火的使用再到多种烹调方式，人类按照自己的内在尺度意向来进行生产，正如弗洛姆指出："人的最美好的意向，就像那些最丑恶的意向一样，都不是人永恒不变的生物本性，而是创造人的社会过程的产物。"[13] 因而，在物质产品的幸福价值实现中，始终存在着"劳动实践—内在尺度—幸福价值—劳动实践—新的内在尺度—新的幸福价值"的循环。可以看出，在劳动实践与内在尺度的交替发展中，人们创造的物质产品才能不断具有现时代的幸福价值。

三、幸福价值历史地存在于劳动实践过程中

人的幸福内蕴着劳动创造与享受这一基本的关系范畴。幸福实现的条件在于主体的劳动创造，而主体活动的目的在于发展更高层次、更加充分的享受。

幸福离不开人的劳动实践过程，幸福本身是一个过程的体验。人们在实践过程中，不断对自己的本质力量的实现进行肯定、在劳动中感到满足、愉悦，从而体验到幸福。通过劳动产品来反观自身，因为劳动产品满足自己的内在尺度而由衷地高兴。劳动成果本身不是幸福，觉得劳动成果符合人的内在尺度，满足了人的需要，欲望的这种感受过程才能让人觉得幸福。就如林耐特认为的"我们称为幸福的东西绝不是某种物而是某种过程"[14]一样，幸福就是一个与劳动实践过程发展相一致的过程，是动态的、连续的、不断发展的。马克思认为，"幸福"是人所追求的一种"幸福"的境界，它不仅仅是人的主观感受，更是一种过程。实践活动是人获得幸福的必要过程，人的幸福只能是人通过自身的创造性活动来取得的，离开了劳动实践，人类社会、人本身都没有存在的意义，更谈不上幸福追求。幸福是一种劳动实践过程，"处在人生的历程之中，幸福是一个完成式，也是一个未完成式。人的动态的幸福，在需求中显示，在认知中观照，在审美中沉醉，在德行中评判；又在希望中孕育，在回忆中再现，在个体中调谐，在整体中繁衍"[15]，一切都在劳动实践的过程之中。

幸福是在劳动实践中享受的过程。人对幸福的感受来源于人的实践活动，也依赖于人的享受过程。一般来讲，劳动实践是享受的前提，享受是劳动实践的结果。然而在人类历史的进程中，劳动实践与享受之间不一定存在着这样一致的关系。比较极端的有两种情况：一种是不劳而获，不付出劳动但却享受了其他人的劳动成果；另一种是劳而无"幸"，即劳动后却感受不到幸福。不劳而获的这些人有的是因为世袭而拥有统治权，有的是因为拥有财富而可以购买他人的劳动，从而像"命运之神一样，逍遥于寰球之上，用看不见的手分配人间的幸福和灾难"[16]。诚然，他们是坐享其成了，但是这种"成"不等于"幸"，相反，这样的状态对于其自身、对于社会来说都是大大的不幸。这是因为，一方面，"社会生活在本质上是实践的"[17]，离开了劳动实践，人就无法确证其本质力量，无法以一个"人"而真正地存在于社会之中，他不会形成作为人的真实情感、欲望，也不会有能指向幸福的内在尺度，从而也就不能享受到真正的幸福；另一方面，劳动实践作为人的本质力量的体现，实践过程本身也是一种精神享受，如果他热爱自己的事业，就一定会努力使自己的劳动实践过程中富含美好的事物，这样，他的幸福也就寓含于劳动过程之中，可以说是在"活动时享受了个人的生命表现"[18]，只有经过这样的过程，人才能作为目的本身去发展，才能拥有更深刻、持久的幸福。而第二种人由于社会发展不完善，在"自己的劳动中并不是肯定自己，而是否定自己，不是感到幸福，而是感到不幸"[19]。人们进行劳动实践却无法享受到肯定价值，无法确证其本质力量。这种劳动实践与享受幸福脱节的情况是特定的社会形态造成的，说明了社会发展的不完善、

人类自身发展的不全面等，为幸福的享受设置了障碍。因而，人必须通过劳动实践发展更高水平的享受；同时，人要通过劳动实践不断创造自身再生产和社会再生产所需要的物质资料，推动社会的发展进步。所以说，幸福是劳动实践与享受的结合，是在劳动实践中享受的过程。

永恒的幸福超越人的生命而存在，生命活动是幸福的前提。幸福来源于劳动实践，因而具有本质力量的有生命的人是幸福的前提。费尔巴哈认为"生命本身就是幸福"[20]，也就是指人的生命存在本身是幸福的载体。从这个意义也即幸福的生理基础上讲，失去了生命就无法体验到幸福，更无法再通过劳动实践创造幸福，也就失去了真正的幸福。幸福与人的生命活动相统一。幸福是过程，不是一种静态存在，人不可能通过静态状况的满足来实现自身的幸福。"人天生是积极动物，因此，只有在某种形式的活动中才能找到幸福"，真正的幸福只能从"活动的统一、满足和均衡"[21]的状态中找寻。幸福与人的实践活动相一致，与人的整个生命活动相统一。最大价值的幸福出现在生命延长线上。人的生命活动来源于人的劳动实践，也高于人的生命本身，是人生存发展的意义所在。有生命、能活着是前提，但是没有按照自己的意志、思维去思考活着的价值同样无法实现人生的意义。没有意义的人生肯定是没有价值的，必然也就无幸福可言。相反，当人投身于为了人类发展进步的事业中时，人除了劳动的普通满足感外，还会有生命的超越感，从而体验到更高层次、更深远的幸福，甚至会感觉到自己的生命会随着事业的发展而超越生理极限不断延伸。就像马克思所讲："如果我们选择了最能为人类幸福而劳动的职业，那么，重担就不能把我们所压倒，因为这是为人类而献身。那时，我们所感到的就不是可怜的、有限的、自私的乐趣，我们的幸福将属于千百万人。我们的事业是默默的，但它将永恒地存在，并发挥作用。面对我们的骨灰，高尚的人们将洒下热泪。"[22]这种选择人类进步事业并不断实践努力的人生会获得最大价值的幸福，这种幸福会在生命的延长线上不断发展。

参考文献：

[1]马克思恩格斯全集（第 1 卷）[M].北京：人民出版社，1956：160.

[2]马克思恩格斯全集（第 42 卷）[M].北京：人民出版社，1979：131.

[3][德]马克思.1844 年经济学哲学手稿[M].北京：人民出版社，1985：53.

[4]马克思恩格斯全集（第 42 卷）[M].北京：人民出版社，1979：96.

[5]柏林.自由论[M].南京：译林出版社，2003：252.

[6]马克思恩格斯全集（第 42 卷）[M].北京：人民出版社，1979：131.

[7]马克思恩格斯选集（第 1 卷）[M].北京：人民出版社，1995：16.

[8][德]马克思，恩格斯.德意志意识形态[M].北京：人民出版社，2003：11-12.

[9]马克思恩格斯全集（第 42 卷）[M].北京：人民出版社，1979：127.

[10]马克思恩格斯全集（第 42 卷）[M].北京：人民出版社，1979：97-98.

[11]习近平.人民对美好生活的向往就是我们的奋斗目标[N].人民日报，2012-11-16.

[12][德]马克思.资本论（第 1 卷）[M].北京：人民出版社，2004：203-204.

[13][14]转引自陈根法，吴仁杰.幸福论[M].上海：上海人民出版社，1988：207.

[15]陈根法，吴仁杰.幸福论[M].上海：上海人民出版社，1988：206.

[16]马克思恩格斯全集（第 3 卷）[M].北京：人民出版社，1979：40.

[17]马克思恩格斯全集（第 3 卷）[M].北京：人民出版社，1979：5.

[18]马克思恩格斯全集（第 25 卷）[M].北京：人民出版社，1979：927.

[19]马克思恩格斯全集（第 42 卷）[M].北京：人民出版社，1979：93.

[20]费尔巴哈哲学著作选读（上卷）[M].北京：生活·读书·新知三联书店，1962：545.

[21]转引自石毓彬，杨远.二十一世纪西方伦理学[M].武汉：湖北人民出版社，1986：423.

[22]马克思恩格斯全集（第 40 卷）[M].北京：人民出版社，1982：7.

共青团微博的身份建构及认同困境^①

刘星君　韩　伟^②

摘要： 加强共青团的思想建设和思想引导，是现今社会重中之重的一项巨大工程任务。网络时代，面对校园文化建设，共青团微博承担了巨大作用。共青团微博的角色身份和集体身份的过程形成完善了共青团微博的运作机制和理论路径，同时，其身份认同的困境也成为微博工作开展的主要问题。

关键词： 身份建构　认同　共青团　微博

传播学专家麦克卢汉说：媒介是社会发展的基本动力，也是区分不同形态的标志，每一种新媒介的产生与运用，宣告我们进入了一个新时代。微博类产品的问世，预示了微时代的来临。微博作为广大青年喜闻乐见的一种传播媒介，对青年而言具有很强的影响力。截至 2012 年 12 月底，我国微博用户规模为 3.09 亿，较 2011 年年底增长了 5 873 万。在使用微博的人群中，青年学生尤其是大学生是重要的组成部分。作为一种特殊的传播形式，微博其自身身份建构和所辐射群体对其的认同也成为了共青团微博首要考虑的问题。本文试图从身份认同理论思想来解释共青团微博的建构及其认同问题。

一、身份建构和身份认同

认同是社会学研究的基本概念之一。身份认同包括三方面的内容：①行为体的自我认同，即对自我身份和特征的认定；②行为体与另一行为体的认同；③行为体与某一群体之间的认同，表明我与这个群体之间的（归属）关系，这种认同基础就是我与该群体（的其他成员）是否拥有同样的价值规范以及是否有一种心理情感上的亲近感和群体感。一个完全内化文化的标志是行为体与这个文化认同并把这个文化以及一般化的他者作为对自我认知的一部分。这种认同过程、这种作为一个群体或"群我"的一部分的意识，这就是社会身份或集体身份，它使行为体具有护持自身文化的利益。微博本身的文化存在导致了身份的认同，身份的认同决定了群体的分割。由身份、群体和语言所构成的微博文化现实环境决定了人们的思想和行为方式，同时也构建了微博本身的意义和价值。

二、共青团微博自身身份的形成

共青团作为共产党的后备军和助手存在，所以无论是在组织上、思想上还是理论上都与共产党有着

---

① 基金项目：本文是燕山大学大学生创新训练计划项目《网络时代下燕山大学关于团中央推行的团支部微博使用情况调查》（项目编号：CXXLC2012044）的最终成果。

② 作者简介：刘星君（1991—　），男，陕西省商洛市人，燕山大学文法学院 2010 级国际政治专业本科生，研究方向为政治认同；韩伟，（1988—　），男，陕西省西安市人，中国船舶重工集团西安东仪科工有限责任公司民品管理处助理工程师。

紧密的联系。网络时代，面对校园文化建设，作为中流砥柱的共青团更应该抓住机遇，走在时代的先锋。

共青团微博自身身份的形成包括两个方面：①共青团工作的手段。团中央学校部发布《关于建立全国高校团组织微博体系的通知》，强调为进一步探索运用新媒体开展青年学生思想引领的方式方法，加强和创新高校共青团基层组织建设和基层工作，推动高校团组织实现网络化转型，建立全国高校团组织微博体系。微博成为了实现共青团开展政治工作的一种新兴手段。②微博身份存在。不论工作手段的创新是什么形式，借助微博的平台，也必须结合微博的特性。作为一种实时传播平台，140个字的限制和公开的信息，让微博成为了一个便捷、方便和及时的信息源。

共青团微博借助微博这种全新的传播互动平台，扩大共青团的影响力，迎合当代青年的口味，体现其时代性，以达到教育的目的。其肩负着特殊的意义和使命——联系青年、服务青年、引导青年的重要渠道，使团组织微博成为传播积极健康向上信息和文明理性表达意见的新平台。

三、共青团微博角色身份的建构

角色身份是相对他者界定自我身份，赋予他者相对应的身份，并根据这样互动的结果进行互动。

高校团建作为共青团工作的重要组成部分，理应在"微时代"下积极探索共青团建设工作的新突破，加快高校团组织微博的建设，推进共青团事业发展。高校共青团微博，为"微时代"下高校基层团建功能的指出了明确方向，有利于实现增强凝聚力、扩大覆盖面、拓宽新领域、增加吸引力、强化服务职能等新的突破。当代大学生强调自我、独立意识，其正处于人生观、价值观、世界观的形成过程，思想很不稳定。共青团微博的特殊身份也要求共青团微博具有引导青年成长、促进青年发展的积极作用。

共青团微博在微博社会群体中也扮演着重要的不同于他者的角色。与大学生息息相关的微博除了共青团微博之外，还包括个人微博、草根微博以及意见领袖微博、企业微博等。虽然在一定的范围上与一些类似功能的微博相重合，但是类属身份定位为共青团微博，就同时也肩负起了理论宣传、组织活动和关注团员的职能。

角色的认同是在不断的互动中实现的。最初共青团微博从无到有，从百余所高校试点到2012年年底约60万的微博数量，微博的角色也变得越来越清晰。它不同于个人微博具有任意性，也不同于企业微博具有过强的商业性，其自身的角色定位在于服务性和引导性。

四、共青团微博集体身份的建构

集体身份是自我作为群体或群我的一部分的意识。共青团微博不仅仅包括单个的团支部微博，更是团中央微博、团省委微博、校团委微博、团支部微博和大学生微博互动的一个集合，形成共同的自群体身份，形成一个富有体系特征的系统，在共青团工作的开展过程中发挥更大的作用。

微博作为一个新型信息交流与资源共享平台，具有准入门槛低、信息更新快、来源内容广等特点，这也为群体互动提供了基本条件。特别是微博的转发和长微博功能的出现，极大地促进了集体意识的形成。通过共青团微博系统，可以形成从"大学生"到"共青团员"身份的转变。

集体身份一旦形成，便具有强大的生命力和运作力。无限丰富的信息总会对信息的传、受者形成聚类，校园文化的思想引导变得可行和容易，也便于共青团工作的开展和实现。

五、身份认同的困境

虽然共青团微博的身份得以建构，但是依然会存在部分困境需要改善。共青团微博的发展仍需要解决以下问题。

（一）共青团微博普遍应用的实现还需要时间

微博还是一个崭新的事物，尽管其由于有着诸多令传统媒体望尘莫及的优点而受到人们的青睐，但人们在观念上的落后依然是一个不争的事实。共青团微博的尝试落实到基层时却更多地变成了一种命令式的任务，诸多院校对其认识不够，甚至产生了抵制心理，或者即使认为团支部微博的开通有一定的作用，但也并没有对其进行深入研究和实质上的尝试，结果导致了拒绝开通微博，或者只开通不管理、不运营现象的发生，使团支部微博空壳化、形式化。

（二）传统传播媒介对微博产生冲击

相对于微博这种新兴的传播互动平台而言，同学们对传统的信息传递方式更为熟悉，如辅导员签到制度、团支部的定期会议等，这些传统的方式依然有着微博不能代替的因素，对微博的使用形成了挤占之势。旧媒体或类似平台对团支部微博造成的压力一方面是由于它们的边际效应还处于上升阶段。

（三）共青团微博的自我身份定位存在问题

定位的不明确与管理的不善密切相关。由于高校微博还处于发展的初期，其管理制度基本上还未形成或仍不完善，在团支部微博运行、人员培训、工作管理及奖惩方面都还未形成制度。而且微博的经营尚未形成一定的激励机制，使得团支部的工作只是出于义务和职责。这就会使微博的定位出现偏差，不能有效实现共青团微博建设的目的。

以青年最广为应用的微博为切入口，大力倡导现代网络文化，正面引导青年也已成为共青团工作的重要任务。共青团微博的自我身份认同有利于提高校团委组织的吸引力和思想引导作用，完善校团委组织的运作机制，助力全共青团系统微博开拓百花齐放新局面。

参考文献：

[1] 张邦松. 微博的伦理底线就是社会的底线 [EB/OL]. http://www.eeo.com.cn/2011/0807/208199.shtml.

[2] 第31次中国互联网络发展状况统计报告 [R]. 北京：中国互联网信息中心，2013.

[3] 夏建平. 认同与国际合作 [M]. 北京：世界知识出版社，2009：44-47.

[4] [美] 亚历山大·温特. 国际政治的社会理论 [M]. 秦亚青译. 上海：上海世纪出版社，2008：328.

[5] 苏剑. "微时代"下高校研究生基层团建工作的新突破 [J]. 山东省团校学报：青少年研究，2012（3）： 39-42.

社会实践视域下的大学生价值观教育研究

耿巍娜　张　磊[①]

摘要： 进入新的世纪，我国社会正处于转型的关键时期，人们的价值观念也随之发生变化。尤其是大学生群体，由于教育的缺失，造成大学生主导价值观迷失的状况，取而代之的是多元化的价值体系、个人化的价值取向以及功利化的价值判断标准。对此，应积极从大学生价值观教育的目标、内容和方法三个方面寻求科学合理的价值观教育模式，重视社会实践对大学生价值观的导向作用。

关键词： 社会实践　价值观　导向

世界观、人生观和价值观教育是大学生思想政治教育的基本内容，其中，价值观教育是"三观"教育的核心。随着改革开放的不断深入、市场经济体制的不断完善和社会文化的急剧变迁，大学生的价值观发生了快速且多重嬗变，不仅增加了高校对大学生价值观教育的难度，而且对高校思想政治教育工作提出了更高的要求。多年来的教育实践表明，传统的以书本知识为内容、以课堂教学为途径、以口头说服为方法的价值观教育模式已不适应新世纪大学生身心发展的特点，成效甚微。在新的形势下，研究大学生价值观教育的新途径和新方法，探讨社会实践对大学生价值观形成和发展的作用，对推进高校思想政治工作的改革、提高价值观教育的育人效能具有重要的现实意义。

一、当代大学生的价值观状况与教育的缺失

近年来，关于价值观的研究逐渐引起国内学界的重视。在这一过程中，青年人尤其是大学生作为特殊的社会群体，已然成为这一研究对象的主体，因为他们的价值观往往代表着整个社会的价值取向以及变化走向。改革开放三十多年来，中国大学生的价值观几经变迁，并在辩证否定过程中形成了一条"之"字形链条的轨迹。

（一）中国大学生价值观的三十年变迁

20世纪80年代，随着改革开放的全面启动，中国社会进入前所未有的震荡期，古今中外文化汇集在这里相互碰撞，强烈冲击着大学生的价值观。由于长期的自我封闭状态以及对西方文化与学术思想的排斥，国门开放后西方学术思潮红遍大学校园，张扬个性成为这一时期大学生群体的标志。进入20世纪90年代，随着市场经济体制的确立和深入，更使大学生以市场的原则来寻求人生的定位。同20世纪80年代的躁动相比，此时大学生的价值取向比较低调，狂热之后的他们重新审视自身的价值，反思的背后是迷茫中自我解剖的苦涩和沉重。

21世纪，大学生们作为成长于市场经济大潮中的一代，少了那种对传统的记忆和对政治、历史的负

---

① 作者简介：耿巍娜（1982— ），女，硕士，燕山大学建筑工程与力学学院讲师，研究方向为大学生思想政治教育；张磊（1982— ），男，硕士，燕山大学里仁学院讲师，研究方向为社会公正。

累，拥有更多的自由发展的空间。但与此同时，他们也要承受谋生就业等更大的压力和风险。这一时期，大学生的价值取向总体上更客观和理性，在追求个人利益的同时能够兼顾社会利益。

总的看来，改革开放三十多年来，大学生的价值观演变是积极向上的，他们是社会中最活跃、最敏感的阶层，是促使社会不断进步的强大动力。但是，社会转型期的困惑和由此带来的浮躁心态、道德失范以及信仰危机并没有与他们远离，并且日益成为一个严重的社会问题，我们应当严肃对待。

（二）当代大学生价值观的主要特征

1. 价值体系多元化

马克思主义、共产主义虽然仍是我国的主流价值观念，但已不再是唯一，从国外涌入的后现代思潮和话语与我国的主流价值观共同形成了国内价值观领域的格局。可以说，选择主流或非主流价值观中的任何一方，都成为每一个社会成员应当享有的合法的自由。但是在这种既对话且竞争的多元环境中，当代大学生价值观的选择就面临着多种可能。在人生目标设置上，有的信奉拜金主义价值观，有的将当官作为奋斗目标；在择业问题上，有的是为出名、求虚荣，有的是为了追求自己的美好生活，过去那种一元的价值体系已被打破，取而代之的是多元的价值愿景。

2. 价值取向个人化

随着西方追求个人利益的功利主义思想席卷我国，加之社会贫富差距不断扩大，大学生们愈加关注自我价值的实现，追求自我的独立以及个性的张扬。对于"自己在校学习的动力"这一青年的人生话题，当代的大学生中竟然有65.4%的人是"为谋求自己美好生活"，仅只有9.1%的学生是为了"报效国家"，另外还有近25.5%的人有"其他"考虑。[1]有人评价当代大学生是时时从"利己"出发，对同学不关心，对集体不热情，对社会没有责任感。这种评价虽然有一些偏激，但可以表现出当代大学生在价值取向上个人化的倾向已经引起了社会的关注。

3. 价值标准功利化

以竞争和效益为特征的市场经济，导致人们无论从思想上还是从行为上都有一层浓浓的经济色彩。受到这种社会环境的熏染，许多大学生往往只有在对现实利益的追求中才能体会到自身与社会的联系，才能领悟到社会因素对个人成长所具有的无法逾越的制约性。大学生们接受了这样的现实，并将之作为自我成长的前提条件。据调查，很多大学生学习的目的非常明确，或是为了出国，或是为了考研，或是为了找份能赚钱的稳定工作。他们毫不掩饰对物质利益和金钱的追逐，并将经济收入、社会地位、权力、职业稳定性等现实条件作为评价职业好坏的主要标准。

（三）大学生价值观教育缺失的现状

从古代道德规范体系到解放战争时期的道德教育，我国的德育基本上以社会本位价值观为指导。虽然建国后情况有所改善，但仍然坚持把社会要求当起点、把教育者当权威的自上而下的转化观，忽视学生的主体性，把教育者的价值观和行为强加给受教育者。教育往往被披上一件政治的外衣，导致教育工具性功能的片面发展。大学生在价值观教育中只能被动地接受被塑造，这对大学生来讲，促使他们认为接受价值观教育只是在尽义务，只是生活的一种准备，而不是生活的一部分。价值观教育依然没有脱离"政治思想教育"的模式，内容上注重对理论的宣传，没有解释，没有实践，只有机械的背诵。这种价值观教育模式，不仅收不到价值观教育应有的效果，反而使得本应当取得的积极成效也成为"天方夜谭"。

当前由于教育评价机制与考核机制的挂钩，造成了人们对知识的盲目追求，进而形成一种知识中心主义的教育教学观。价值观教育领域在这种观念的影响下，致使教育者只重视对道德知识的传授，而忽视对大学生道德推理、判断、评价能力的培养；只重视讲授的规范性，而忽视教育者应有的批判性；只重视大学生对所学内容的认同，而忽视他们对道德内容的内化。最终的结果是"将现成的道德习惯和道德准则'灌进等待装载的心理和道德洞穴中去'的方法就是灌输。它使得学生接受一大堆死的道德知识而不知道去遵守，因而并不能转化为学生自觉的道德行为"[2]。

二、大学生价值观对社会实践依赖性的理论依据

当代大学生的价值观是在社会实践过程中形成的，也只有在社会实践中才能够被改变。大学生的价值观的形成和发展依赖于社会实践，不仅仅是实践经验的总结，而且具有重要的理论依据。

（一）价值依赖理论

作为当代新实证主义法学的代表人物，约瑟夫·拉兹（Joseph Raz）提出了著名的价值依赖理论。他在《论价值和客观性》以及《价值实践》两部著作中，集中分析研究了价值对社会实践的依赖性。拉兹认为，价值观念只要符合某些开放性的、可以为我们列举的标准，就是客观的，而且一定具备满足这种客观性、适当性条件。思想客观性，在于有事实或者需要考虑的事件支持，这些事实或者事件是人们认为一种思想为真或者正确的基础。这里的"事实或者事件"就是人们常说的社会实践活动。

拉兹将价值依赖于社会实践的情况分为四种类型。①像礼仪那样的具有地方性的价值；②像游戏那种在时间上是多变的价值，这种价值通过一定时间的活动形成，在一定的时间被坚持或被遗忘；③像日落之美那种自然界原本就有的价值，但是这种价值的被欣赏一定要依赖社会的或文化的实践才能达到；④一些普遍的价值，它是否为人们奉行以及实际奉行的程度因国家、民族、文化的不同而有异。其实，价值依赖社会，不是价值有无的问题，而是价值是否被人们奉行的问题，"价值在形成和存在上并不依赖社会，但是在被奉行和承认上必然如此"[3]。

（二）建构主义理论

建构主义（Constructivism）是认知心理学派的一个分支，它的一个重要概念是图式，指个体对世界的知觉理解和思考的方式，是认知结构的起点和核心，或者说是人类认识事物的基础。建构主义理论的核心可以概括为：以学习者为中心，强调学习者对知识的主动探索、主动发现和对所学知识意义的主动建构（而不是硬把教育者的思想灌输给被教育者）。这一建构过程是对学习者原有经验的重组与改造，其中，教育者充当指导者、引导者和顾问的角色，而学习的核心是学习者。

建构主义理论认为，教育者是学生认知过程的引导者和顾问。在大学生价值观教育过程中，教育者自觉更新教育理念，遵循学生的心理认知规律，让他们在实践的检验中去理解自己所受到的价值观教育，而不是一味枯燥地向学生灌输自以为普遍通行的价值观。只有这样，学生的学习才不致流于形式。他们用自己的亲身实践获得了对原有价值理念的重组与改造，在内心深处留下了深刻的、震撼心灵的痕迹。

（三）德育生活化理论

所谓"德育生活化"，就是指以生活为中心展开道德教育。古希腊哲学和伦理思想的集大成者亚里士多德将德育与生活的关系归结为三点：①认为道德来源于现实，道德存在的最终依据是生活；②强调养成良好道德品行的重要途径是生活实践；③认为道德和道德教育的最终目的是生活，幸福作为人们追求的最高目标是"合乎德性的实现活动"[4]。美国教育学家杜威提出了著名的"教育即生活"理论，提倡教育要以生活为中心，他认为生活过程本身就具有教育作用，是教育的过程。杜威反对灌输式的教育

方式，主张让学生直接参与社会生活，在生活中受到应有的道德训练。

我国著名教育家陶行知的生活教育思想为德育生活化理论提供了理论与实践的依据。首先，他认为生活教育的内涵就是"给生活以教育，用生活来教育，为生活向前向上的需要而教育"，强调"生活决定教育，教育不能脱离生活；教育又改造生活，为生活服务，在改造生活的实践中发挥积极作用"[5]。其次，他主张"社会即学校"思想，认为应当改革学校教育脱离社会实际的弊端，将学校教育与社会生活紧密联系。再次，他强调"教学做"三位一体的教育方法，指出道德教育是学生在具体的生活境遇中接受的，"我们道德上的发展，全靠着遇了困难问题的时候，有自己解决的机会，解决了一个问题就长进了一层判断的经验，问题自己解决得愈多，则经验愈丰富"[6]。

三、大学生价值观教育中实践导向的基本途径

"道德来源于生活，道德不可能从生活中脱离出来，只有在现实生活中才能深刻理解和把握道德的真谛。"[7]对当代大学生进行价值观教育，必须紧紧植根于社会实践，让大学生的价值观在亲身的实践生活中得到积极的教育和引导。

（一）价值观教育目标的社会实践导向

所谓"价值观教育目标"，其实就是道德教育实践活动所要达到的理想状态与标准。多年来，我国的价值观教育目标重社会、轻个人，重知识、轻能力，重理想、轻现实，陷入了严重的误区，遗失了本应当具有的对学生人格、生命和生活的关怀，失去了价值观教育本应当具有的强烈的感召力。时代的变迁、现实的矛盾，要求广大德育工作者以理性的姿态重新审视当前我国价值观教育目标的设定，要求他们在现实的教育实践中进行大胆的探索创新。在当今我国构建和谐社会的现实条件下，以人为本的价值取向日益获得社会核心地位，要求价值观教育目标的人本化价值取向。"以人为中心，一切德育活动都要以人的生存、安全、自尊、发展、幸福、自由为出发点和归宿，以促进人的全面发展为内在尺度"，应将过于理想化的宏观目标转向现实世界，更好地结合学生的生活实际以及他们的成长所需，将价值观目标的设定与解决实践过程中产生的身体、心理问题进行有机的统一。同时，还要寻求价值观目标的多主体化思路，改变过去那种权力精英单一决策的模式，"代之以学生、家长、教师、德育理论研究者与权力精英共同协商确立的多向互动的方式"[8]。

（二）价值观教育内容的社会实践导向

从人类早期开始，道德教育就与现实生活水乳交融、浑然一体，我们不可能将道德教育从生活的实践中剥离开来。离开生活的实践，德育内容将丧失其应有的生命力。从道德发展的心理认知角度来看，个人思想品德的发生发展同样离不开生活实践，只有联系亲身的实践体验，才能激起学生心理活动的变化，德育内容才能为他们所接受。

当代大学生的价值观教育必须深深扎根于社会实践中，从实践出发，远离传统的对抽象大道理的生硬说教，摒弃那种千篇一律的教条，从学生现实的社会实践中、从他们可以直观感受到的社会现实中寻找价值观教育的素材。例如，2008年的汶川大地震激起了无数大学生的社会责任感，他们积极投身到震后的志愿服务队伍中去，不仅锻炼了他们处理解决问题的能力，更重要的是使他们从自身的实践中自觉接受自己先前被动接受的价值观教育。同时，大学生的价值观教育要积极探索开发生活中的道德资源，营造富有生活气息的道德环境，使大学生们于不自觉中感受到价值观教育的不可缺失以及不能替代。

（三）价值观教育方法的社会实践导向

灌输式教育方法在我国德育领域非常普遍，它重课堂、轻实践，重单向灌输、轻双向互动，进而造成一种"高压式"、"垄断式"的教育氛围。柯尔伯格曾经严厉指出，这种德育方法的实质是强制和服从。法国社会学家涂尔干也曾经指出："当一个人按照课程规定把整个道德压缩成几节道德课，并在一周之内用比较短的间隔来不断重复这几节课的时候，他很难满怀激情完成这项工作，因为这种间歇性的课程特点几乎不足以给儿童留下任何深刻或持久的印记。"[9]虽然我们不能完全否定灌输式教育的重要作用，但是一味地、单纯地灌输势必会引发受教育者厌倦、反感和抵触的情绪。

在对大学生进行价值观教育的实践中，我们应避免单纯的灌输式教育法，努力做到陶行知先生所倡导的"教学做合一"。陶行知先生说："教学做是一件事，不是三件事。我们在做上教，在做上学。""事怎样做便怎样学，怎样学便怎样教。教而不做，不能算教；学而不做，不能算是学。教与学都以作为中心。"[10]很显然，这里的"做"就是实践，就是生活，就是体验。一方面，我们要发扬开拓创新的精神，积极探索贴近生活的道德教育的新手段和方法，例如网络价值观教育；另一方面，我们要根据学生思想品德的实际，有针对性地运用一种或综合运用多种方式和手段，而不能搞一刀切。所以说，价值观教育的方法只有以社会实践为导向，以现实生活为依托，才能对大学生进行真正的、有成效的价值观教育。

参考文献：

[1] 崔波.当代大学生人生观、价值观调查研究 [J].河南工程学院学报（社会科学版），2009（3）：93.

[2] 李景春，李倩.灌输式教育在和谐德育中的反思与扬弃 [J].湖北社会科学，2009（12）：168.

[3] Joseph Raz. Notes on Value and Objectivity, in Objectivity in Law and Morals[M]. Oxford: Edited by Brian Leiter, 2003:199-229.

[4] [古希腊] 亚里士多德.尼各马克伦理学 [M].苗力田译.北京：中国社会科学出版社，1990：230.

[5] 陶行知.陶行知教育文选 [M].北京：教育科学出版社，1981：267.

[6] 陶行知.陶行知文集（修订本）[M].南京：江苏教育出版社，1997：183.

[7] 李景春，杨桦.论研究生德育的生活化取向 [J].学位与研究生教育，2009（12）：49.

[8] 赵惜群.德育生活化路径新探 [J].马克思主义与现实，2008（6）：176.

[9] [法] 涂尔干.道德教育（第3卷）[M].陈光金，等译.上海：上海人民出版社，2006：123.

[10] 陶行知.陶行知文集 [M].南京：江苏人民出版社，1981：185，408.